UNE AGRICULTURE DU VIVANT

L'héritage de l'École de Beaujeu

UNE AGRICULTURE DU VIVANT

L'héritage de l'École de Beaujeu

Préface de Pierre Rabhi

Éditions du Fraysse
et CEREA

Ouvrage réalisé en collaboration avec :
Roger DURAND, Suzanne MICHON, Guy ROUX, Yves PERRET, Alain MICHON, Bernard BERTHET, Jean-Claude POËNCET, Xavier FLORIN, Joseph LUCAS, Gérard AUDIO, Jean-Yves HENRY, Daniel MARTINEZ, Bruno SABATIER, Bernard PRIEUR, Dominique GUIRAUD.

CEREA
Centre d'Enseignement et de Recherche En Agrobiologie
Association loi 1901 créée en 1983
A pour but l'enseignement de l'agrobiologie en général, sa promotion par les arts et les lettres. Cela par des visites culturelles, des conférences et rencontres, par l'organisation de cours, par l'édition de livres et revues.
Adresse : rue Basse • 30120 AVÈZE • France
Courriel : c.e.r.e.a@wanadoo.fr

Comité de rédaction : Bernard BERTHET, Roger DURAND, Alain MICHON
Assisté par : Damiene BEZ, Nathalie BERTHET

Les photos présentées sur les pages intérieures sont la propriété de l'auteur du chapitre où elles apparaissent.

Photos de la couverture : Damiene BEZ
Maquette et illustrations : Cécile ROUVIÈRE • sltdm@free.fr

ISBN - 2-87909-016-4

Éditions du Fraysse, 82230 Monclar-de-Quercy.
Tél. : 05 63 30 33 55 • Fax : 05 63 30 34 39
htpp://www.biovacances.net

SOMMAIRE

Préface, Pierre Rabhi **7**
Introduction, Roger Durand **11**
Les bases fondamentales de l'École, Suzanne Michon **13**

L'Homme, la Société, la Nature
La vie, comprendre la Vie, Roger Durand **19**
Écologie humaine et économie sociale, Guy Roux **37**
Introduction à la géobiologie, Collectif géobiologie **71**
Vers une architecture respectueuse des équilibres écologiques, Yves Perret **81**
Agrobiologie et santé mentale, Alain Michon **89**

Le rapport avec l'animal
Introduction à une écologie microbienne de l'écosystème agro-alimentaire, Bernard Berthet **103**
L'élevage en agroécologie-dynamique, Jean-Claude Poëncet **139**
Introduction à la connaissance de l'abeille, Bernard Berthet **167**

Les sols, les plantes, la culture
Une première approche des fondements de l'agriculture bio-dynamique, Xavier Florin **173**
La main verte ou l'art d'utiliser les synergies de la nature, Joseph Lucas **205**
Cette terre que nous empruntons à nos enfants, Joseph Lucas **213**
L'arboriculture fruitière bio-dynamique, Gérard Audio **219**

Santé et Alimentation
Les plantes médicinales, Jean-Yves Henry **225**
Introduction à la pensée chinoise, Daniel Martinez **267**
L'eau et le vivant, Roger Durand **277**
Bioélectronique et qualité de l'eau, des sols et des aliments, Bruno Sabatier **285**
Approche globale de la qualité de nos aliments, conséquences sur la santé de la Terre, de la Société, de l'Homme, Bernard Prieur **295**
La distribution Bio en France, Dominique Guiraud **303**

Adresses utiles **313**

QUAND LA SCIENCE EST À L'ÉCOUTE DE LA CONSCIENCE...

Pierre RABHI
Philosophe-Économie politique

L'École d'Agrobiologie de Beaujeu fondée en 1983 par Suzanne et Victor Michon a permis à de multiples disciplines scientifiques, techniques, sociales ainsi qu'à de simples expériences humaines de trouver un lieu de convergence. Ainsi se sont trouvés réunis les éléments d'une sorte de puzzle représentatif d'une problématique globale et fondamentale de notre temps, à savoir le rapport des humains avec les fondements de la vie en général et de la survie que nous devons à la terre nourricière en particulier.

Ce rapport, nous le savons aujourd'hui plus que jamais, est de plus en plus divergent. Les dysfonctionnements écologiques, climatiques et même physiologiques nous concernant intimement qui ne cessent de s'amplifier sont en grande partie les conséquences de nos inconséquences. Ainsi le genre humain se trouve-t-il engagé comme de sa propre initiative dans un processus dont la finalité non seulement lui échappe, mais se retourne contre lui. Placées dans une rétrospective historique plus large, les déconvenues d'aujourd'hui sont à la mesure de la vanité et de la prétention de la raison humaine de pouvoir assurer à elle seule le destin collectif aux mépris des facteurs naturels qui l'ont déterminé et le détermineront toujours.

Cette prétention démiurgique s'est affirmée durant les deux derniers siècles par l'exaltation et la domination du principe minéral suite à l'exhumation massive de matières souterraines que l'on peut considérer comme mortes en référence aux critères de la vie élémentaire. Ce principe serait donc en marge, pour ne pas dire opposé, aux processus sensibles animés par une sorte d'intelligence immanente qui, dès l'origine, leur a donné cohésion, cohérence, vitalité et pérennité. Nous oublions assez facilement que c'est dans l'ordre du vivant que s'inscrit irrévocablement notre propre vitalité et notre propre pérennité biologiques. Cependant, les mammifères bipèdes que nous sommes sont également dotés d'une dimension subtile à laquelle nous devons entendement et conscience et que la connaissance ne nous permet pas d'élucider pleinement. C'est alors que s'ouvre à nos interrogations sereines ou inquiètes le vaste champ du mystère où nous sommes englobés. Ni la provenance ni la destination du train où nous sommes passagers ne nous sont vraiment connues. Et dans ce train du destin, il est faux de croire que le temps passe alors que c'est nous qui passons. Pour certains d'entre nous, au-delà des questions impossibles, savoir que nous ne savons pas est la forme la plus élevée de la lucidité. Il nous incombe cependant d'être profondément attentifs à ce qu'il nous est donné de comprendre pour construire *avec* et non *contre* l'ordre primordial et fondamental. C'est aujourd'hui la question majeure à laquelle nous devons répondre impérativement si nous ne voulons pas disparaître.

Il est important de ne pas perdre de vue que la modernité technico-scientifique productiviste et marchande constitue un paradigme totalement inédit dans toute l'histoire parce que fondé essentiellement sur la matière minérale et la combustion énergétique. C'est en quelque sorte sous l'égide de Prométhée et de Vulcain que la civilisation dominante du progrès technique est advenue. Avec le recul et le bilan que nous pouvons en faire aujourd'hui, nous constatons qu'en dépit de la rationalité dont elle se réclame avec force, nous avons à faire à la civilisation la plus irrationnelle et la plus vulnérable dans le très court terme de toute l'histoire des civilisations. La pénurie énergétique qui se profile confirme ces faits.

Nous nous sommes en quelques décennies scientifiquement et rationnellement mis dans un traquenard, une voie sans issue. Outre que le fameux progrès sans cesse invoqué n'a bénéficié qu'à un petit tiers du genre humain provoquant fracture sociale, démantèlement des structures traditionnelles, disparités irréductibles, il s'est également révélé terriblement préjudiciable à la biosphère toute entière. Les nuisances physiques, chimiques, biologiques, atomiques sont cause des divers dérèglements et dysfonctionnements dont nous faisons le constat alarmant. C'est à une conscience collective en grand retard d'évolution que nos aptitudes ont remis des instruments technologiques d'une efficacité sans précédent dans l'histoire. Ainsi se sont trouvés accélérés les processus de destruction. Les pulsions violentes et prédatrices non résolues de notre espèce ont ainsi été dans un temps très court considérablement amplifiées. À toutes les prouesses et innovations du siècle a manqué l'intelligence transcendante, capable de leur donner un ordre constructif. Si l'on tient compte de ces faits, nous serions des surdoués inintelligents, l'intelligence n'étant pas une question de performance cérébrale. Pour n'avoir pas été à l'écoute de cette intelligence, nous avons construit un monde où le « vivre ensemble » est fondé sur la dualité et la compétitivité. L'économie, science hautement positive lorsqu'elle permet la régulation des nécessités, devient une tragédie lorsqu'elle est asservie à l'avidité sans limite. L'argent, moyen efficace et rationnel pour les échanges légitimes de la vie, nous asservit lorsque nous lui demandons d'assouvir tous nos désirs même les plus fous. Sans pour autant nous rendre accessible ce bien suprême que représente la joie d'exister.

Il n'est donc pas surprenant dans ce contexte de confusions généralisées que l'agriculture, activité la plus essentielle à la survie de notre espèce, ait été englobée dans la même vision matérialiste et minérale. Depuis l'avènement de l'agrochimie avec les engrais artificiels, les pesticides de synthèse, la sélection des variétés sur des critères plus que spécieux, la mécanisation outrancière, etc., l'agriculture, dévoyée de son rôle initial, participe aujourd'hui au processus de destruction. La terre, dont la vocation est de nourrir l'humanité, est désormais perçue comme un gisement de ressources et un substrat inerte dopé pour produire du capital financier.

Au-delà d'une option agronome erronée et dangereuse, nous sommes en présence d'une véritable profanation, à savoir la non-reconnaissance du caractère sacré de ce bien irremplaçable pour nos existences. Ainsi la science moderne, déterminée par un postulat résolument matérialiste a-t-elle investi le monde biologique caractérisé par une extrême complexité et subtilité pour lui appliquer des méthodes inspirées par les mêmes critères que ceux qui lui ont permis de faire des miracles avec la matière inerte. L'ère d'une agriculture qui ne peut produire sans détruire est ainsi inaugurée et ne peut avoir comme finalité que l'épuisement et la dissipation des potentialités de survie et non leur entretien ou leur amélioration. Avec l'érosion quasi-universelle des sols, la pollution des eaux, la perte de la biodiversité alimentaire, la disparition de la petite agriculture à échelle humaine au profit de l'industrie de la terre, il sera impossible d'éviter des pénuries et des famines sans précédent.

Ainsi, la problématique de l'agriculture concernant chaque être humain est aujourd'hui ignorée sinon méprisée. L'urbanisation intensive comme « hors-sol » appliquée à l'humain a éloigné les citoyens de la nature et de la terre et a provoqué une grave déconnexion. Au-delà d'un effet structurel élémentaire, cette divergence a induit une grave acculturation, révélée par l'ignorance des fondements écologiques qui régissent d'une façon générale le phénomène global. Il est étonnant de constater que cette ignorance n'est pas réservée au petit peuple, mais que des scientifiques, des intellectuels, des artistes, des religieux, des politiques en sont affectés. Le microcosme urbain a généré une pensée confinée et ne prend plus en compte le contexte global dans lequel s'inscrit de la façon la plus rigoureuse notre devenir et celui des êtres à venir. Face au postulat régressif et dangereux de l'agrochimie, bien des consciences dissidentes se sont élevées. Quelle que soit l'opinion que l'on ait de son message ou de son œuvre, il est difficile de nier le rôle très important que Rudolf Steiner a joué dans cette dissidence pacifique et vitale suite au fameux *Cours aux agriculteurs* donné en 1924.

On peut dire que le présent ouvrage qui surprendra agréablement le lecteur par la richesse de son contenu est en grande partie inspiré par la vision steinerienne, mais pas seulement. Sa richesse est due également à l'originalité de ses auteurs qui, prenant quelque distance avec le conformisme qu'impose la subordination aux seules valeurs homologuées par une certaine « science officielle » s'aventurent sur des sentiers « interdits » de la connaissance. Sur ces sentiers, la rigueur scientifique et l'épreuve de la vérification conventionnelle se font avec l'esprit sans cesse relié à l'ordre global révélé par les phénomènes et que les phénomènes révèlent. Derrière la science, la qualité, l'humanité et l'engagement des êtres apparaissent. Qu'ils soient tous chaleureusement remerciés de cette œuvre fondamentale au service de ce qui est juste.

Ainsi, l'École d'Agrobiologie de Beaujeu a-t-elle été l'un des trop rares lieux où la science agronomique a pu retrouver son intégrité initiale et s'enrichir des connaissances les plus modernes. De nombreuses consciences en sont reparties éclairées pour réaliser, propager et servir des valeurs constructives d'une « agriculture du vivant » et au-delà, d'un rapport plus conforme aux lois qui président la vie. Quant à Suzanne et Victor Michon sans qui cette aventure n'aurait pas eu lieu, tous ceux qui comme moi-même ont eu l'honneur de collaborer avec eux ne peuvent que les garder au fond du cœur avec gratitude et profonde affection.

L'ÉCOLE D'AGROBIOLOGIE DE BEAUJEU

Une aventure hors du commun

Roger DURAND

C'est en 1983 que Suzanne et Victor Michon, maintenant décédés, décidèrent de créer une École dont les maîtres-mots étaient respect de la terre, des aliments, de la nature, de l'Homme. À une époque où l'écologie commençait à faire parler d'elle, ce n'était pas une mince affaire. Ils mirent dans cette entreprise toute leur énergie, leur enthousiasme, leurs moyens financiers. Ils firent ainsi, de cette École, un cas unique en France.

Nous étions trois enseignants au départ qui acceptèrent de se lancer dans cette aventure avec Suzanne et Victor. Leur passion et la chaleur légendaire de leur accueil furent pour beaucoup dans cette acceptation. Mais nous partagions aussi complètement l'objectif déclaré : rendre à la terre toute sa noblesse. Ces trois (Max Leglise, Daniel Simonod, Roger Durand) se partageaient le travail de la façon suivante : Max apportait ses connaissances en matière de vigne, d'œnologie, de spagyrie mais aussi de biologie ; Daniel, ancien traducteur de Rudolf Steiner, enseignait les éléments de philosophie de la nature développés par ce dernier ; en ce qui me concerne, je proposais une réflexion à l'interface de la biologie contemporaine, de la physique et de la philosophie imprégnée d'alchimie.

Le corps des enseignants a vite grossi pour atteindre la trentaine. Un certain nombre ont déjà disparu (Josette Ducom, Georges Guilpin, Emilia Hazelip, Pierre Keller, Marguerite Klein-Lecat, Max Leglise, Paul Moray, Jean Nolle,

Daniel Simonod). Cette équipe était multiforme. Certains venaient de l'anthroposophie défendue par Rudolf Steiner et avaient une solide expérience de la biodynamie, d'autres étaient des paysans venus là pour faire part de leurs expériences, certains étaient des scientifiques, des médecins, des vétérinaires. Ils avaient tous en commun une expérience de la vie un peu marginale, ils étaient tous porteurs d'une libre-pensée qui les mettait hors des sentiers battus.

Cette expérience fut, malgré les difficultés de toutes sortes, un succès. Près de 500 étudiants passèrent par « l'École » entre 1983 et 1999. Certains venaient du milieu paysan, d'autres n'arrivaient là que pour entendre parler d'autre chose. Il n'y eut pas que les enseignants pour dynamiser tout ce petit monde. Il y avait bien entendu Suzanne, omniprésente, mais aussi des animateurs comme Olivier Pichaud, Hélène dans les premières promotions, et des secrétaires – Marion, Cécile – et Félicie en cuisine. L'École a disparu, son « Esprit » se propage dans les différents réseaux créés par les étudiants et résonne encore dans l'association « Les Amis de l'École » qui publie la revue *L'Ortie*.

Cet ouvrage est écrit pour rendre hommage à tous : fondateurs, enseignants, étudiants, animateurs, secrétaires. Ces textes sont publiés pour dire ce que fut cette expérience de vie exceptionnelle. Pour différentes raisons, tous les enseignants n'ont pu laisser un message écrit, mais la quasi-totalité de ceux qui cosignent ce livre ont enseigné à l'École. Les thèmes traités reflètent fidèlement l'équilibre de l'enseignement donné à l'École de Beaujeu : une part de culture générale sur l'Homme, la Société, la Nature ; le rapport avec l'animal, le rôle fondamental des bactéries représentent un élément clé de l'enseignement donné ; les textes sur les sols, la plante et la culture insistent sur le rôle essentiel du règne végétal dans les rapports Homme-Nature et enfin une large part de l'ouvrage est consacrée aux rapports entre santé et alimentation.

Cette introduction ne serait pas complète sans de très vifs remerciements à Florence et René Burus dont la générosité a permis la publication de ce livre.

LES BASES FONDAMENTALES DE L'ÉCOLE

Suzanne MICHON

L'École d'Agrobiologie de Beaujeu a été créée le 19 mars 1983, après le constat que beaucoup de personnes étaient confrontées à une multitude d'informations désordonnées, quand elles ne sont pas contradictoires : on parle de « valeurs », mais trop souvent ces valeurs restent nominales et il est difficile de se situer dans ce monde de transition.

Les recherches actuelles encore si spécialisées et si éloignées d'une perspective d'ensemble engendrent des enseignements et des applications qui ne sont pas toujours cohérents ; ils ne donnent pas à l'homme tous les moyens de se situer, ni d'apporter la vraie connaissance nécessaire à la compréhension et à la maîtrise de sa vie. Or cet homme n'est pas un individu isolé au milieu de l'univers, il est lui-même un petit univers en résonance avec tout ce qui l'entoure. Pour faciliter le discernement, il faut une recherche transdisciplinaire au service de la vie, s'efforçant de rapprocher la connaissance scientifique et la connaissance traditionnelle dans une vision élargie de l'Homme. Seule, une telle recherche permet un enseignement et des applications cohérents.

L'École de Beaujeu a été la première en France à s'appuyer sur cette idée et sur l'expérience appliquée pendant 25 ans, avec l'aide de chercheurs et de scientifiques qui, depuis, ont mis au point un enseignement de la science du « Global » selon les règles de la vie, avec la technique, la gestion et l'économie qui conviennent.

L'inspiration de notre enseignement : un Savoir-être, enseignement indispensable pour que germent les perspectives d'une agriculture qui participe à la régénérescence d'une « société de pays » inspirée par des valeurs bien comprises et non plus exclusivement par des objectifs technico-économiques.

L'évolution de notre civilisation est à un tournant majeur : le drame est à la fois social, économique et écologique.

L'alternative agrobiologique, dont la nécessité se démontre tous les jours, exige une connaissance complète du système vivant et si l'ordre scientifique doit intervenir, on ne peut pas longtemps encore maltraiter l'ordre de la Nature. Si la chimie peut nous éclairer, nous aider à prendre des initiatives et des décisions, elle ne peut se substituer à la biologie et à ses exigences.

L'enseignement est basé sur les règles fondamentales de l'écologie appliquée : interdépendance vitale des règnes microbien, minéral, végétal, animal et humain et interdépendance intransigeante du trinôme Agriculture-Nourriture-Santé. L'enseignement n'est pas un fatras de recettes du passé, il est essentiellement préoccupé d'avenir. Il tient compte des données de la science agronomique et de la biologie classique mais utilise d'autres tournures d'esprit et d'autres modes opératoires.

L'agrobiologie propose, en effet, une alternative agronomique qui dépasse la simple protection de la Nature : elle est ouverte à tous les problèmes de société. Elle évolue, elle a toujours évolué avec le milieu et le rythme de l'évolution humaine.

Alors, créer une école c'était non seulement une nécessité mais aussi un symbole qui contient des implications nombreuses et importantes.

Elle suppose que la ou les matières enseignées ont acquis leurs « lettres de noblesse », c'est-à-dire une densité de substance et une logique interne qui lui confèrent une autonomie de pensée.

Elle suppose aussi des hommes assez nombreux, ayant acquis dans les matières concernées suffisamment d'expérience et de réflexion pour couvrir cet acquis d'un langage spécifique et méthodique.

Elle implique aussi que ce langage, par un cheminement inverse, devienne une « courroie de transmission », le moyen et le véhicule d'une communauté de pensée et d'expérience.

Ce sont les règles que nous nous sommes imposées depuis 11 ans et qui portent leurs fruits puisque nos élèves sont partis en Espagne, en Colombie, au Brésil, au Canada, au Portugal, en Italie et dans toutes les régions de France pour pratiquer et faire rayonner l'agrobiologie.

Je disais que la base de l'enseignement était la compréhension des interactions complexes entre le sol, la plante, l'animal, l'homme et le cosmos, tant il est vrai que l'agriculture est une chaîne : que l'on casse un maillon et le désordre commence. Alors, on cherche des moyens scientifiques pour remédier à ce désordre et la chaîne infernale de destruction commence.

J'en ai pour témoignage la lutte antiparasitaire qui a déjà engendré de nombreuses souches résistantes (bactéries, champignons et insectes contre lesquels nous serons bientôt démunis) en souhaitant qu'il n'en soit pas de même dans la microbiologie humaine. Les résidus de pesticides contaminent une partie de l'alimentation. J'ouvre une parenthèse pour vous indiquer que l'un de nos professeurs, spécialiste en analyse alimentaire, démontre que les bactéries pathogènes qu'il trouve dans le sol se retrouvent dans le produit fini.

La monoculture qui se généralise engendre des catastrophes écologiques et économiques : les récents événements dans les pays de l'Est et dans les pays du tiers-monde le démontrent de façon tragique : l'eau, l'air sont pollués, alors que l'on essaye par tous les moyens de nous rassurer. Or l'eau et l'air sont indispensables à la Nature et à l'Homme. Il est donc grand temps que des jeunes filles et des jeunes gens mènent le combat pour la vie, pour leur génération et celles qui suivent. Pour cela, il faut plus que savoir : il faut comprendre et sentir son environnement.

Il faut avoir l'humilité, quel que soit son savoir, de se remettre en question : rester ouvert aux énergies qui nous entourent, retrouver la conscience universelle pour guider les paysans, leur redonner confiance en eux, leur rendre leur dignité. C'est le rôle des personnes formées chez nous. N'est-ce pas le paysan qui fait le pays ?

Je vous souhaite de trouver la « conviction » qui peut soulever des montagnes. Vous êtes cet espoir pour l'avenir : penser planétairement, agir localement.

L'esprit de l'enseignement

À la base : la terre.

Connaissances physique, chimique, biologique du sol forment un tout. Sels minéraux, dérivés organiques, eau, micro-organismes, insectes et toute une faune font du sol un élément vivant de haute complexité. L'équilibre entre l'organique et le minéral, en d'autres termes l'humus, permet les échanges avec l'air, l'eau, les substances colloïdales et les racines des plantes. La fertilité est entretenue par l'addition de compost, pratique essentielle fondée sur la polyculture et l'élevage.

La vie c'est d'abord la cellule. Toute cellule contient les mêmes molécules de base : substrats, protéines, acides nucléiques. Cellules microbiennes aérobies et anaérobies, cellules végétales et animales sont étudiées en soulignant leur spécificité mais aussi l'unité de leur métabolisme. Depuis quatre milliards d'années, les bactéries ont tout inventé et nous ont légué fermentation, respiration, photosynthèse, synthèse des protéines.

Montons dans l'échelle d'organisation : nous trouvons les écosystèmes agricoles où s'équilibrent espèces animales et végétales. Approche systématique et physiologique des plantes, mais aussi approche globale puisque sol, climat, arbres, ensemble de groupement végétal, sites, forment un tout. Noblesse oblige, la vigne fait l'objet d'une attention toute particulière : culture, entretien, lutte contre les parasites. Les animaux de la ferme en agriculture participent à tous ces équilibres autant par leur contribution physique et alimentaire que par leurs relations psychiques avec l'homme. L'étude des facteurs qui conditionnent leur apparence est un bon indice de leur état de santé et de la santé de la ferme tout court.

Tout cela pour la qualité, qualité de vie de l'Homme mais aussi de ce qui l'entoure, qualité de nos aliments. Les aliments, les matières premières qui servent à les élaborer (lait, fromages), les processus de fermentation (lactique, alcoolique), la conservation des viandes et des salaisons, des fruits et des légumes, la production du miel constituent l'un des points principaux de l'enseignement. Une attention particulière est portée aux techniques qui permettent de visualiser la qualité. La relation entre culture, aliment et santé constitue l'une des originalités de l'école. La « qualité » de ce que nous consommons, la qualité de tout ce qui nous entoure, ne va pas sans la qualité de la pensée humaine. Une attention particulière sera portée sur la vision du monde à l'arrière-plan de la qualité des choses.

L’HOMME, LA SOCIÉTÉ, LA NATURE

LA VIE, COMPRENDRE LA VIE

Roger DURAND
Professeur honoraire de biochimie (Université Clermont IV)

VIE, CONSCIENCE, MATIÈRE

On ne peut comprendre la réalité que si l'on admet qu'à l'origine de toute chose (le sommet du triangle du schéma 1, page suivante) il y a la Vie dont nous ne savons rien. Nous ne pouvons la percevoir que par les éléments majeurs par lesquels elle se manifeste : la matière et la conscience. Le souffle de la Vie féconde cette matière et lui confère ainsi un potentiel évolutif qui tout doucement fera émerger la conscience. Cette évolution (la voie 2 du schéma 1) est celle que la science contemporaine a découverte dans notre cosmos, sur notre planète : une cosmogénèse qui fait surgir le monde minéral, le règne bactériel puis les animaux marins, les plantes et les animaux à la surface de la Terre. Enfin l'Homme avec sa conscience de soi et du monde.

La conscience est double. D'abord élément de sensation, de sensibilité puis mécanique, intellectuelle, logique, elle est le reflet de l'idée que nous nous faisons de la matière et des désirs qu'elle suscite. Après un long cheminement elle s'ouvre enfin à une compréhension plus intérieure de la vie, en mesure de nous permettre de saisir ce qui se passe en nous, autour de nous. Ce texte couvrira dans ses différentes parties le processus évolutif que nous venons d'évoquer. Au travers d'une brève histoire de la science contemporaine nous verrons comment cette dernière a donné de cette matière une vision profonde, objective.

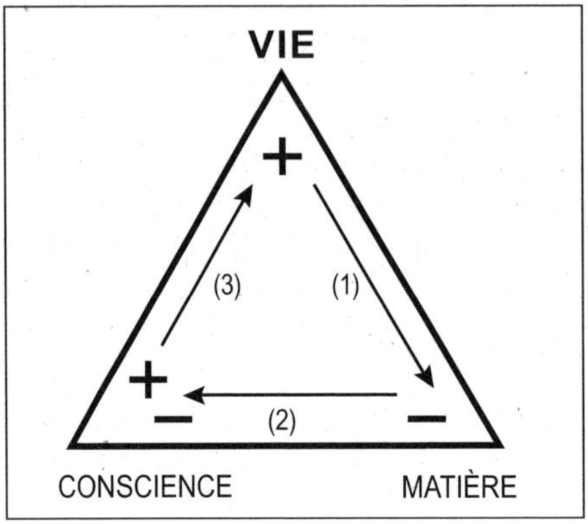

Schéma 1 – La VIE enfante de la MATIÈRE et lui insuffle un potentiel d'évolution qui fait émerger la CONSCIENCE. Cette dernière, d'abord tournée vers l'aspect matériel des choses perçoit peu à peu la VIE à l'origine de tout.
Dans ce schéma les polarités + et – ne signifient pas supérieur et inférieur, haut et bas, elles indiquent simplement des états différents d'une chose unique et sont tout aussi importantes l'une que l'autre.

C'était là une réussite pour l'évolution de la conscience humaine. Le drame est l'idéologie que notre culture a développée : la confusion de cette approche matérielle avec la nature du monde. Le monde est infiniment plus complexe et plus subtil. Nous verrons qu'à l'intérieur de la science elle-même, des concepts, des résultats expérimentaux font entrevoir une tout autre richesse de la réalité. Nous terminerons enfin par un regard sur l'évolution intérieure de notre conscience.

UNE BRÈVE HISTOIRE DE LA SCIENCE CONTEMPORAINE

Les origines

Il y a tout d'abord les médecins alchimistes du maghreb qui, du VIIIe au Xe siècle avant J.-C., observèrent, classèrent les éléments minéraux, les plantes, les animaux. À partir du XIe siècle, le Moyen-Âge va connaître un extraordinaire développement de la construction des machines avec des pièces de métal : canon, moulin, pompe, manivelle, bielle, etc. L'agencement des éléments de ces machines, les engrenages vont exercer une fascination sur les esprits : le monde des astres ne serait-il pas organisé comme une immense machine ?

Mais c'est au moine franciscain Roger Bacon que l'on doit l'apport essentiel, celui de l'expérience vérificatrice, de « l'expérience que l'on fait de ses mains ». D'origine anglaise, Roger Bacon vécut essentiellement en France où il mourut en 1267. Il était alchimiste, inspiré par les ouvrages d'origine arabe ou hébraïque. Il est considéré aujourd'hui, à juste titre, comme le fondateur de la science contemporaine. Il a laissé des ouvrages de géométrie et d'optique.

La science-machine

De l'univers des machines à la machinerie de l'Univers il n'y avait qu'un pas, qu'aux XVIe siècle et XVIIe siècle vont franchir ceux que l'on a appelé les philosophes mécaniciens (Galilée, Descartes, Pascal, Newton, Leibniz). Les corps décrivent des trajectoires. La position et la vitesse de n'importe quel objet peuvent être mesurées simultanément. Tout est prédictible, on peut aller des causes aux effets ou inversement des effets aux causes. Le succès est immense. Halley annonce le retour de la comète qui porte son nom, elle revient tous les 76 ans.

Au XIXe siècle, Le Verrier calcule la position de Neptune uniquement à partir des perturbations que cette planète, alors hypothétique, provoque sur les autres planètes du système solaire. Au XVIIe siècle, le physicien anglais Boyle invente un mot le « matérialisme », Descartes sépare l'esprit de la matière. Au début du XIXe siècle l'astrophysicien et mathématicien Pierre Simon de Laplace tirera de cette vision mécanique du monde une philosophie : le déterminisme. La « physique classique » était née. Une technologie sans précédent va se développer et nourrir un essor économique considérable. Il ne faut cependant pas négliger les conséquences culturelles. Le succès du matérialisme va occulter complètement toutes les approches plus subtiles de la réalité, créant une fracture dans notre compréhension du monde.

Les acquis essentiels

La physique classique devait manifester, dans sa quête de la matière, une tendance à l'unification, comme le montre le schéma 2 (page suivante). Aujourd'hui, quatre interactions (ou énergies) expliquent la dynamique de la matière : les interactions gravitationnelle, électromagnétique, nucléaire forte et faible. Par ailleurs la matière devait perdre son statut d'élément insécable. Nous savons aujourd'hui que la matière n'est qu'une condensation de l'énergie.

À partir du milieu du XXe siècle, cette conception des choses devait envahir le champ du monde biologique et livrer des informations exceptionnelles sur la cellule. Elle est, à la base du vivant, une mécanique d'une grande complexité où trois éléments dominent : les membranes, les protéines et l'ADN. Les membranes sont la signature du vivant et confèrent à la cellule son autonomie. Elles catalysent en leur sein des échanges énergétiques de toute première importance comme la photosynthèse dans les cellules végétales et la respiration dans tous les systèmes cellulaires aérobies (utilisant l'oxygène). La complémentarité photosynthèse-respiration est une donnée essentielle de notre biosphère (voir schéma 3, page suivante).

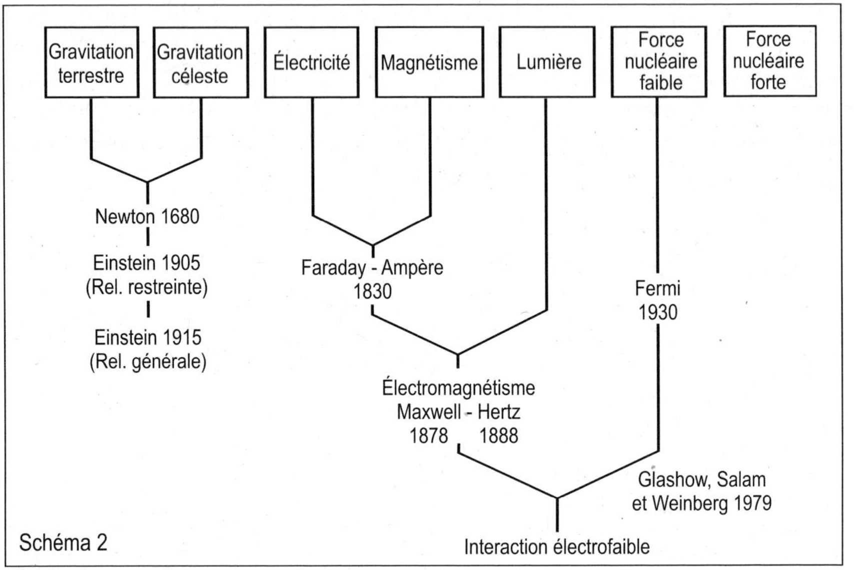

Schéma 2

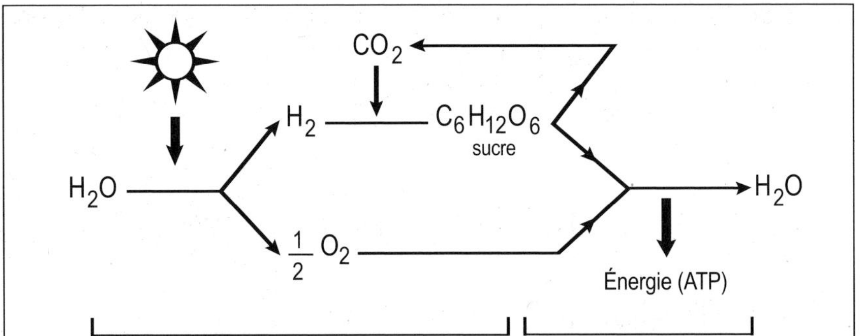

Schéma 3 – La complémentarité photosynthèse-respiration dans la biosphère

Dans la biosphère, l'énergie électromagnétique du soleil catalyse la décomposition de la molécule d'eau en oxygène et hydrogène. Cet hydrogène à haut potentiel réducteur sert à transformer le gaz carbonique de l'air en sucre, le glucose. Lors de la respiration cellulaire, nous brûlons le sucre en utilisant l'oxygène de l'air qui provient de la photosynthèse. Nous rejetons dans l'air le gaz carbonique et l'eau. Avec l'énergie récupérée nous synthétisons de l'ATP (acide adénosinotriphosphorique, l'un des grands vecteurs de l'énergie dans les cellules).

Sur le plan structural et fonctionnel (enzymes, récepteurs hormonaux, anticorps, etc.), les protéines représentent les macromolécules essentielles du vivant. Construites à partir des briques de base que constituent les 20 acides aminés universellement rencontrés dans le vivant, elles sont la mémoire de la vie biologique. Cette mémoire est conservée de génération en génération dans l'ADN : un gène code pour une protéine.

UNE SCIENCE PLUS PRÈS DE LA VIE

La vision mécanique du monde a créé une forme de désenchantement, l'Homme s'est senti exclu de ce cosmos rigide et glacé. Mais peu à peu, au travers de la science elle-même, d'autres perspectives vont se faire jour qui laissent augurer d'un réenchantement du monde.

L'origine de la vie et l'évolution

Les premières cellules bactériennes sont apparues il y a environ quatre milliards d'années à la surface de notre planète. Pendant au moins trois milliards d'années (voir le schéma 4), elles vont tout inventer : métabolisme cellulaire,

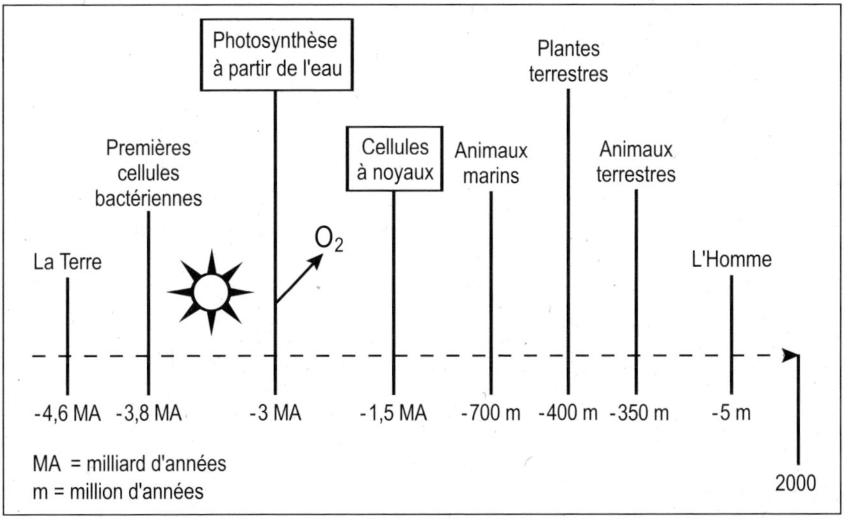

Schéma 4 – Les grandes étapes de l'évolution sur la Terre. L'apparition des êtres pluricellulaires dont nous faisons partie est relativement récente (700 millions d'années). Elle a été précédée d'une évolution bactérienne intense qui a tout inventé du métabolisme cellulaire.

respiration, photosynthèse. Elles vont engendrer les êtres pluricellulaires. Animaux et plantes vont peupler la Terre.

L'homme a surgi il y a seulement quelques millions d'années.

C'est à Lamarck et à Darwin que l'on doit la découverte de l'évolution. Nous sommes le produit d'une histoire. Darwin a eu cette vision géniale que la vie provenait de premières cellules apparues sur la Terre. Il évoquait *« quelque chaud petit étang où seraient présents toutes sortes de sels ammoniacaux et phosphoriques, de la lumière, de la chaleur et de l'électricité. »*

L'évolution est un fait aujourd'hui scientifiquement établi que l'on doit à ces grands biologistes du XIXe siècle. N'oublions pas qu'au XVIIe siècle l'évêque Usher prétendait avoir « calculé » la date de la création du monde et de toutes les formes qui peuplent la Terre : 4004 ans avant J.-C. Quelle est la cause de l'évolution ? Darwin postulait le hasard de la sélection naturelle. Cette dernière est un fait qui peut rendre compte des microévolutions qui affectent les espèces animales ou végétales (créant aussi des variétés).

Mais comment expliquer les grands sauts qualitatifs observés dans l'évolution ? Comment imaginer l'apparition de l'Homme, par exemple ? D'où vient l'acquisition de la bipédie survenue il y a environ dix millions d'années, entraînant l'apparition des australopithèques, ancêtres de l'Homme ? L'évolution biologique est la grande dynamique à l'œuvre dans la construction des formes biologiques à la surface de notre Terre. On sait qu'elle est précédée d'une cosmogénèse à l'échelle cosmique où peu à peu les éléments matériels – carbone, oxygène, azote, etc. – indispensables à l'édification du vivant, se construisent. Nous verrons que, par ailleurs, le stade ultime de l'évolution est l'évolution de la conscience qui ne fait que commencer. Le XIXe siècle devait découvrir que, conjointement à la construction, il y a l'érosion, l'usure qui détruit peu à peu tout ce qui a été édifié. C'est le travail de l'entropie découverte au travers du second principe de la thermodynamique. Une force qui construit, une force qui détruit.

Toutes les grandes cultures ont développé cette approche de la Nature. La science contemporaine ne fait pas autre chose que de l'exprimer avec rigueur et puissance, en y introduisant un paramètre essentiel : le temps. Cette dynamique de l'évolution a fasciné les physiciens se réclamant du courant anthropique. En 1971, Dyson écrivait dans Scientific Américan *« Lorsque nous regardons l'Univers et identifions les multiples accidents de la physique et de l'astronomie qui ont travaillé de concert à notre profit, tout semble s'être passé comme si l'Univers devait, en quelque sorte, savoir que nous avions à apparaître ».*

La non-séparabilité en physique quantique

Tout être vivant, toute matière minérale sont faits de molécules, atomes, particules. Ce qui se passe à l'échelle de nos particules est donc tout aussi important que ce qúe nous voyons macroscopiquement. La physique classique est une physique du séparable. Elle sépare les objets présents dans la nature, les isole, les étudie, met en évidence les rapports de force qui peuvent s'établir entre eux.

Les physiciens quantiques des années 1920 (Niels, Bohr, Heisenberg) avaient acquis la conviction qu'à l'échelle des particules il devait exister un état de non-séparabilité où tout est instantanément en interaction avec tout, quelles que soient les distances. Il faudra attendre le début des années 1980 (voir le schéma 5) pour que cette hypothèse se vérifie. Einstein, par exemple, refusait cette hypothèse : pour lui cela relevait de la magie (Einstein est décédé en 1955).

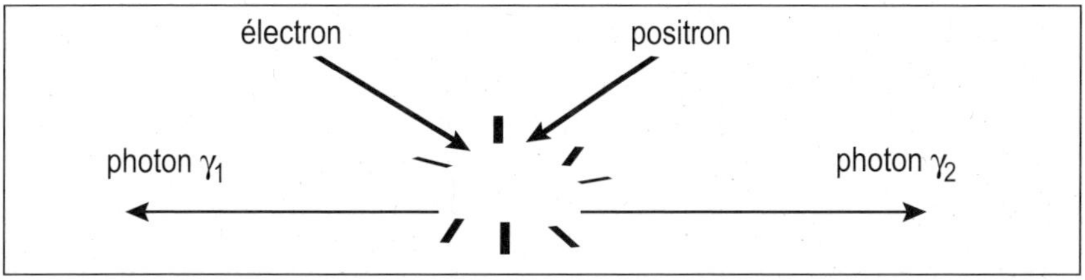

Schéma 5 – La non-séparabilité. L'électron et le positron (son antimatière) réagissent violemment en libérant deux photons gamma de très haute énergie et non séparables. La réaction est réversible. De la lumière peut donner naissance à des couples matière-antimatière. L'expérience faite par Alain Aspect est un peu différente, mais repose sur le même principe : des atomes de calcium sont excités par deux faisceaux de lumière laser et émettent des photons. Les deux photons sont non-séparables : toute information envoyée sur l'un est instantanément ressentie par l'autre photon.

Ces résultats amenèrent les physiciens à admettre l'existence de deux mondes (hypothèse de plus en plus confirmée avec les étonnantes propriétés du vide quantique). C'est ainsi que Bernard d'Espagnat écrit : *« Il y a le monde local, séparable, celui qui est divisible par la pensée. C'est le monde des objets et des évènements, le monde des phénomènes, celui de la réalité empirique. Et puis il y a la vraie réalité qui n'est pas divisible par la pensée (celle de la non-séparabilité). C'est le monde de l'Être qui est comme une matière suprême au sein de laquelle pensée et réalité empirique s'engendrent mutuellement ».*

La notion de système « ouvert »

Dans le prolongement des concepts nés de la physique classique, les biologistes commencèrent à étudier les êtres vivants en laboratoire, isolés de leur habitat naturel. Nous apprîmes ainsi beaucoup de choses mais c'était travailler en système fermé.

En 1866, Ernst Haeckel inventa une nouvelle science, l'écologie, *« la somme de toutes les relations amicales ou antagonistes d'un animal ou d'une plante avec son milieu inorganique ou organique y compris les autres êtres vivants ».*

En fait la vie se caractérise par la notion de système « ouvert ». Rien dans la nature n'est isolé. Les cellules sont reliées entre elles et forment un organe, les organes un individu, les individus des espèces, la biosphère, etc. Chaque unité (cellule, organe...) échange de la matière, de l'énergie et de l'information avec les unités de même nature et le système d'intégration qui les entoure. Un tel emboîtement de structures (voir schéma 6) est continuellement traversé par des flux d'énergie, de matière et d'information allant des formes les plus vastes vers les formes les plus petites. Ces flux maintiennent l'ensemble loin de l'équilibre thermodynamique, c'est-à-dire loin de la désorganisation et de la mort. Des cellules meurent, l'organe demeure, des individus disparaissent, l'espèce survit. C'est ainsi que depuis quatre milliards d'années, la vie s'est non seulement maintenue sur notre planète mais a grandi en complexité.

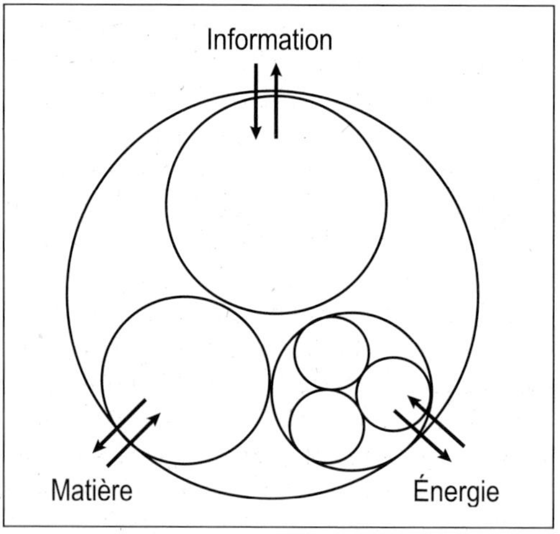

Schéma 6 – Un système « ouvert ». Autonomie et interdépendance sont ses caractéristiques majeures. Toutes les unités, petites ou grandes, échangent entre elles de la matière, de l'énergie et de l'information.

Deux pôles d'activités caractérisent les systèmes ouverts : autonomie et interdépendance. Autonomie, c'est-à-dire individualité, singularité, degré de liberté. Interdépendance, c'est-à-dire relation et échange avec des formes de plus en plus vastes. La vie harmonieuse est à l'équilibre entre ces deux pôles. En fait, toute unité est portée au renforcement de l'autonomie, à l'isolement.

Elle tend vers un système fermé où le désordre augmente inexorablement avec le temps. Les exemples abondent. Qu'est-ce que, par exemple, une cellule cancéreuse ? C'est une cellule qui a rompu tout contact avec les autres cellules, qui a perdu sa spécificité tissulaire pour acquérir une autonomie lui permettant de détourner la vitalité de l'organisme pour sa propre multiplication. Autre exemple : la plupart des troubles psychiques (dépression, schizophrénie) se caractérisent par un isolement du patient et une perte de relation au monde, donc un renforcement de l'autonomie et une perte de l'interdépendance.

Naturellement nous sommes portés à la fermeture. Spontanément nous avons tendance à nous créer des limitations (mentales, émotionnelles) dont nous ne sommes même plus conscients. La fermeture sur un monde strictement matériel, qui caractérise notre civilisation occidentale en est un bel exemple. L'ouverture – et les mots « ouverture d'esprit » sont très significatifs à cet égard – demande prise de conscience, effort, aspiration, volonté.

L'origine des formes : la géométrie fractale

C'est au mathématicien René Thom que l'on doit les premières approches concernant l'origine des formes dans la nature. La science s'est en effet beaucoup intéressée à la notion d'énergie, laissant le hasard régler le problème de l'origine des formes. René Thom va postuler que, pour saisir cette origine, il faut dissocier les matières, les substrats dont sont constituées les formes, des potentiels organisateurs, de l'information qui vient modeler, informer la ou les matières. C'est sortir du cadre matérialiste cher à la science contemporaine et admettre qu'il y a hors de l'espace-temps habituel un plan d'idéalités mathématiques à l'origine des formes. La géométrie fractale est l'un des plus beaux exemples de structure mathématique à l'origine des choses. Elle a été découverte par le mathématicien Benoît Mandelbrot.

En termes de géométrie à l'origine des formes, notre culture est baignée par la géométrie euclidienne où un point est de dimension zéro, une droite de dimension un, un plan de dimension deux et l'espace de dimension trois. Mais comme le fait remarquer Mandelbrot, les montagnes ne sont pas des cônes, les nuages ne sont pas des sphères. La géométrie qui domine dans la nature est une géométrie de l'irrégulier, elle est fractale. « Fractal » vient d'un mot latin *fractus* qui veut dire « irrégulier ». Le mot introduit en même temps le sens de fraction. C'est intéressant, car toute géométrie fractale est une fraction de dimension euclidienne. Nous verrons en outre que les objets fractals sont très souvent divisés, fractionnés à l'infini. Un bel exemple en est l'eau des cascades qui se divise, s'ouvre à l'infini.

En fait derrière ces objets fractals il y a une loi mathématique très subtile où une même information est répétée, réitérée. La fougère en est un excellent exemple où se répète à différents niveaux la même structure. L'une des fractales les plus répandues est la fractale « arbre » (voir le schéma 7).

Schéma 7
La fractale « arbre »
Son développement entraine le déploiement d'une grande surface foliaire dans un volume qui reste presque identique.

C'est un tronc qui se divise en deux, puis à leur tour les deux branches se divisent et ainsi de suite. Une grande surface foliaire sera ainsi développée dans un volume qui reste presque constant. Cette fractale se retrouve dans le monde minéral où elle apparaît dans des processus de cristallisation-concrétion. Dans le monde animal elle est à la base des immenses surfaces développées dans les poumons. Elle explique les performances des poumons humains où une surface de 100 m^2 échange un litre de sang veineux en sang artériel, à chaque battement cardiaque. Nous n'avons mentionné que des fractales spatiales mais les fractales temporelles existent aussi.

Des travaux récents suggèrent par exemple que l'évolution de la matière sur des temps très longs, l'évolution biologique sur notre planète sur un temps plus réduit et l'évolution économique sur un temps beaucoup plus court, obéissent à une loi semblable. Donc réitération à des échelles de temps différentes d'une même structure mathématique.

L'hypothèse Gaïa, la Terre est un être vivant

Jusqu'à une époque récente la Terre était vue comme un globe minéral sur lequel, par hasard, la vie s'était développée. À partir des années 1970 deux chercheurs, James Lovelock géophysicien à la NASA et Lynn Margulis une biologiste, vont proposer une hypothèse totalement nouvelle : si la Terre a enfanté de la vie, la vie a profondément modifié cette Terre dans sa partie la plus externe. Il y a eu co-évolution, où même des processus géologiques comme la tectonique des plaques, peuvent être affectés par le vivant.

La Terre, nous disent ces auteurs, est un système vivant auto organisé, auto régulé, auto évolutif, une sorte d'immense organisme. C'est la définition d'un système « ouvert ». Chez un être vivant, toute une série de régulations très sophistiquées participent à l'équilibre physiologique.

La température, chez un homme par exemple, est étroitement contrôlée, de même que la pression partielle de l'oxygène dans le sang ou la concentration saline. Qu'en est-il de la Terre ?

Les auteurs devaient démontrer que la Terre a dû réguler sa température dans la fourchette de 13 °C à 15 °C dans la zone comprise entre le 45e degré de latitude nord et le 45e degré de latitude sud, pour que la vie puisse perdurer depuis quatre milliards d'années. Cette régulation est d'autant plus difficile à apprécier que l'on sait que la température du Soleil a augmenté d'au moins 25 % pendant cette période. Deux phénomènes physiques ont contribué à cette régulation : l'effet albedo (l'alternance de zones claires et sombres à la surface de la Terre qui renvoient ou absorbent la chaleur) et le fameux effet de serre lié aux variations de concentration des gaz diatomiques dans l'atmosphère de la planète (gaz carbonique, eau, méthane, etc.) et qui se comportent comme un vêtement chaud pour notre planète.

Le succès le plus important des auteurs de cette hypothèse Gaïa est la relation qu'elle établit entre le cycle de l'eau et le cycle du soufre sur la planète. Le soufre est un élément indispensable au vivant. Les protéines dont sont faits les êtres vivants s'édifient à partir des acides aminés élaborés à partir du carbone, de l'hydrogène, de l'oxygène et de l'azote. Deux d'entre eux, la méthionine et la cystéine, contiennent aussi du soufre.

Quand les organismes vivants meurent, leur corps physique se décompose. Le soufre se retrouve sous forme de sulfure, de sulfate entraînés par les rivières et les fleuves vers les océans. Comment le soufre retourne-t-il sur les terres continentales pour la continuité de la vie biologique ? Il a pu être identifié dans les océans une petite algue *(Emiliana Huxleyii)* qui transforme les sulfures en un gaz, le sulfure de diméthyle.

Tout le monde le connaît. C'est ce gaz qui donne l'odeur de marée si caractéristique. Dans l'atmosphère (voir le schéma 8) ce gaz est transformé par le soleil en très petites gouttelettes d'acide sulfurique qui servent de point de nucléation (l'attracteur autour duquel l'eau va se condenser) par la formation des gouttes d'eau dans les nuages.

Attirés par les zones humides des continents, entretenues par les végétaux, les forêts, les nuages ramènent l'eau et le soufre indispensables au vivant. Les pluies sont naturellement légèrement acides (à cause de l'acide sulfurique et de l'acide carbonique). Le problème des pluies « acides » (nettement plus acides que les pluies naturelles) provient des contaminations que les activités humaines ont surajouté au processus naturel.

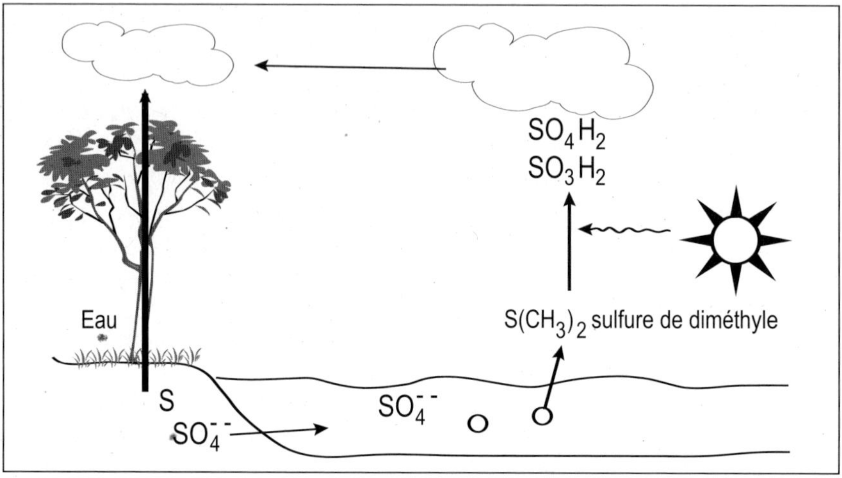

Schéma 8 – Les relations entre le cycle de l'eau et le cycle du soufre.

L'ÉVOLUTION DE LA CONSCIENCE

Les différents états de conscience

Beaucoup de cultures, qu'elles soient d'Occident ou d'Orient, ont développé une vision trinitaire du monde pour comprendre le réel : corps, âme, esprit. Le corps désigne l'aspect matériel des choses, l'âme et l'esprit l'aspect spirituel. Mais ces mots ont des sens relatifs selon le degré de réalité auquel on les applique. Prenons le cas de l'Homme.

Pour en saisir la complexité et la constitution énergétique il faut admettre (voir le schéma 9) que quatre états de conscience s'interpénètrent en lui :

- **l'état de conscience physique**. Nous en avons une conscience objective partielle avec les phases solide, liquide, gazeuse et les mouvements de l'énergie qui les traversent. Les anciens auraient dit « terre », « eau », « air » et « feu », mais ce n'est pas tout. À l'arrière plan de ce qui est visible, tangible, il y a ce dont nous ne sommes pas encore conscient objectivement : l'éthérique. Nous verrons ultérieurement qu'il s'agit d'un réseau d'énergie qui soutient tout ce qui existe.

- **l'émotionnel** est le monde des désirs, des sentiments, de la sensibilité. Il se caractérise par une grande dualité d'énergie. D'un côté une conscience émotionnelle inférieure marquée par les désirs matériels, les forces destructrices sources de haine, de peurs, de colère. De l'autre une conscience émotionnelle supérieure où dominent l'aspiration vers les mondes spirituels, l'enthousiasme, la bonté, l'amour du monde.

- **le mental** marqué par un clivage profond. La limite (à l'intérieur du mental) ici représente, comme nous le verrons, la frontière entre ce qu'il y a de plus spirituel en l'Homme et ce qui est matériel. Dans la partie inférieure il y a tout d'abord l'intellect qui, livré à lui-même, peut très vite hypertrophier sa capacité d'analyse, sa tendance à la séparation. Dans la partie supérieure se trouve l'âme spirituelle qui est dans l'être aspiration vers l'unité, ouverture d'esprit, la porte vers l'énergie du « Cœur ».

- **le « Cœur »** ou conscience christique qui est le monde de l'unité, de la compréhension synthétique des choses, de la manifestation de l'énergie d'amour en terme d'universalité (ce n'est plus le couple amour-haine du monde émotionnel), la vraie source de la compassion.

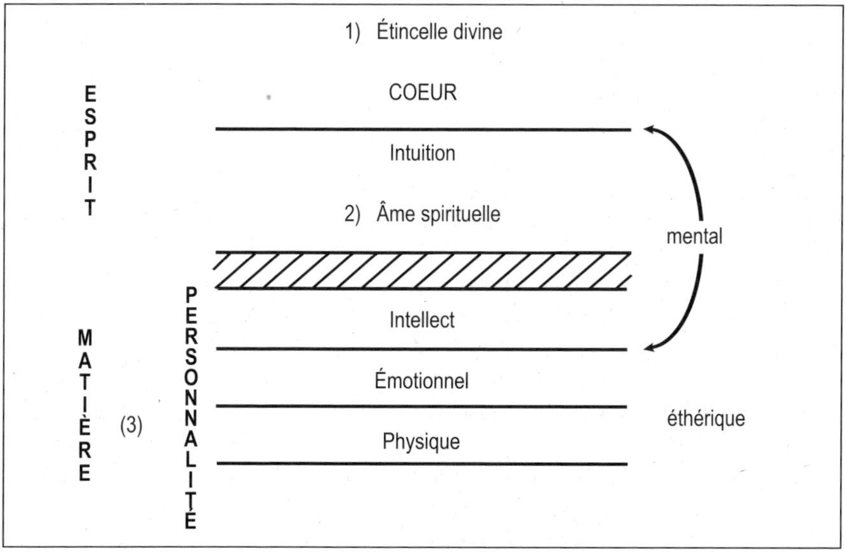

Schéma 9 – La constitution de l'homme traduit le profond dualisme de sa nature. Il est matière par sa personnalité (3) (physique-émotionnel-intellect). Il est esprit par son âme spirituelle (2) et son étincelle divine (1). Le corps mental est l'interface qui permet le contact entre les deux opposés et leur harmonisation.

La constitution de l'Homme et l'évolution de la conscience

L'Homme est triple dans sa nature : une personnalité, l'âme spirituelle ou être intérieur, l'étincelle divine. La personnalité est triple aussi : physique, émotionnelle, intellectuelle (corps, âme, esprit d'une certaine façon). L'évolution de la conscience, la quête spirituelle s'effectue en deux étapes : d'abord la fusion âme-personnalité, puis l'identification de la personnalité baignée par l'âme avec l'étincelle divine. Nous n'évoquerons que la première étape.

L'homme d'aujourd'hui a sa conscience essentiellement centrée dans l'émotionnel et l'intellect. Ces deux matières, car ce sont des matières, sont imbriquées l'une dans l'autre : ses désirs matériels nourrissent son intellect. Il ne se sent pas conscient de son être intérieur et renforce la membrane qui le sépare de lui. Toute la difficulté est là. C'est l'origine de la souffrance comme l'a si bien expliqué le Bouddha.

Réorientez vos désirs, transformez-les en aspiration vers l'intérieur de vous-même, tel est le sens de son message. Ce que le Christ a exprimé ensuite en terme de « naissance d'en haut » (Saint-Jean, 3.3).

C'est un long combat qui commence avec des avancées, des rechutes. L'étape peut-être la plus difficile en est la maîtrise de l'émotionnel-intellect. Elle correspond au baptême du Christ par Saint-Jean-Baptiste. L'eau et l'émotionnel ont beaucoup de rapports. L'aboutissement de ce processus est l'irruption pleine et entière de l'âme spirituelle dans toutes les matières de la personnalité (intellectuelle-émotionnelle-physique). Le Christ a vécu cela au moment de la Transfiguration. La personnalité humaine est alors complètement au service de l'âme spirituelle.

La conscience de l'éthérique

Revenons à notre plan physique (voir le schéma 10). Dans tout être de la nature nous pouvons distinguer une phase solide, liquide, gazeuse. C'est vrai *a fortiori* de notre planète, du système solaire, etc. Est-ce suffisant pour rendre compte de toutes les manifestations énergétiques d'un individu, de toutes les relations entre les êtres ? Nous ne le pensons pas. Depuis des millénaires, les cultures orientales ont postulé, à l'arrière-plan du monde tangible, une véritable substance (sub-stance, ce qui se tient en dessous). Cette substance est l'interface entre l'apparence phénoménale et les aspects invisibles de n'importe quelle forme. Même les formes provenant de la créativité humaine ont un corps éthérique. Cet éthérique a des degrés (il y a en fait quatre sortes d'éthers) et bien entendu le corps éthérique de l'homme est infiniment plus complexe que ne l'est celui d'un animal, d'une plante ou d'un minéral. Trois types de flux traversent le corps de vitalité humain (ou corps énergétique, ou corps éthérique) :

- il y a tout d'abord les signaux, les interactions, les impacts sensoriels provenant de l'environnement ;
- il y a ensuite les flux issus de l'intérieur d'un individu, une dynamique de vie et force de cohésion (une information) qui font que les choses « tiennent », croissent et disparaissent. C'est cette dynamique qui se retire au moment de la mort d'un individu. Il y a dans le même ordre d'idée, les flux liés à l'émotionnel-intellect et qui peuvent engendrer des pathologies dans le corps physique quand il s'agit des manifestations négatives de ces états de conscience ;
- il y a enfin les échanges latéraux.

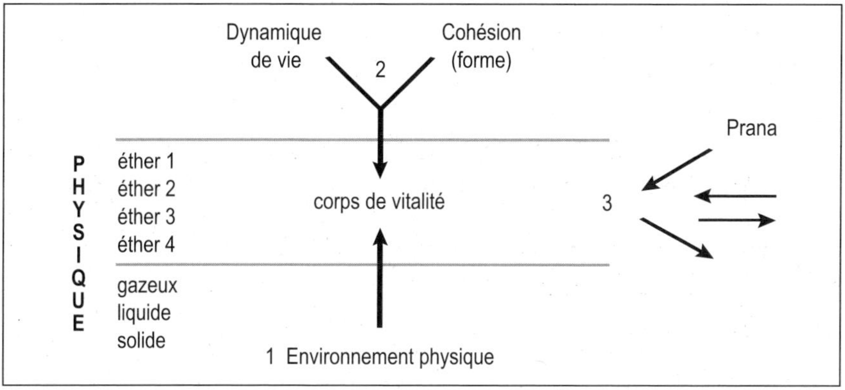

Schéma 10 – Le corps de vitalité. Il est traversé par des flux provenant de l'environnement (1), de l'intériorité de l'être (2) et du Soleil (3).

Tout d'abord la relation avec le Prana, cette énergie de vie provenant du Soleil et qui n'est pas de nature électromagnétique. Il faut aussi faire remarquer que ce corps éthérique est dans la nature un véritable treillis énergétique qui met en relation tous les êtres entre eux.

Dans cette perspective, le physique tangible est relativement passif par rapport au corps éthérique. Il se comporte comme un automate qui reçoit des signaux et les traduit physiquement.

L'éther 4 (voir le schéma 10) est pour une large part électromagnétique et est donc étudié par la science. Mais elle le voit comme une émanation de la matière, alors qu'en fait il est une conséquence des aspects subtils des choses qui a pour effet d'organiser la matière et lui conférer un certain nombre de fonctions.

Le corps de vitalité humain

Il est constitué de centres (les chakras des Orientaux) qui sont des condensations de matière éthérique bien localisées. Cinq d'entre eux (le centre à la base de la colonne vertébrale, le centre sacré ou sexuel, le plexus solaire, le centre du cœur et le centre de la gorge) forment une colonne vertébrale éthérique, à l'extérieur de la colonne vertébrale osseuse et constituent un canal où circulent les énergies, qu'elles viennent du centre basal ou de l'âme spirituelle et de l'étincelle divine. Ces centres ont une face ventrale surtout impliquée dans les problèmes pathologiques, la face dorsale est essentiellement liée à l'évolution psychologique et spirituelle. Un fin réseau de filaments relie les centres entre eux : les nadis. Chaque centre irradie une glande endocrine secrétant une ou des hormones particulières et, par le sang, irradie la zone d'organes se trouvant dans son voisinage (voir tableau ci-dessous). Les nadis accompagnent plus particulièrement les filaments nerveux de l'organisme.

Centre énergétique	Glande endocrine	État de conscience
Tête (sommet)	Épiphyse (glande pinéale)	
Entre les yeux	Hypothalamus/ Hypophyse (glande pituitaire)	Plans spirituels supérieurs
Gorge	Thyroïde	Plan mental
Cœur	Thymus	Plan du Cœur
Plexus solaire	Pancréas	Plan émotionnel
Sacré (sexuel)	Gonades, ovaires	Plan éthérique
Base de la colone vertébrale	Glandes surrénales	Plan physique tangible

Les correspondances entre centres énergétiques, glandes endocrines et états de conscience.

Les centres énergétiques sont une interface dynamique entre la physiologie de l'organisme et les différents états de conscience.

Tout flux d'énergie provenant des états de conscience va donc se répercuter par le biais des systèmes endocrinien, nerveux, immunitaire, sur l'équilibre de la santé du corps organique. Les flux consécutifs à des désordres émotionnels peuvent être à l'origine de maladies graves comme le cancer. Les flux provenant de l'âme spirituelle ou de l'étincelle divine peuvent générer au contraire une harmonie de comportement et d'activité dans la personnalité.

L'éthérique, le vrai système ouvert

Nous avons défini tout système « ouvert » comme étant traversé par des flux de matière, d'information et d'énergie, ceci sous un angle physico-chimique étudié par la science contemporaine.

La notion d'éthérique amplifie et étend cette notion d'ouverture à tout ce qui vient de l'intérieur des êtres.

Elle est non seulement vraie à l'échelle individuelle, mais aussi à l'échelle de la planète où les mêmes plans de conscience se retrouvent.

C'est l'éthérique qui est le véhicule des influences provenant des planètes, influences qui sont autres que gravitationnelles.

L'eau dans la nature est le récepteur privilégié de ces énergies vitales et présente une haute affinité pour l'éthérique. Les vortex créés dans l'eau (c'est le cas de la bio-dynamie), tous les tourbillons observés dans la nature catalysent la réceptivité de ces énergies vitales et leur transfert au monde physique solide. La biodynamie n'est pas une recette. Elle exige une conscience des processus mis en œuvre pour être efficace.

ÉCOLOGIE HUMAINE ET ÉCONOMIE SOCIALE

Guy ROUX
Directeur ingénierie de l'espace rural.
École Supérieure Européenne IER

APPROCHE SYSTÉMIQUE POUR COMPRENDRE LE VIVANT

Bio-économie

« La terre est un être vivant. » Par cette annonce, dans *L'hypothèse Gaïa*, James Lovelock tente d'échafauder une théorie renouvelée de la Vie, de sa dimension cosmique, une théorie d'inspiration socratique et peut-être encore antécédente à Socrate et à sa fameuse déclaration *« Connais-toi toi-même »*. Ce qui est en haut (cosmos) est semblable à ce qui est en bas (la matérialité). C'est une théorie renouvelée par son souci d'intégrer les découvertes actuelles scientifiques, sociales et humaines, de leur donner davantage de cohérence, c'est-à-dire un sens, c'est-à-dire une éthique. La Terre serait l'un des éléments d'une vaste cosmogonie, construite à son image de l'infiniment grand à l'infiniment petit, de la Voie lactée à l'ADN. Les lois qui régissent les forces et le fonctionnement de ces ensembles **systémiques** seraient analogues et l'Homme aurait l'exaltante et troublante responsabilité de pouvoir y participer et même d'y exercer son influence de co-créateur. Cette vision holistique a inspiré une réflexion continue sur cette facette de l'activité humaine qu'est l'économie, « les règles de gestion de la maison ». Tel est, en filigrane, ce qui a animé cours et conférences à l'École de Beaujeu et en d'autres lieux. Ces exposés n'ont jamais été écrits, ils ont donc évolué en intégrant ou en soustrayant des pans entiers

de leur contenu, selon le temps, les publics... Ils se sont appuyés sur des documents originaux et personnels, mais se sont laissés pénétrer d'influences diverses, dont les auteurs n'ont été ni gardés en mémoire, ni transcrits avec fidélité... et ceci malgré les références qui peuvent être occasionnellement faites dans le texte ou dans la bibliographie. Ce texte doit donc son existence à tous ceux qui l'ont nourri et le nourrissent encore : livres, vidéos, collaborations, conversations, débats, conférences et rencontres... Ce texte s'est composé en 20 années de cours et de conférences ; c'est un essai de synthèse de l'essentiel de ce que je continue d'enseigner avec la coloration et les illustrations « du jour » pour des publics auxquels je m'adresse : des lycéens, des étudiants, des adultes en partance pour les pays en voie de développement, des ouvriers d'entreprise, des agriculteurs, des religieux. C'est davantage le « polycopié » d'un discours oral plutôt qu'un texte structuré composé pour l'écrit : il est amputé d'explications et d'illustrations que permet l'exposé oral, mais ceux qui ont entendu ces conférences s'y retrouveront, je pense. Ces cheminements, mes origines et ma formation m'ont prédisposé à puiser réflexions et exemples dans l'espace rural et pour rester dans la lignée de l'expérience et de l'esprit de Beaujeu, c'est dans cette veine que je vais rester ici.

Remettre l'économie à sa juste place

L'économie est devenue historiquement et progressivement une discipline à part entière, indépendante et déconnectée des autres disciplines, qui, elles aussi, sont devenues questions de spécialistes. Au XVIIIe siècle, les économistes occidentaux étaient des naturalistes, fortement imprégnés des lois de la nature qu'ils observaient pour en tirer des règles de bonne gestion domestique. On pourrait dire que l'éco-logie a accouché de l'éco-nomie, mais elles se sont perdues

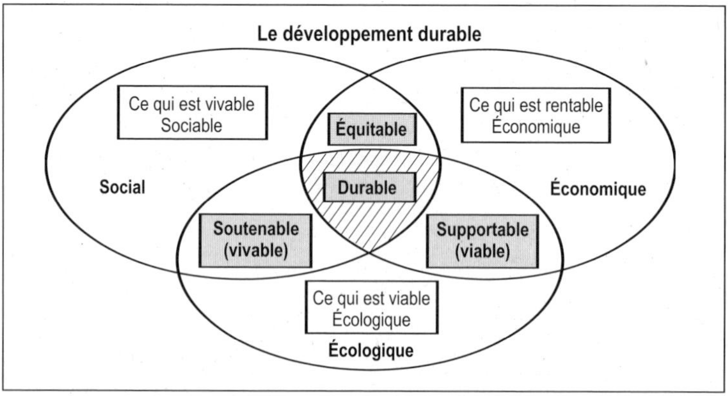

de vue, pour recommencer à se fréquenter actuellement dans le cadre du concept de « développement durable », qui se veut le *must* du « politiquement correct », et qui est sans doute une amélioration dans l'analyse de la réalité. Dans le « développement durable », il y a également la dimension sociale qui est devenue prédominante avec les socio-économistes du XIXe siècle, toutes écoles confondues : Marx, Proudhon, Bakounine... Ce concept de développement durable préconise donc d'appréhender la réalité sous forme **d'un système** à trois dimensions : le social, l'écologique, l'économique.

L'économie n'est donc pas l'alpha et l'oméga des activités humaines, mais « l'intendance qui doit suivre » sous peine de sombrer dans un économisme réducteur de la personnalité humaine. Le prix Nobel d'économie 2002 semble conforter cette façon de voir puisqu'il met en exergue que les comportements humains ne sont pas, en très grande majorité, impulsés par une rationalité économique. Ce n'est pas « prêcher contre sa propre paroisse » que relativiser l'importance de l'économique pour l'intégrer dans une approche plus globale, dite « systémique » ; c'est-à-dire recréer des liens entre diverses facettes ou diverses dimensions de l'activité des Hommes.

L'économie et le social n'expliquent pas tout l'Homme comme le prétendaient les idéologies dominantes du XXe siècle, qu'elles aient été libérales ou structurantes y compris religieuses et politiques. Si ce n'est pas exclusivement, l'économie par ailleurs inhérente, qu'est-ce qui pousse l'Homme à l'action ? Pour quoi agit-il, en dehors du fait de satisfaire à ses besoins physiques et physiologiques. Pour essayer de répondre à cette question, je propose une approche systémique en sept dimensions manifestées au niveau de la personnalité (la personnalité définie comme les

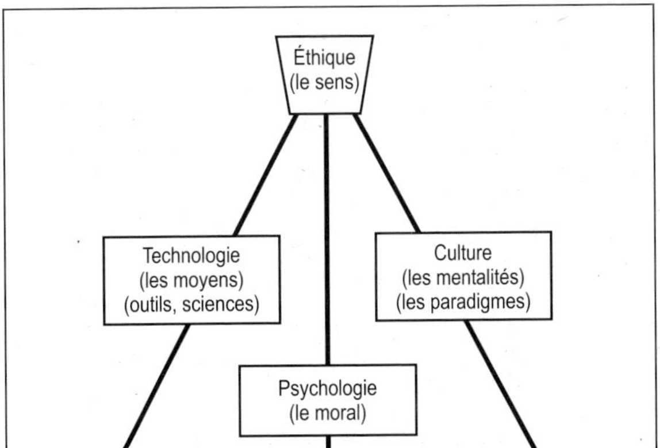

formes ou supports matériels véhiculant les forces de l'âme). Cette approche pour l'économie est transportable dans divers autres domaines dont l'agriculture en biodynamie.

Les sept dimensions d'un système organiciste*

1. L'écologique ou la connaissance des lois de la nature : le terrain.
2. L'économique ou l'application des règles de gestion : le calcul, le raisonnement.
3. Le technologique ou la maîtrise des outils : l'adresse, le savoir-faire.
4. Le sociologique ou le tissage des relations entre les Hommes : l'idéologie.
5. Le psychologique ou l'expérience des émotions et des sentiments : le moral, les états d'âme.
6. Le culturel ou la modélisation mentale, le formatage de la réalité en paradigmes : les mentalités.
7. L'éthique ou l'évaluation des réalités et leur donner un sens : l'idéal, les valeurs, les convictions, l'éthique ou le sens que l'on donne à la vie, aux événements.

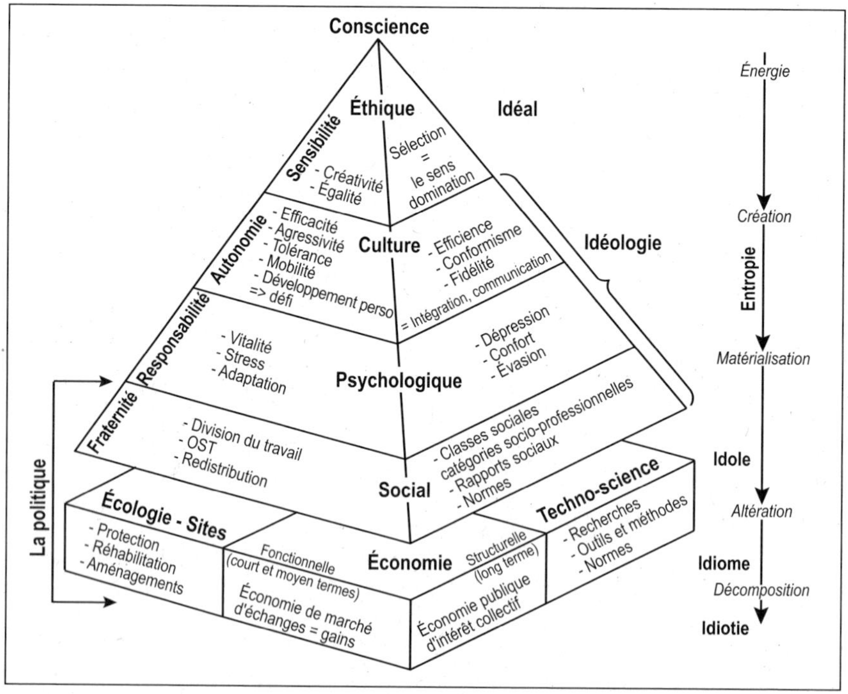

* Organiciste : le terme est emprunté aux écrits d'Alexis Carrel qui distingue les ensembles organicistes des ensembles organiques. Les ensembles organicistes sont composés d'éléments complémentaires pour former une entité autonome : des jeunes et des vieux, des hommes et des femmes, des gens de métier et des dirigeants... Ces ensembles forment des systèmes, tels que je vais les décrire. Les ensembles organiques (= organisés) sont composés d'éléments identiques sélectionnant entre eux, ou se confortant... pour former des entités d'action : les syndicats, les agriculteurs, les enfants, les parents, etc. Une société ne fonctionne bien que lorsqu'il y a des liaisons vivantes et soutenables entre entités organiques et systèmes organicistes.

Cette façon de penser a dominé pendant de nombreuses décennies, mais paraît aujourd'hui un peu simplificatrice même si elle est encore très courante dans les raisonnements. Elle a l'avantage d'être concrète et simple mais elle est enfermante et rigidifiante ; elle limite les solutions car elle prétend facilement à la bonne solution. La vie est diversifiée donc aussi complexifiée, mais de ce fait elle crée des espaces. Ces espaces forment le tissu interstitiel indispensable au bon fonctionnement des organes, tous en relations mutuelles. C'est cette approche systémique qu'a vulgarisée Joël de Rosnay dans l'un de ses ouvrages *Le macroscope.*

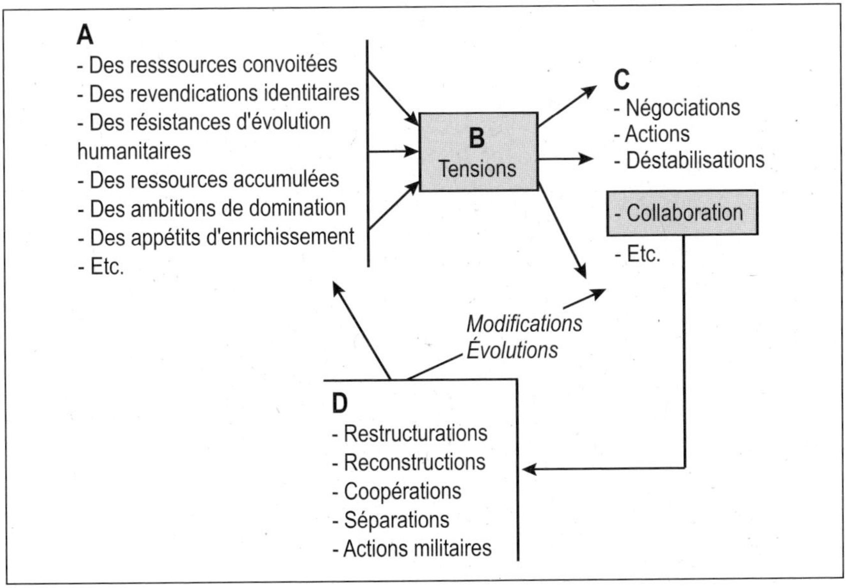

Les solutions retenues et leur dosage vont entraîner une rétroaction sur les causes et, en spirale, la situation évolue. Les sociétés humaines sont donc des organismes vivants, comme la planète ; l'économie n'est qu'une approche parmi d'autres, une « entrée » comme disent les spécialistes. C'est donc un choix plus ou moins conscient de l'analyste.

Il n'y a pas de neutralité économique, parfois de temps à autre quelque objectivité. Les explications et les décisions économiques sont toujours « entachées » de morale, de pulsions, de désirs, de compensations, d'instructions, d'origines sociales, de sensibilités, de goût du jeu ou de l'action. En être conscient est sûrement judicieux, trop en prendre la mesure peut réduire à l'inertie.

L'une des sept dimensions est toujours prédominante ou jugée telle par les observateurs, ce qui occasionne des débats. Par exemple, certains pensent que l'écologie doit être à la source de toute économie, d'autres pensent que c'est le social, d'autres la technologie, d'autres les valeurs (éthique). Enfin, les économistes pensent naturellement que l'économie est à la source de tout, que tout n'est qu'une question de moyens ou d'intérêts : ce sont des modes, des courants de pensée éphémères mais nécessaires pour s'insérer dans le monde. Après avoir énoncé les sept entrées possibles, les sept insertions dans un système, il faut schématiser la configuration et le fonctionnement des systèmes.

• la configuration ou le structurel

Première tripartition : la limite, les constituants et l'environnement.

a) **La limite** d'un système l'identifie, le qualifie et permet de le nommer (ex. frontière, pays). La limite a plusieurs fonctions en plus de celle ci-dessus :

- contrôler les échanges avec les autres systèmes ou les autres milieux. Ouverture et fermeture, conservation et ouverture-aventure (ex. la peau d'un être vivant).

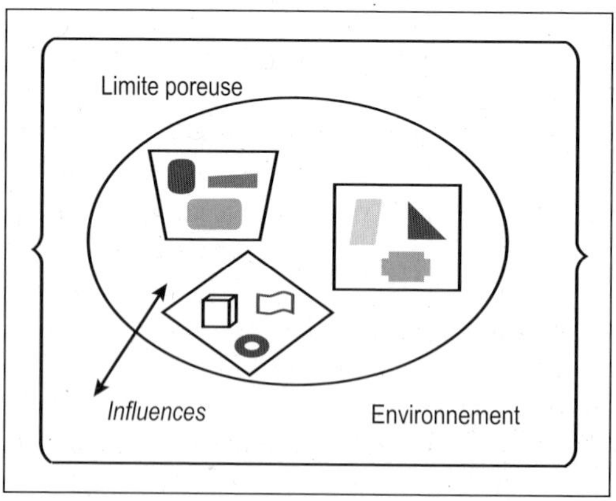

- stocker et transformer des énergies pour réguler les échanges (ex. membranes cellulaires).

b) **Les constituants** d'un système : par exemple, dans une entreprise, il y a des Hommes, des machines, des bâtiments mis en cohérence. Gérer ces trois entités, c'est réguler des tensions quasi permanentes : adapter les bâtiments aux machines, équilibrer Hommes et machines et inversement.

c) **L'environnement** : tous les systèmes sont inclus dans un environnement aux sept dimensions. Cet environnement influence le système qui réagit et modifie à son tour l'environnement.

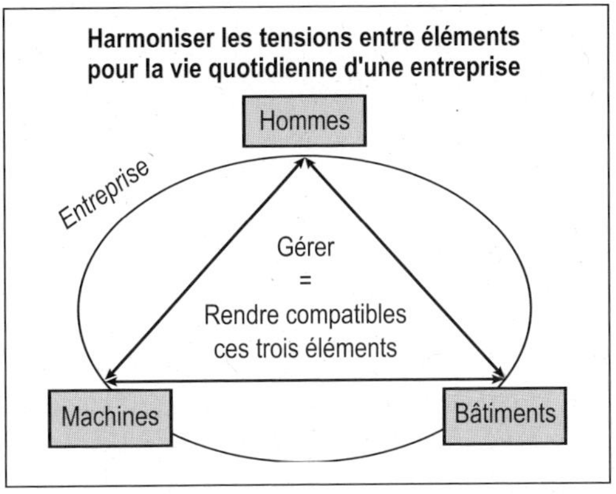

À retenir : dans un système vivant, il y a en permanence des différences de potentiels, des tensions de tous ordres, des courants à faire circuler... Il n'y a pas, contrairement au langage courant, de systèmes vivants équilibrés, une sorte de paradis social écologique, physiologique... d'équilibre économique de l'offre et de la demande, etc.

L'équilibre, de la neutralité à l'indifférence, c'est la mort. Ce qu'on appelle « l'équilibre », c'est l'espace de variabilité, l'oscillation soutenable par rapport à un déséquilibre irréversible, pour la pérennité de l'ensemble d'un système : les sept dimensions citées plus haut doivent se réguler.

• le mouvement ou la dynamique

Il n'y a pas de mouvement perpétuel qui s'auto-entretienne ; en ce qui concerne les systèmes vivants, ils sont alimentés en énergies sous des formes multiples, ils sont **transformateurs** de ces énergies et assurent des productions qu'ils destinent à d'autres organismes : *Théorie de la Trophobiose* (Henri Chaboussou).

En économie, l'alimentation porte le nom générique d'intrants *(input)* et la production celui d'extrants *(output)*. On peut inventorier intrants et extrants en les classifiant selon les sept dimensions citées plus haut : intrants physiques, technologiques, économiques, sociaux, psychologiques, culturels et éthiques, à comparer avec les extrants de même nature.

En agriculture, les intrants sont appelés **agrofournitures** et la production par unité de référence (UGB, hectare) est appelée improprement « rendement », appellation impropre et peut-être intentionnelle. En effet, le rendement **R** d'un système vivant correspond à la relation suivante : **R = Extrants/Intrants < 1 (rendement souvent exprimé en %).**

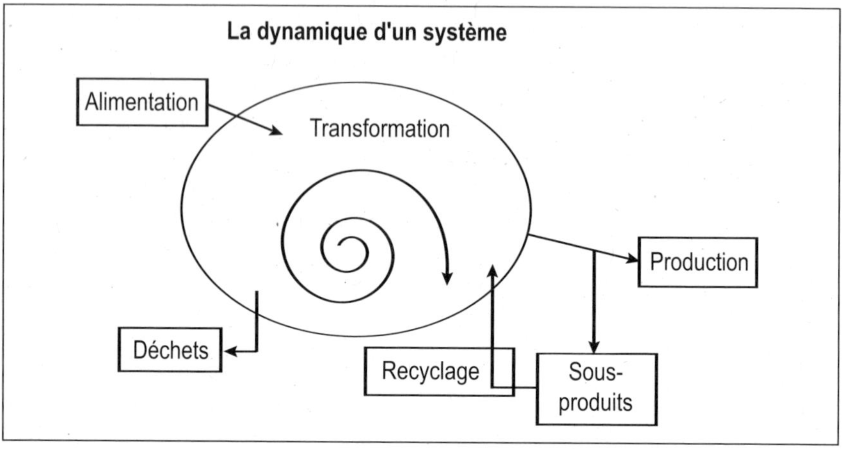

Or le système « exploitation agricole », depuis son industrialisation tayloriste, a fait croître ses productions par hectare ou par UGB, mais les rendements du système n'ont cessé de baisser car l'augmentation des agrofournitures (intrants) est rapidement plus importante que l'augmentation attendue des productions (à partir d'un certain seuil) : c'est la loi entropique des rendements décroissants qui s'applique à tous les systèmes vivants, donc, aussi à l'économie agricole.

Cela a déjà fait l'objet d'une étude du CEMAGREF en 1975 ! Quelle que soit la façon de mesurer intrants ou extrants (en calories, en monnaie, en travail...), pour que le système puisse perdurer, il est nécessaire qu'il obtienne des intrants gratuits ou à prix soldés : subventions, parts de marché gagnées sur les faillis, dégradation des termes des échanges entre partenaires, spéculations financières ou foncières. C'est le cœur même des questions agroalimentaires de nos sociétés et de celles des pays pauvres. S'engager dans un productivisme sans limite pour nourrir le tiers du monde, telle a été la bévue sinon la malhonnêteté de deux générations d'agriculteurs héritières de la JAC, dont le slogan était : « intensifier pour nourrir ceux qui ont faim » ; un récent rapport de la FAO le confirme : si la population mondiale a augmenté de deux fois et demie, les victimes structurelles de famine sont multipliées par 10 (hormis les situations conjoncturelles catastrophiques liées au climat et aux guerres locales).

Tous les systèmes vivants manifestés sur cette planète sont soumis à une force de vieillissement : l'**entropie**. Cette entropie inéluctable pour tous les organismes peut être ralentie, mais non arrêtée par une contre-force appelée néguentropie. Pour illustrer ces concepts, il est possible de réfléchir aux exemples suivants :

- en agronomie : la formation et l'érosion des sols ;
- en économie : le ratio (le rapport) entre fonctionnement et investissement ;
- en technologie : l'obsolescence et la performance ;
- en social : conservatisme et réformisme ;
- en psychologie : repli et ouverture ;
- en culture : habitudes et changements ;
- en éthique : traditions et valeurs émergentes.

En fait, il est devenu classique de décomposer la durée de vie d'un système ou même d'un produit en quatre périodes : la **Naissance**, la **Croissance**, la **Maturité** et le **Déclin**. Cela est vrai pour les sols en pédologie, pour les casseroles en marketing, pour les valeurs en bourses, etc.

À ces périodes manifestées, il conviendrait d'ajouter le temps de conception et le temps de gestation qui sont non manifestés : par exemple, dans l'industrie, entre le moment où l'idée d'un objet se forme (conception) et le moment de son éventuelle mise en marché (naissance), si l'idée n'avorte pas, il y a de 7 à 12 années, d'où une concurrence très vive entre firmes pour raccourcir cette période (pour mémoire, les spiritualistes parlent d'un temps *d'incarnation* d'une idée, avant qu'elle ne prenne forme).

Pour les Grecs, le monde des idées était l'antichambre du monde divin, de l'énergie totale et informelle accessible, occasionnellement, aux seuls poètes et mathématiciens.

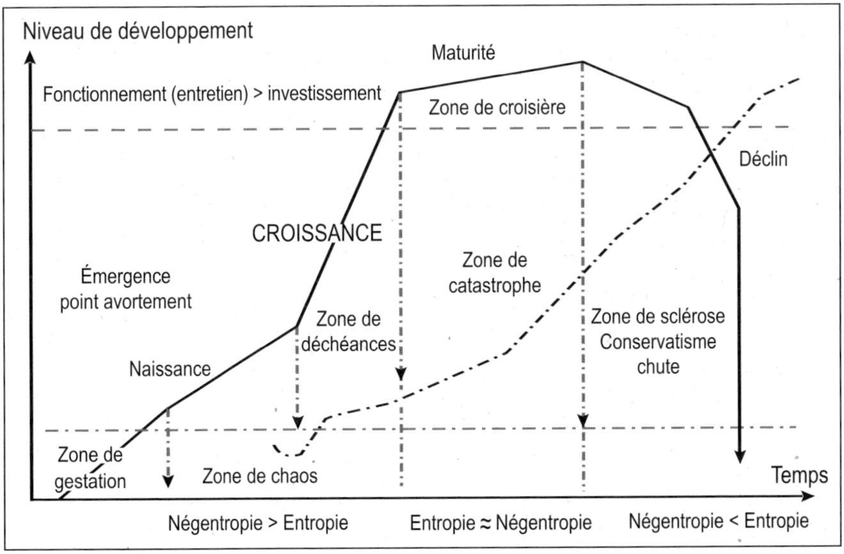

Pour compléter cet exposé général sur les systèmes vivants ou organismes, il ne faut pas oublier la formule : **intrant - extrant** = **sous-produits** (déchets). Une partie des sous-produits est recyclable, ce qui peut améliorer le rendement, ce qui a été négligé pendant les dernières décennies, les décennies du « jetable » et du « tout-à-l'égout ». Le mouvement écologique a entre autres eu ce mérite d'avoir sensibilisé populations, entreprises et pouvoirs publics au fait que ce recyclage produisait de la valeur ajoutée... en sept dimensions (fractales à sept dimensions).

En conclusion de cet exposé, il faut retenir que pour se maintenir en vie de façon durable, un organisme doit réguler ses fonctions de développement et de fonctionnement, son entropie et doit produire et se reproduire. L'observation des êtres vivants montre que ces deux capacités sont corrélées par des dynamiques inversement proportionnelles. Plus un système vivant s'oriente à la production, plus ses facultés à se reproduire s'atténuent, plus il faut l'assister pour le rendre durable. De nombreux exemples illustrent cette observation : espèces très sélectionnées sur leur productivité à *turn-over* accéléré, économie agricole très intensive en capital, sélection par le capital dans les successions et repères des entreprises très développées, démographie déficiente, technologies très sophistiquées et obligations de maintenance intensive, etc. Le pilotage d'un système exige qu'on le conduise à un niveau non pas d'équilibre, mais à niveau soutenable de fonctionnement **et** de pérennisation.

Régulation d'un système socio-économique

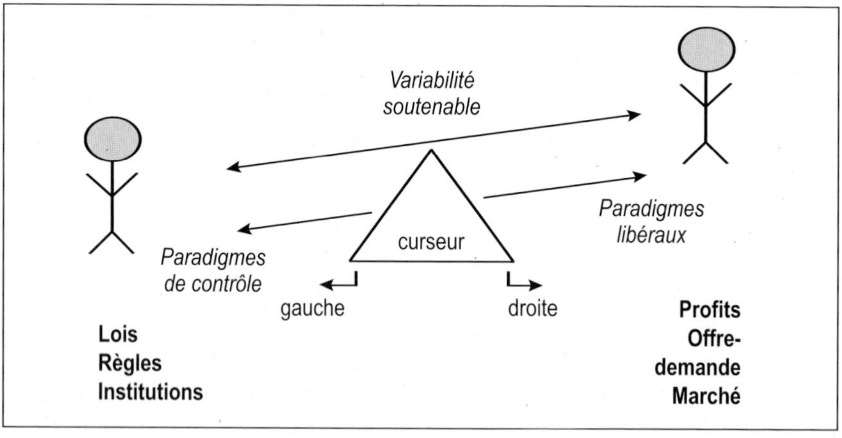

L'AUTONOMIE DU VIVANT

Le titre de ce chapitre est aussi le titre d'un ouvrage paru il y a plusieurs décennies (écrit par Vendyes), un ouvrage qui a beaucoup inspiré mes réflexions sur les systèmes vivants. En fait, l'autonomie est une valeur vers laquelle s'orientent les organismes quand ils développent leur vitalité, leur créativité, leur liberté, c'est une sorte d'aimant et de nord magnétique. Pas de personnalité sans un brin d'autonomie biologique, écologique, motrice, économique... Il semble que dans l'évolution des organismes vivants, il y a en filigrane cette pulsion permanente vers une nouvelle frontière, avec ses avancées, ses détournements, ses effondrements... toujours en sept dimensions.

L'autonomie peut se définir étymologiquement, mais une définition sans périphrase, assez concise et rigoureuse est assez difficile à formuler. On peut mieux définir l'autonomie par ce qu'elle n'est pas :

- l'autonomie n'est pas l'autarcie. Ce n'est pas se couper des autres, qui n'est ni vivable, ni viable quoi qu'en disent les adeptes du communautarisme ;
- l'autonomie n'est pas l'indépendance. Ce n'est pas se passer des autres ;
- l'autonomie n'est pas exactement l'interdépendance qui est une façon de se tenir les uns, les autres ;
- l'autonomie n'est pas, bien sûr, ni la fusion avec les autres, ni la dépendance. Ce qui caractérise les organismes quelque peu autonomes, c'est une énergie et une dynamique ;
- l'autonomie n'est pas innée, elle s'acquiert et se conquiert ;
- l'autonomie ne se conquiert qu'en relation avec les autres, qu'avec son environnement à sept dimensions ;
- lL'autonomie ne s'acquiert qu'à partir de réserves débitables et échangeables, par tranches.

Ce sont les deux derniers points qu'il me plaît de commenter succinctement.

Les relations avec les autres ou l'art d'aimer

Si être davantage autonome est un avantage vital pour tout système, il ne peut y avoir de stratégies de séparativité ou d'indifférence, pas plus que de stratégies de fusion ou d'inclusion. L'autonomie est à géométrie variable : contre un peu plus de liberté sociale on cède un peu plus de disponibilité financière et inversement. C'est une relation d'échanges et non pas un « toujours plus », une relation où il faut accepter de perdre quelque chose, contre autre chose, c'est une « trans-formation ». Sans cette dynamique, un organisme même dominant s'isole, même si il fait de la croissance, il perd son autonomie :

cas des empires, des syndicats professionnels, des entreprises, des particuliers... Par exemple, en économie, un sous-traitant qui fait plus de 60 % de son chiffre d'affaires avec un seul commanditaire devient dépendant, s'il fait moins de 20 %, il devient insignifiant et remplaçable. L'autonomie de ce type d'entreprises varie selon les situations entre 20 et 60 % du chiffre d'affaires avec un partenaire. C'est dans cette fourchette que deux partenaires économiques ont un lien durable. Les situations de monopoles, oligopoles sont coûteuses et incertaines tantôt pour les fixer, tantôt pour les restreindre. S'ouvrir et se fermer, tel est le mouvement de respiration, de combustion et de filtration entre organismes. Ces remarques reçoivent des illustrations appliquées en éthologie, en marketing. En sociologie, par exemple, la capacité moyenne de relations personnelles d'un individu avec d'autres, soit en quantité, soit en intensité, permet de définir des territoires commerciaux, des tailles de lycée vivables civiquement, etc. Cette approche, je l'ai également extrapolée pour analyse à l'ensemble des organismes dans leurs sept dimensions.

Les réserves ou le capital

« Il n'y a pas de civilisation sans grenier », ainsi commençait le cours de Louis Malassis (CNEARC- Montpellier) qui citait je ne me souviens plus quel ethnologue ou ruraliste. Le rôle des réserves, de leurs formes diversifiées et leur capacité à être utilisées par tranche est fondamental pour la pérennité, la durabilité des systèmes vivants qui sont tous « condamnés à évoluer ». Les greniers sont des réserves alimentaires pour traverser les périodes sans récoltes, de l'épargne monétaire qui permet d'amortir les aléas de fonctionnement, etc. Mais aussi c'est à partir des réserves immatérielles ou concrètes que l'on peut créer de nouvelles activités, développer un organisme vivant qui ne peut s'arrêter de changer, de rebondir ou de mourir. Les réserves sont donc capitales, et c'est le **capital** de tous systèmes « capital = qui appartient à la tête, celui qui commande » (*Caput-itis* en latin, définition Gaffiot).

En économie, avec Marx et ses disciples, le mot « capital » a pris un sens économique plus restreint et a généré les mots « capitalisme », « système capitaliste »... celui dans lequel nous vivons actuellement. Dans un premier temps, utilisons le mot « capital » de manière générique : le capital est une réserve aux formes multiples, classables en sept dimensions. Le capital est la réserve indispensable, car c'est dans ce capital-réserve qu'un organisme puise l'énergie nécessaire au maintien et à l'évolution de la vie d'un organisme. Tout organisme sans réserve vit au jour le jour, il est donc fragile et peu durable. Il se doit de faire, puis de remplacer les réserves utilisées.

Pour faire des réserves, il faut produire un surplus stockable : « le surplus étant la quantité d'une production qui dépasse les besoins immédiats des producteurs». Ainsi la plante, à partir de la photosynthèse et de la protéosynthèse stocke dans des organes spécialisés (racines, bois, fruits, feuilles...) ce qu'elle n'utilise pas dans sa consommation courante par la respiration. C'est ce dont vivent ses prédateurs et en particulier l'Homme. Qu'est-ce que domestiquer une plante ? Qu'est-ce que **l'art de l'agriculteur** ? C'est pousser certaines plantes à faire des réserves qui leurs sont « volées » ! Cette façon de voir peut être extrapolé aux abeilles, aux animaux et à toutes les chaînes alimentaires sans oublier la rétroaction, c'est-à-dire l'échange utile et nécessaire entre le prédateur et sa proie, entre le « parasite » et l'hôte. Par exemple, la flore d'un alpage pâturé par des bovins est vivifiée par la ptyaline, un acide aminé contenu dans leur salive ; cette flore évoluera différemment si elle est pâturée par des ovins ou si elle est fauchée (les essais ont été menés à Changins (Suisse) depuis 25 ans). Cela permet de réfléchir à la jachère en tant que politique agricole commune de l'Union Européenne. Comme dans tous les systèmes vivants, faire varier un élément a des « effets papillon » en chaîne, mais, pour l'autonomie d'un organisme, il est nécessaire que les réserves :

- soient régulièrement utilisées et renouvelées ;
- soient débitables et échangeables ;
- soient diversifiées et actualisées.

Sans cette dynamique des réserves, elles deviennent ce que l'on appelle de « la mauvaise graisse », un indicateur d'entropie. Par exemple chez l'adulte, la structuration des repas permet à l'organisme de stocker les hydrates de carbone pour tenir plusieurs heures sans manger, tout en permettant le débit permanent du stock de glycogène. Le carnet de Caisse d'Épargne a un rôle analogue : c'est un stock qui peut être débité en monnaie courante. Autres exemples : la formation technique peut s'écouler sur un marché de l'emploi ; la stabilité psychologique, le « moral », permet de « réguler » les tourbillons émotionnels ; un carnet d'adresses de « monnayer » une situation... Toujours les sept dimensions en interaction .

Si les réserves sont des stocks inertes, sans mouvement, elles deviennent obsolètes et ne peuvent plus aider à l'autonomie. Par exemple, l'avaricieux qui a accumulé des terres à usage agricole a perdu à l'heure actuelle sur la valeur de sa réserve, de même celui qui a entassé des louis d'or. Il s'agit donc de gérer les réserves selon leur valeur stratégique. Dans une société d'informations, de communication, de virtualité, quelles sont les formes de réserves à faire aujourd'hui pour rester autonome demain ? La formation, l'éducation, les relations ? Le temps disponible ? L'espace de vie ? Thierry Gandin prétendait que la réserve actuelle la plus précieuse et la plus subtile était la capacité « à ne pas disparaître de l'esprit des autres ».

Selon la formule lapidaire de Marx *« le capital serait du travail non rémunéré »* qui est stocké et qui n'est pas totalement réinjecté dans le système qui l'a produit. C'est un reproche de sa part, mais sans cette « hémorragie » de capital hors du système qui l'a généré, celui-ci deviendrait un cercle fermé, autarcique. C'est à partir du surplus de l'agriculture qu'un capital a pu prendre corps et être transféré au démarrage de l'industrie dont le capital formé a servi à son tour au développement des services qui aujourd'hui représentent 70 % de la valeur ajoutée. C'est à partir de ce modèle de base du fonctionnement de tous les systèmes que les pays ont cherché leurs voies de développement. La difficulté a été que les capitaux financiers ont pris leur indépendance vis-à-vis de l'économie en cherchant les meilleurs opportunités de placement qui ne correspondent plus exactement à une bonne gouvernance économique ; ils peuvent même devenir anti-économiques localement. Ainsi les capitaux, réserves formées à partir des économies du tiers-monde, rapportent 30 fois plus s'ils sont placés à Genève ou Hong Kong, plutôt que d'être réinvestis dans les pays d'où ils sont issus. Ce fut le même processus pour une partie de la paysannerie européenne : vendre ses terres, placer les fonds dont les intérêts versés annuellement sont supérieurs aux recettes de production. C'est à partir de cette dichotomie entre logique capitalistique et logique économique que s'analysent les difficiles questions de mondialisation par ailleurs inéluctables et porteuses d'avenir, mais avec des sacrifiés et des bénéficiaires à des degrés divers.

On peut rester réservé quant aux solutions économiques, politiques, sociales, donc partielles pour apporter des réponses raisonnables à ces problématiques. Il faudrait peut-être d'abord formuler des réponses éthiques qui donnent un sens à la vie pour inspirer une gouvernance globale à sept dimensions, et pour décliner des logiques sectorielles dans un minimum de cohérence.

Si ces propositions sont fondées, elles conduisent à des formes de réserve qui dépassent le plan opérationnel ou existentiel immédiat de l'Homme et de la planète. Un pas dans l'évolution – risquée – de l'Humanité est nécessaire pour permettre l'émergence de nouveaux systèmes (formes) et la manifestation d'autres énergies (forces).

ÉCONOMIE ORGANICISTE : LES GRANDS SYSTÈMES SOCIO-ÉCONOMIQUES

Les éléments du moteur des systèmes socio-économiques

Comme on peut, pour apprendre, faire un schéma des principes et principales pièces des moteurs à explosion, nous allons le faire pour les systèmes

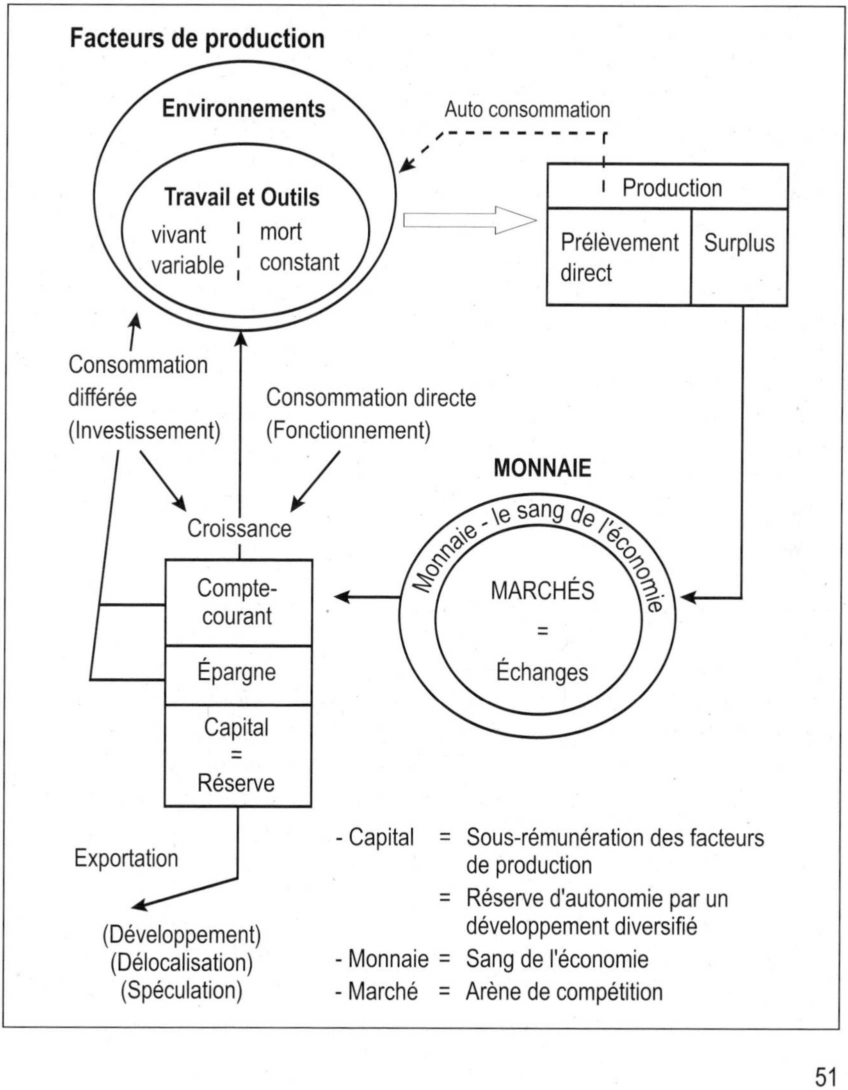

socio-économiques. Au cours de l'histoire, les formes et l'importance des divers éléments ont varié au point de parfois occulter la logique ou la cohérence de l'ensemble.

De plus, pour un même principe, les modèles sont divers et le modèle dominant cache les autres. Ainsi le système capitaliste dans lequel nous vivons sous sa forme dominante actuelle, le modèle de Taylor, n'est pas un système « naturel », universel et transcendant comme nous le pensons régulièrement parce que nous sommes « tombés dedans » à la naissance. Non, il a eu une naissance, il aura un déclin et à plus forte raison, le modèle de Taylor (« fordisme ») qui est plus éphémère que le système capitaliste lui-même, un modèle qui a cohabité avec d'autres modèles, comme la coopération, l'étatisme soviétique, qu'il a finalement supplantés, un modèle qui aujourd'hui cherche désespérément un autre pôle (l'unilatéralisme n'est pas durable) et qui s'essouffle puisque de grands capitaines de l'économie financent des recherches sur le thème « Comment sortir du taylorisme ? »

Il y a donc une logique de base, un fonctionnement basique pour tous les systèmes auxquels il est nécessaire de se référer, les formes n'étant que des carrosseries.

Formes historiques des principaux systèmes socio-économiques

Localement et passagèrement les systèmes socio-économiques connus sont très hétérogènes mais si l'on cherche à ne retenir que les grandes caractéristiques de leurs logiques, on peut les regrouper en 5 formes principales de systèmes :
- le système esclavagiste ;
- le système patriarcal ou tribal ;
- le système féodal ;
- le système artisanal ou familial ;
- le système capitaliste ou de marché généralisé.

La réalité montre qu'il s'agit de la prédominance d'une logique systémique qui entraîne et hiérarchise les autres qui de ce fait s'estompent et disparaissent. Ainsi aujourd'hui la logique capitaliste est prégnante, motrice, elle s'impose et intègre des logiques artisanales ou familiales, elle tolère à la marge des logiques patriarcales ou tribales héritées, elle s'appuie occasionnellement sur des logiques féodales ou esclavagistes discrètes et résiduelles que par ailleurs elle réprouve.

Les systèmes se manifestent concrètement à travers des modèles *(pattern)*, des figures (« formes ») qui peuvent s'affronter alors qu'ils vivent dans la même logique et gouvernance. Ainsi, le système esclavagiste a pu prendre des formes raciales ou territoriales, le système tribal a pu prendre des formes patriarcales ou matriarcales, le système féodal a pu prendre le modèle des castes ou des ordres monastiques. Le système capitaliste qui a cours depuis quelques siècles a pu prendre selon les lieux et les époques le modèle fordiste, le modèle de la coopération, le modèle soviétique, le modèle de la commune, aujourd'hui se profile le modèle des réseaux, des oasis et archipels, mais toujours avec les 7 dimensions qui caractérisent le système capitaliste comme tous les autres systèmes. Les modèles sont des adaptations du système dominant, des sortes de mues pour assurer sa relance et sa pérennité. Ainsi par exemple aujourd'hui des dirigeants de grandes entreprises capitalistes financent des consultants pour « sortir du taylorisme », modèle capitaliste obsolescent qui a été fondateur du capitalisme de masse que l'on connaît.

En espaces ruraux, le système tribal patriarcal a été très prégnant quels qu'aient été les modèles empruntés selon les latitudes et les époques. En Occident, les grandes guerres, spécialement celle de 14-18, ont accéléré son déclin, tout comme actuellement d'autres conflits en Afrique ou en Asie centrale. Le système patriarcal est devenu discontinu, localisé, mais chaque être humain l'a « gardé au fond de lui » avec des éléments prêts à ressurgir : personnification de la Nature, solidarités de familles ou lignées, et oppositions politiques en période d'élection, mafias diverses, etc.

En espaces urbains, c'est le système artisanal du groupe familial biologique, restreint à trois générations en ligne qui a permis l'essor des cités, des métiers, des commerces, des « entreprises familiales ». C'est ce système qui a généré des bourgeoisies (habitants des bourgs) qui ont conquis le pouvoir par diverses voies. C'est sur le tissu de ce système en déclin lent qu'est né et s'est développé le système capitaliste aux modèles (« formes ») historiquement variés comme ceux signalés ci-dessus, système aux perspectives mondialisantes par ses modèles potentiellement en émergence actuellement. Donc, changer de modèle n'est pas forcément changer de système, mais tout changement est une crise, une période de chaos d'où renaîtra un nouvel ordre. C'est donc une phase de transformation fragilisante, purgative pour le système, ce qui peut enclencher son déclin et parfois provoquer son effondrement. Les sociétés humaines sont donc soumises à de grandes mues qui sont les changements de système à étudier dans leurs sept dimensions. Des ouvrages cherchent à déterminer des cycles : cycles économiques, cycles climatiques, cycles de civilisations de Wheeler, de Fabre d'Olivet, d'Eliot Scott, Jean-Charles Pichon et Kondratieff.

Si l'on se limite à trois de ces systèmes qui ont eu leur temps de domination en Europe occidentale : le système patriarcal, le système artisanal, le système capitaliste, à partir des travaux publiés par Thierry Gaudin, on peut retenir comme indicateurs de changement de système les quatre suivants :

- changements dans la maîtrise des matériaux ;
- changements dans la maîtrise des énergies ;
- changements dans la maîtrise du Vivant ;
- changements dans la maîtrise de l'espace-temps.

La limitation aux trois systèmes ci-dessus se justifie pour un pays comme la France du fait que ces trois systèmes marquent encore assez fortement notre société actuelle, avec des tensions et des mélanges inhérents, à gérer, à réguler.

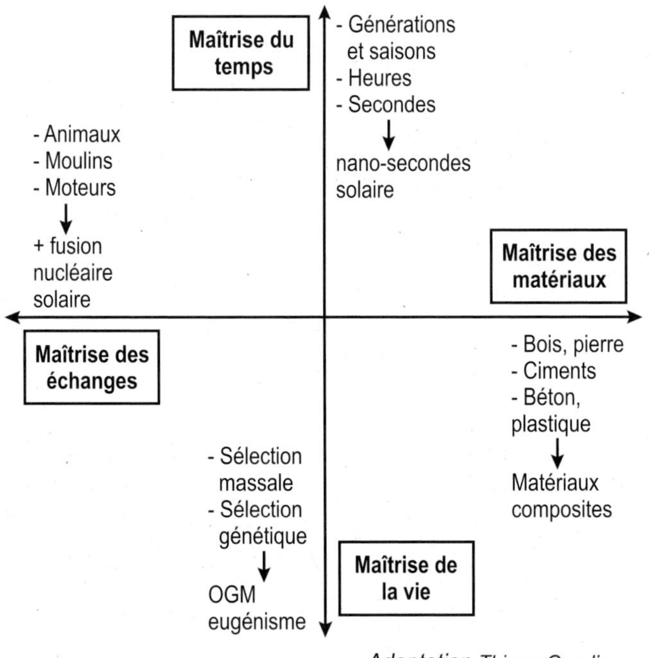

Adaptation Thierry Gaudin

Si nous retenons ces quatres indicateurs, qu'observons-nous depuis 25 ans de crise ?

Matériaux : arrivée des matériaux composites.

Temps : mesuré en secondes et en nanosecondes.

Énergie : solaire et nucléaire.

Vivant : manipulations et créations.
Va-t-on changer de modèle ou de système ?

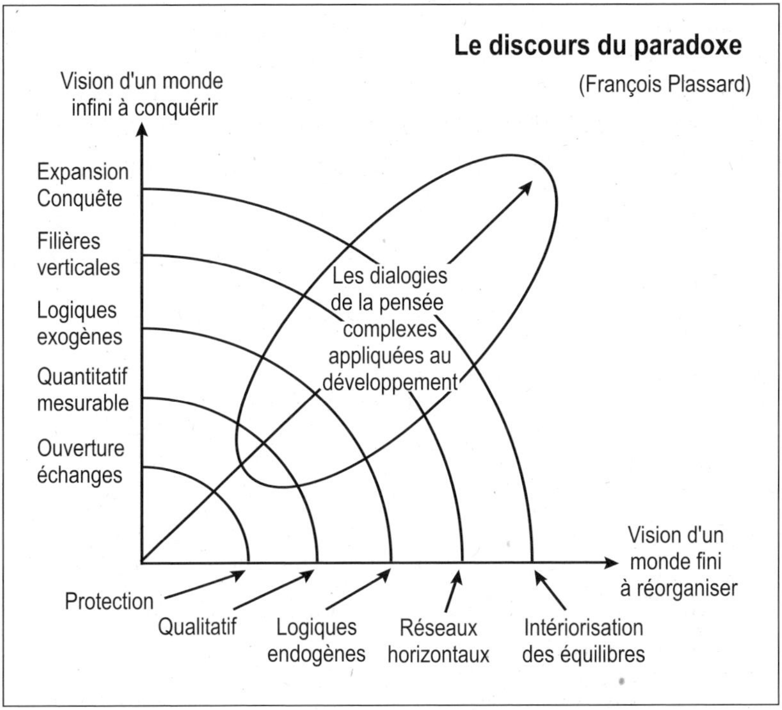

Toujours pour montrer l'intérêt de l'approche systémique appliquée, nous pouvons mettre en comparaison dans un tableau factoriel, les trois systèmes ci-dessus pris dans leurs sept dimensions et illustrées chacune par quelques éléments, puis dans des tableaux successifs distinguer chaque système en rapport avec diverses questions : travail, alimentation, formes d'accumulation du capital, reproduction,etc.

Les tableaux des pages suivantes peuvent servir de support à de plus longs développements en démonstrations, illustrations, applications.

Tableau synoptique de trois systèmes
T1 - Synoptique de quelques caractéristiques de trois sytèmes

Entrée-dimension	Système patriarcal	Système artisanal	Système capitaliste
Écologie Espace Le cadre	Pays Territoires Villages	Pays Territoires Villages	Empire Planète Mégalopole
Technologie Sciences Ressources de production	Énergie biologique renouvelable Cueillette - Reproduction à l'identique	Énergie biologique renouvelable Énergie fossile Maîtrise Domestication Inventions	Énergies fossiles épuisables + Énergies renouvelages + Robotisation, télé intégration Innovation
Économie L'échange	Marchés locaux Troc à base de travail vivant, variable	Marchés régionaux Monnaies à base de travail vivant et de travail mécanisé	Marchés mondiaux Bourses - Télépaiement À base de robotisé, programmé
Social L'organisation	Pouvoir avec l'âge (gérontocratie) Famille élargie : clan et tribu Natalité galopante	Pourvoir avec réussite économique Famille restreinte Natalité contrôlée	Pouvoir avec capital d'influence Famille monoparentale recomposée Natalité artificielle
Psychologie Le moral	Appartenance au groupe Peu de conscience de soi Pas d'états d'âme Fatalisme	Appartenance à la famille + émergence de l'individu Volontarisme	Appartenance au réseau + égocentrisme Réalisation personnalisée
Culturel Les mentalités	Soumission à la nature Labeur : travail fatalité Travail contraint	Domination de la nature Ouvrage = travail rédemption + travail domestique	Exploitation de la nature Œuvre = travail motivation + travail protection
Éthique Valeurs et convictions	Liens du sang : solidarité tribale Conscience de groupe	Liens du rang social : solidarité de classe Conscience des personnes	Liens d'intérêt choisis : solidarités de réseaux Conscience de l'ego, de la personnalité

T2 - Trois sytèmes - Éléments spécifiques d'identification

Entrée d'identification	Système patriarcal	Système artisanal	Système capitaliste
Réserve Capital	La descendance	Le savoir-faire	Finance = relations
Agriculture	Agriculture ménagère Produits agricoles bruts	Agriculture marchande Produits agricoles conditionnés	Agriculture taylorisée Produits agricoles "crackés"
Travail	Initiation Forme de punition	Source de richesse Forme de rédemption	Occupation Forme d'intégration Forme de réalisation
Espace	Territoires tribaux	Domaines familiaux	Continent : la planète
Mesure du temps	Génération Fils de...	Saisons Cycle des saisons	Heure : nano seconde Horloge : computers
Centre de pouvoir	Village - le quartier	Bourg Ville	Métropoles : mégalopoles
Pyramide sociale	Les castes - les clans	Les maîtres Les apprentis	Classes sociales et groupes de pressions
Accession au pouvoir	Avec l'ancienneté	Avec la réussite socio-économique	Avec les réseaux d'influence
Comportement Éthologie Animaux	Les rats Les tribus	Les loups Les familles	Les lions Les clubs

Les modèles : structuration des systèmes vivants

Pour prolonger la réflexion sur les modèles qui sont des fondations structurantes et concrètes de systèmes, nous pouvons évoquer trois modèles du système capitaliste :

- le modèle de Taylor ;
- le modèle soviétique ;
- le modèle « coopérative ».

En fait, malgré les dissemblances apparentes et conflictuelles, ces trois modèles procèdent du même système capitaliste dans ses trois dimensions de base : écologie, technologie, économie. Le **taylorisme** est basé sur la propriété privée du capital et le pouvoir des propriétaires de ce capital. Le **soviétisme** est basé sur la propriété étatique du capital et le pouvoir des gestionnaires de ce capital ; le « **coopérativisme** » est basé sur la mutualisation du capital et le pouvoir des administrateurs de ce capital. Tous les trois ont eu des attitudes et des fonctionnements analogues en matière d'écologie, de technologie et de formation de capital. Les modèles de type soviétique me paraissent avoir été des modèles d'accumulation capitalistique supportables pour des sociétés féodales et quasi esclavagistes dans leur marche forcée pour entrer dans le système capitaliste. Les modèles de type coopérativistes ont été plutôt des modèles de résistance ou d'alternative au modèle de Taylor qui s'est installé brutalement à l'époque du « capitalisme sauvage ». Leur disparition aujourd'hui pose une question. Un système mono polaire unilatéral ne peut pas fonctionner longtemps, il faut au minimum une bipolarisation, aussi, la déclaration argumentée du sous-commandant Marcos est-elle intéressante : *« La 4e guerre mondiale a commencé en 1991 »* a-t-il affirmé, la 3e ayant été la guerre froide. À la suite d'écrits « prophétiques » tels ceux d'Âbelio par exemple en 1960, l'actualité peut nous fournir des indications allant dans ce sens. Bien sûr, les quatre autres dimensions : sociale, psychologique, culturelle et éthique différencient ces trois modèles.

Les modèles soviétiques et tayloriens ont généré la production de masse, le salariat, le gigantisme d'entreprise, le matérialisme, le scientisme... éléments avec lesquels la personne humaine peine à se satisfaire, mais qui sans contestation ont amélioré le sort quotidien d'une partie de ceux qui ont pu s'y intégrer.

Le taylorisme est historiquement et momentanément sorti seul vainqueur des tensions avec les deux autres modèles, mais il a grossi, s'est déformé pour occuper l'espace laissé vide et de ce fait, il n'est plus viable. Il va susciter l'émergence d'autres pôles : il n'est plus et ne sera plus ce qu'il a été. Étant nés dans ce modèle taylorien, il est opportun d'en tracer quelques traits qui imprègnent notre système capitaliste et qui ne s'éteindront pas facilement même en cas de changement de modèle. Le taylorisme a conforté les quatre points suivants :

- modernisation = remplacement des hommes par des machines ;
- normalisation = partir des besoins de la production industrielle ;
- standardisation = pour assurer la production de masse ;
- spécialisation = pour organiser (ou diviser) le travail en tâche.

Ces éléments d'abord liés à des questions de production ont débordé sur toutes les autres dimensions du système capitaliste. Leur développement immodéré a créé des stress, des inquiétudes, des troubles chez certaines personnes ; d'autres individus s'étant adaptés trouvent les mêmes effets « naturels » et profitables. Par exemple, la modernisation et ses mutations de plus en plus intensives sont un facteur de chômage, la normalisation généralisée est l'une des sources de la « pensée unique », la standardisation stimule les délocalisations et les migrations telles que nous les connaissons, la spécialisation est à la base de la vie « en miettes », et sans repères. Mais en contrepartie la modernisation a allégé la pénibilité du travail humain, la normalisation permet d'élargir et d'intensifier les échanges internationaux, la standardisation a induit l'abondance et l'accessibilité des biens et de la production, la spécialisation permet efficacité et identité.

Le modèle tayloriste et l'économie agroalimentaire

Dans un pays comme la France, les paysans ont tardé à intégrer le système capitaliste et ceci pour des causes multiples. Fortement marqués par une culture patriarcale, organisés dans une économie artisanale depuis 1789, les réalités capitalistes sont restées longtemps dans leur environnement : à l'amont et à l'aval des producteurs. C'est la JAC (Jeunesse agricole chrétienne) et le plan Marshall (1948) qui ont été les instigateurs d'une intégration du monde paysan au système capitaliste. Puis la PAC (1962) a conforté et définitivement sorti l'agriculture des systèmes patriarcal et artisanal par la taylorisation. Cette taylorisation s'est même très bien accommodée de spécificités artisanales discrètes (entreprises familiales, goût du travail, âpreté à accumuler du capital foncier...)

Pour le monde paysan, ce fut une époque de mutation sur fond de conflit de générations. Les jeunes modernistes, ouverts au progrès technique, à l'enrichissement personnel, à l'esprit d'entreprise, aux valeurs d'inspiration protestante et artisanale ont affronté les caciques agrariens, conservateurs des traditions et des lignées familiales, du patrimoine à transmettre, à l'esprit de clans, aux valeurs d'inspiration catholique et patriarcale.

Cet exposé débute par des considérations générales sur les systèmes, l'autonomie, les modèles puis se resserre sur des aspects plus précis comme la paysannerie, l'agroalimentaire, et, plus loin sur les tempéraments et les personnalités, leurs places dans le système ; durant les 2 PAC de l'Union Européenne, je considère que les espaces ruraux ont été des laboratoires d'expérimentations dont les résultats sont ensuite extrapolés à la société ; ceci justifie l'importance qu'ils ont toujours eue dans ma réflexion. L'agriculture dans sa ruralité est l'école grandeur nature d'apprentissage du vivant de par son cadre d'exercice, de par l'objet de ses œuvres, de par ses productions pour alimenter la société, de par les extrapolations potentielles de ses solutions à l'humanité intégrale (ex. OGM).

La taylorisation de l'agriculture s'est étendue à l'alimentation pour former ce qu'il est convenu d'appeler l'économie agro-alimentaire qui aujourd'hui assure la nourriture de base à l'ensemble de nos sociétés développées ; l'urbanisation, le travail des femmes, la socialisation précoce des enfants, l'éloignement entre lieux de travail et d'habitation, mais aussi le désir de rencontres, la recherche de variétés, le goût du *zapping* font que la restauration extra-familiale s'est généralisée.

La restauration familiale et artisanale s'est marginalisée et même taylorisée (restaurants, traiteurs...). L'économie des industries agroalimentaires peut se schématiser de diverses manières selon ce que l'on veut mettre en évidence :

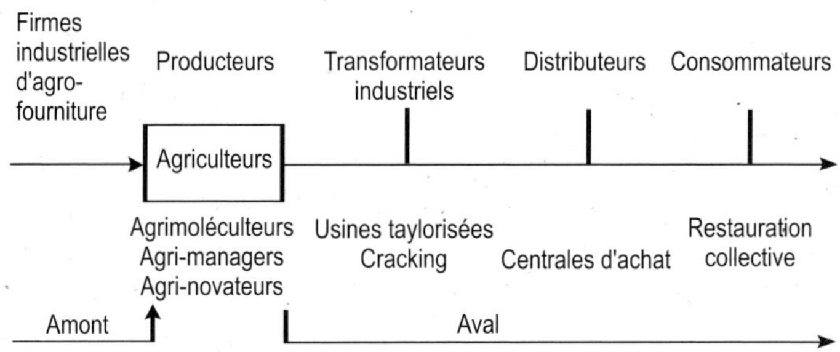

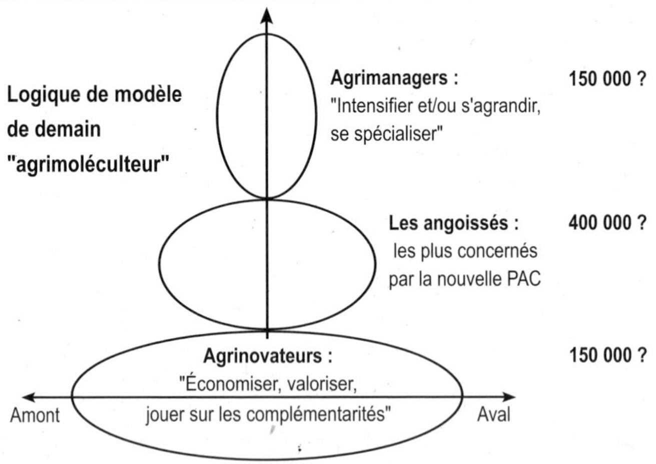

Logique de complexité au sein du développement local (circuits courts et société du temps libre)

(François Plassard)

- l'agriculture s'est industrialisée par l'amont en achetant des intrants industriels (services, chimie, mécanique...) ;
- l'agriculture s'est industrialisée par l'aval car elle vend toute sa production (= surplus), à des industriels qui lui imposent leurs normes et leurs prix ;
- de plus en plus souvent, les firmes d'aval, spécialement la distribution prennent des parts de capital dans les firmes d'agrofournitures à l'amont. **L'agriculture est dite « articulée » au reste de l'économie** ;
- ;es profits et le pouvoir se sont historiquement déplacés des producteurs vers les transformateurs en 1962 puis vers 1980. Aujourd'hui, c'est la distribution qui est maîtresse et locomotive de l'économie agro-alimentaire.

Y aura-t-il une période pour les consommateurs ? Un rééquilibrage en faveur des producteurs ?

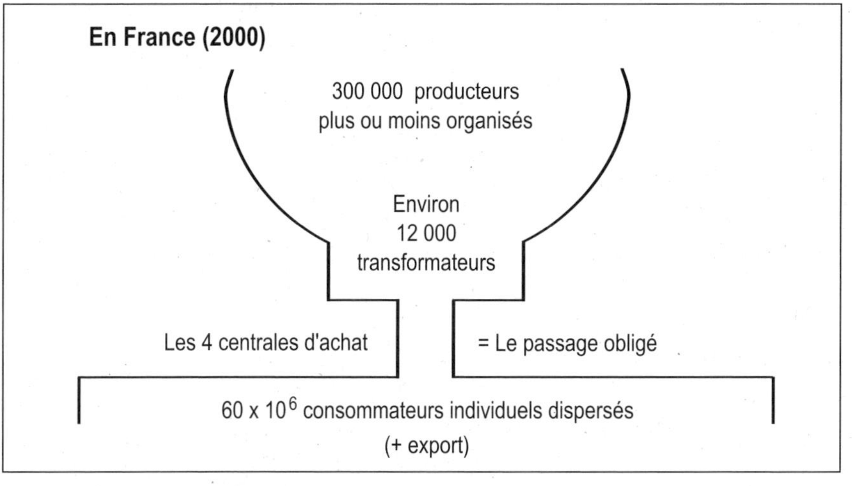

Même l'agrobiologie semble se plier à ce processus, pour progresser. Il est admis qu'actuellement, c'est la demande qui structure l'offre. Malgré les calculs qui argumentent cette constatation, l'affirmation est ambigüe. En effet la demande est sous influence des prescripteurs eux-mêmes liés par leurs intérêts ou par leur psychologie et leur culture (ex. tout l'hygiénisme fanatique et normalisant). C'est un cas inépuisable d'illustrations du phénomène d'action/rétro-action présenté au début de ces exposés et c'est aussi pour cette raison que l'économie n'est qu'un des éléments d'un système plus ample et pas forcément l'élément le plus déterminant, selon certains stades de développement des personnalités, comme l'indique la **pyramide des besoins** de Maslow :

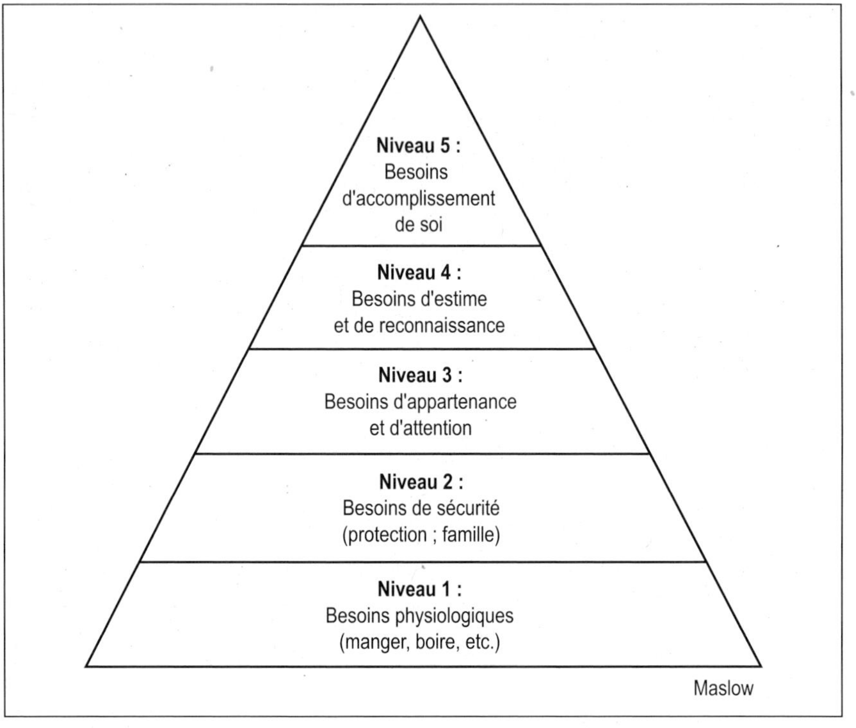

La demande sociale alimentaire (depuis 1980)

Après l'abondance de nourriture de base, les consommateurs manifestent leurs besoins d'une alimentation plus qualitative, avec traçabilité, santé (alicaments), vitalité (la forme !). Six tendances du marché ont été identifiées :

- commodités (facilités de préparation) ;
- qualité/prix raisonné ;
- diététique : santé ;
- hygiène : traçabilité, sécurité ;
- authenticité (terroirs ou exotismes) ;
- grignotages - déstructuration des repas.

Des prévisions de consommation à 20 ans sont les suivantes :

- céréales en hausse (pain en baisse) ;
- fruits et légumes en hausse (congelés, irradiés) ;
- viande en baisse (surtout viandes rouges) ;
- produits laitiers stables (fromages en stagnation - produits frais en hausse) ;

- corps gras en baisse (graisses végétales en hausse) ;
- aliments pour les enfants et les animaux domestiques en forte hausse.

Pour répondre à ces tendances assez chaotiques, ci-après les orientations prises ou annoncées :

a) passer du « fast food » au « street-food » ;
b) diversifier et abonder les produits de grignotage ;
c) créer des « gammes » pour clientèles ciblées : du produit nature à l'aliment reconstitué, préparé et prédigéré, selon les professions, selon les âges, selon les périodes de vie, selon les occasions ;
d) proposer une alimentation « en kit » : à cuisiner soi-même, à innover soi-même, à produire soi-même, et les robots qui vont avec ;
e) *« Des cuisiniers créatifs pour des petits plats »*, pâtés et mousses, végétaux, grillades sans gras, ingrédients bactériens et levures digestives ou pré-digestives pour se sentir en forme : plus de torpeurs post-libations !

À regret, abandonnons ces bonnes recettes du XXe siècle, mais au passage, signalons qu'en rétro-action, il est demandé à 70 000-100 000 agriculteurs en France de devenir des agrimoléculteurs (des producteurs de molécules), d'être des agri-managers et des agri-novateurs pour produire des alicaments, de la nourriture reconstituée (et enrichie !), de la nature re-naturée. Une sorte de « disneylandisation » des campagnes.

Revenons à quelques réalités socio-écolo-économiques en regard de la prospective, en faisant un bref état des lieux des ressources liées à la production agricole mondiale.

LES RESSOURCES MONDIALES NATURELLES ET SRATÉGIQUES

Informations rassemblées à partir de documents FAO (2000) :

1 - Population mondiale stabilisée à 10-12 milliards en 2050, 8-9 milliards en 2030.

2 - Population mondiale répartie comme suit :

- 3 personnes dans les mégapoles ;
- 2 personnes dans les grandes villes ;
- 1 personne en espaces ruraux.

3 - Population localisée le long des fleuves et sur les côtes.

4 - Demande alimentaire mondiale : 72 %. Environ +2 % en Union européenne et environ +174 % en Asie.

5 - Demande globale couverte actuellement à 1,23 : pour atteindre l'autosuffisance mondiale, il faudrait passer à 1,30 ce qui n'est pas un problème. (Couverture = Taux de Production/Consommation). Le problème, c'est la répartition trop inégalitairement solvable immédiatement. Face à cette demande, l'Union européenne se débarrasse de ses surplus, alors que les USA ont une stratégie de conquête alimentaire stable depuis 1950 et même avant la guerre de 39-45.

6 - Ressources de production (horizon 2025) :
- perte de 20 millions d'hectares (13 %) de terres cultivables ;
- limitation de l'eau : fin des solutions type « révolutions vertes ».

7 - Ressources en eau (le principal facteur limitant actuellement). Ressource totale d'eau recyclée 110 000 km^3 /an : 70 000 km^3 s'évaporent, 40 000 km^3 de réserve renouvelable (Sur ces 40 000 km^3/an, la moitié, 20 000 km^3/an, est utilisée pour transporter et diluer les déchets (= eaux usées), et 5 000 km^3 sont prélevés pour l'eau potable). 9 pays disposent de plus de 2 000 km^3/an soit 60 % des ressources mondiales. À l'horizon 2025 :
- **12 pays** = 450 millions d'habitants seront à bout de ressources ;
- **26 pays** = 345 millions d'habitants disposeront de 500 km^3/an par tête = seuil de pénurie ;
- **35 pays** = 1,150 milliards d'habitants auront entre 500 m^3 et 1000 m^3/an par habitant (= seuil de tension) ;
- L'Union européenne disposera d'ici à 2025 de 2400 m^3/an par tête ;
- La France disposera d'ici à 2025 de 3300 m^3/an par tête.

En situation de fin de ressources, au seuil de pénurie, il ne reste que deux types de solutions de survie : les migrations ou la guerre. En situation de seuil de tension : se préparer à la guerre ou à migrer.

Je pourrais écrire encore de nombreuses pages sur ces questions de ressources en eau, en terres agricoles irriguées ou non, en forêts, trois éléments fortement corrélés du système écologique. À partir des constats dressés et comparés, chacun peut de manière autonome construire son éthique (ce qui donne du sens à la vie pour qu'elle continue). De nombreuses études de cas dispersées dans le monde peuvent soutenir la réflexion : le Brésil avec les forêts amazoniennes, les pays sahéliens avec l'irrigation, mais aussi l'Union européenne avec ses terres polluées, ou avec le processus de désertification en cours par destruction de l'humus donc de la physiologie des sols.

ÉTUDE SYSTÉMIQUE DE L'UNION EUROPÉENNE À TRAVERS LA PAC

En ce qui concerne l'état des lieux des deux premières PAC quelles que soient les écoles de pensée, il y a peu de désaccords, mais il y a divergences d'intérêts quant à la PAC suivante à mettre en place. Sûrement faudrait-il repartir de la dimension éthique : quelles sont les valeurs qui devraient inspirer une agriculture, une alimentation et une humanité mondialisées ? Ce ne serait qu'un des éléments indispensables à l'identité de l'UE qui se cherche encore.

- L'Union européenne et ses grands concurrents agricoles ; outils, vocation à nourrir la planète ? Pourquoi ?
- L'arme alimentaire, les dictatures alimentaires sont-elles soutenables ? Pour les autres ? Pour nous en retour ?
- Comment l'approche systémique, la stratégie de l'autonomie, la théorie de la trophobiose peuvent-elles inspirer des politiques agricoles et alimentaires à géométrie adaptée ?
- *« On finit par penser selon ce que l'on mange. »* : le propos de Rudolph Steiner est-il fondé ?

Dans le système capitaliste européen, l'agriculture industrialisée (taylorisée) a répondu à une demande sociale (1945/1975) avec production de masse, baisse des prix, accompagnement du développement industriel (dans les villes), marché solvable pour l'agro-fourniture, garantie d'approvisionnement de l'agro-industrie. Afin de faire accepter cette révolution culturelle, sociale, morale... Il a été mis en avant des aides au départ pour les anciens, un confort matériel et social, des formations. La première PAC a réussi et il eût fallu la réformer à partir de 1975-1980. Mais la génération moderniste qui avait pris les commandes après guerre en bousculant la précédente ne l'a pas entendu de cette oreille : ruses, résistances, colères, lobbying, sélection... tout pour étouffer et/ou retarder la prise en compte des nouvelles demandes sociales :

- productions de qualité contrôlée (traçabilité) ;
- protection de l'environnement écologique ;
- commerce plus équitable ;
- espaces ruraux partagés pour d'autres fonctions que la production.

En 1988, le rapport Mac Sharry, commissaire à l'agriculture de l'Union européenne traçait les grandes lignes d'une nouvelle PAC, d'un nouveau pacte entre les agriculteurs et la société. C'est en 1992 que sous la contrainte des négociations de l'Uruguay Round (à Blair House) que les agriculteurs européens et principalement français cédèrent... après avoir négocié âprement avantages et dérogations. En 1999 se profile une période de transition pour l'intégration des PECO. Une politique de projets tente de se mettre en place en zones rurales (CTE) en 2002. Tout est repoussé à 2006 et la préférence va à l'application d'une politique de guichets : le principal souci dans la gestion des fermes se focalise sur l'art de se mettre en situations subventionables, toutes les autres questions étant subordonnées.

Une minorité d'entrepreneurs agricoles, dynamiques, enrichis dans le système actuel (les 20 % d'agriculteurs qui cueillent 80 % des aides européennes) préconise, pour ceux qui le veulent, la liberté de produire et d'entreprendre afin d'approvisionner des marchés mondiaux solvables qui seraient non saturés pendant une vingtaine d'années à venir, selon les projections. Ils envisagent sur le modèle de l'OPEP de créer une « organisation des pays exportateurs de produits agricoles » avec des *farmers* anglo-saxons, canadiens, chiliens, australiens, sud-africains...

Il resterait à la charge de l'Union européenne une agriculture sociale écologique, aidée, une agriculture de services et de productions de terroir, de qualité labellisée. Ce serait peut-être la fin de la PAC, mais peut-être a-t-elle fait son temps ? Après la politique de l'énergie et avant la politique monétaire, ce serait, à coup sûr, une autre évolution qui changera nos rapports géopolitiques, en particulier avec les pays en voie de développement, vis-à-vis de leurs agricultures extraverties et de leurs dépendances alimentaires.

APPROCHE SYSTÉMIQUE DE L'ENTREPRISE

Depuis le début de ces pages, en fait nous réfléchissons sur les richesses naturelles disponibles pour l'humanité et sur les richesses créées par le labeur et la technologie des humains. Dans le système capitaliste, ces richesses sont principalement créées par et autour de l'entreprise, unité socio-économique de base de la production dans ce système. L'entreprise, bien que sa fonction soit économique, est aussi un organisme vivant, un sous-système du système capitaliste, elle aussi analysable en sept dimensions. Dans les conférences données à l'École de Beaujeu, les participants réfléchissaient à leur projet de sortie de formation ; ces projets d'entreprise étaient si divers qu'il aurait été acrobatique de parler de l'entreprise de manière concrète, c'est-à-dire, sites, technique, économie : il aurait été nécessaire pour cela d'assurer du conseil individuel, selon les cas. Pour cela il existe de nombreux consultants professionnels mais tous ces projets s'inscrivaient dans le système artisanal, à base de travail dans un environnement capitaliste de marché généralisé et avec le souci écologique à prendre en compte. Pour l'ensemble des groupes, nous avons donc abordé principalement les autres dimensions : l'organisation, la psychologie, la culture d'entreprise, à partir d'une valeur éthique – le travail en relation avec la fibre de chacun(e).

Le mot « travail » date du Xe siècle et désigne un instrument de torture ou de contention, une souffrance puisqu'on disait que les femmes étaient « en travail » pour désigner les contractions pendant les accouchements. Avant avaient cours d'autres mots : le labeur, l'ouvrage, l'œuvre, la peine. D'autre part, on peut remarquer que dans le système esclavagiste le travail de production est une forme d'exclusion, tout comme dans le système féodal au Xe siècle ; dans le système patriarcal, le travail était une sorte d'initiation qui cloisonnait les activités selon l'âge, le sexe, les exploits. C'était donc assez réglementé et protégé. Dans ce système, il n'y a pas d'exclus par le travail ou par manque de travail ; le travail assurait la production domestique. Dans tous ces systèmes, le travail de production est une conséquence de la chute au Paradis terrestre : condamnation à gagner son pain « à la sueur de son front. »

La montée du protestantisme en Europe occidentale rassemble plusieurs valeurs émergentes : la volonté, le raisonnement mental, l'analyse critique, le goût de la réussite personnelle... Toutes valeurs fondatrices du capitalisme qui naîtra plusieurs siècles plus tard, mais aussi le travail en tant que source purifiée de l'enrichissement et chemin de retour vers le paradis. Il s'agit d'une transmutation de cette valeur, ce qui va la charger d'une grande énergie : du travail fatalité, on passe au travail rédemption. Cette façon de voir va d'ailleurs imprégner les ordres religieux catholiques, puis plus tard l'ascèse de l'école laïque et sa voie du mérite. Enfin, pour fermer cette approche éthique, c'est bien Jean de la Fontaine, qui à la cour de Louis XIV, devant le roi, officialisera la valeur rédemptive du travail en le vantant dans sa célèbre fable *« Le laboureur et ses enfants. » « Le père fut sage de montrer à ses enfants, avant sa mort, que le travail est un trésor. »*

Qu'en est-il aujourd'hui dans l'évolution du système capitaliste ? Le travail a été longtemps la base de son efficacité, de son efficience, si les paysans du système artisanal en ont fait la valeur majeure de tous leurs comportements, moraux et sociaux, le Taylorisme l'a progressivement et inégalitairement minoré. Aujourd'hui, le travail, qui est confondu avec l'emploi, sert socialement à intégrer ou à exclure, sert à départager vie privée et vie socioprofessionnelle, à faire la part du temps disponible par rapport au temps contraint, etc. Mais il n'est plus la seule source d'enrichissement, ni même proportionnellement lié à l'enrichissement, c'est donc une valeur moins sûre tant du point de vue économique qu'éthique. Des emplois jeunes à la RTT, l'actualité nous montre que cette valeur est toujours discutée, négociée. Elle peut servir à la sélection des niveaux sociaux. Elle est aussi devenue, pour certains, une façon de se « distraire » au sens pascalien du terme, une façon de s'occuper, pour d'autres un motif de dépression, une occasion de rencontres parfois exclusive, etc. Le travail reste donc une valeur riche d'influences et de conséquences mais il a évolué, et, du travail rédemption jusqu'au *work alcoholism*, on peut voir se développer une aspiration au travail-motivation, travail-réalisation de soi, ce qui était le cas de tous les étudiants de l'école de Beaujeu, et de la grande majorité des jeunes actuellement : une immense espérance perçue de plus en plus comme un droit.

CONCLUSION

Pour compléter ce condensé, ce *digest*, il eût fallu rappeler la grille du cours sur les « tempéraments » : tempéraments = comportements + *caractères* + énergies. Des profils que j'affirmais être la fibre héritée dont chacun est tissé (ce qui faisait *assez* régulièrement débat entre nous) : la nature du terrain comme on dirait en agriculture ou en homéopathie, le conditionnement par le véhicule de la personnalité. Certains d'entre vous ont dû, depuis, aborder cette question par d'autres biais : psychogénéalogie, psychomorphologie, éthologie... Cet aspect psycho-culturel et éthique influence de plus en plus l'économique dans une société en transformation, donc chaotique, où chaque individu cherche à exprimer *sa* potentialité d'égotisme par du « développement personnel » ; il faut se souvenir du principe en biodynamique : *ordo ab chaos*.

Nous sommes donc à l'échelle mondiale cette fois, dans un passage, une traversée, une fin de cycles qui ont fait leur temps. Il est devenu difficile de distinguer une organisation cohérente en termes habituels de classes sociales, de catégories socioprofessionnelles, de tranches d'âge, de nationalités, de groupes selon le sexe, les religions, les opinions... Nous barbotons dans l'émotionnel. Des valeurs naissantes en incarnation dans des formes sont cependant à l'œuvre pour induire d'autres morphogénèses sociétales : développement durable, commerce équitable, altermondialisation, processus de chartes et de contrats, etc. La vitalité d'un organisme, donc de tout système socio-économique, se mesure par *sa* plasticité formelle pour évoluer, pour se dépasser ou pour se perdre : c'est le défi du vivant donc de l'inachevé. Illusion du risque zéro ! Cela vaut pour toutes nos entreprises.

Terminons par l'ouverture de cette réflexion de Michel Serres : *« Nous sortons du néolithique »*, le néolithique ou l'invention de l'agriculture qui a permis aux diverses sociétés de mieux garantir la nourriture quotidienne. Avant le néolithique, les humains, semble-t-il, étaient exclusivement préoccupés à se nourrir et à se reproduire. Ils se sont organisés socio-économiquement par l'agriculture pour se « libérer ». Aujourd'hui, nos moyens permettent ou promettent à l'humanité de se nourrir, de se reproduire et d'avoir du temps disponible, conquis... pour quoi faire ? Pour quelle autre civilisation ?

INTRODUCTION À LA GÉOBIOLOGIE

Collectif géobiologie

PRÉSENTATION DU SUJET

L'impulsion vers la démarche géobiologique trouve souvent son origine dans la prise de conscience (avec ou sans aide extérieure) qu'une pathologie peut être causée par l'environnement habituel (habitat et lieu de travail en particulier). Ainsi, c'est la « volonté de guérir » qui conduit à s'intéresser aux nocivités invisibles. Dans un deuxième temps, l'intérêt peut découler vers un autre aspect : les lieux guérisseurs et la géobiologie sacrée.

Les deux questions sont justifiées puisque l'expérience et quelquefois un début d'explication scientifique montrent l'existence des phénomènes en cause.

L'objectif de ce chapitre est de donner une vision globale du petit monde de la géobiologie. Nous choisissons une présentation classique, admise par la majorité des pratiquants en géobiologie, professionnels ou amateurs tout en ouvrant le propos sur quelques hypothèses innovantes.

La bibliographie fournit des pistes d'approfondissement.

LES « ACTEURS » DE LA GÉOBIOLOGIE

L'inventaire des « acteurs » relevant de la discipline ne peut être ni exhaustif (la géobiologie évolue) ni unique (vision quelquefois différente suivant les spécialistes).

Les énergies cosmo-telluriques fondamentales

En premier lieu, il faut citer les **courants d'eau souterrains et les failles**. Ces phénomènes telluriques naturels génèrent à la verticale de leur tracé une forme d'énergie à laquelle les mondes végétal, animal et humain sont sensibles.

Ainsi, on rencontre des végétaux déformés, malades ou à faible vitalité, des animaux privilégiant ou fuyant telle zone et tel humain malade ou fatigué lorsqu'il séjourne au-dessus de ces phénomènes souterrains.

Cet effet est présent à la surface de la Terre quelle que soit la profondeur du phénomène. Son intensité est fonction de la puissance du « générateur » : débit du cours d'eau, écoulement rectiligne calme ou courbes vigoureuses, faille résultant d'un glissement géologique plus ou moins puissant, nature du terrain, sèche ou humide.

Il faut ensuite citer les **réseaux cosmo-telluriques** dont la formalisation (de toute évidence la redécouverte) depuis quelques décennies a constitué le point focal de la géobiologie d'aujourd'hui. Le réseau H (caractérisé par le docteur Hartmann) est au centre des questions de géobiologie. Il s'agit d'une maille énergétique dont les caractéristiques géométriques admises (mais les écarts sont fréquents) sont les suivantes :

- des « murs » de 21 cm d'épaisseur s'élevant à partir du sol (terre ferme) et se croisant pour former...
- des rectangles de dimensions approximatives de 2 m par 2,5 m orientés cardinalement.

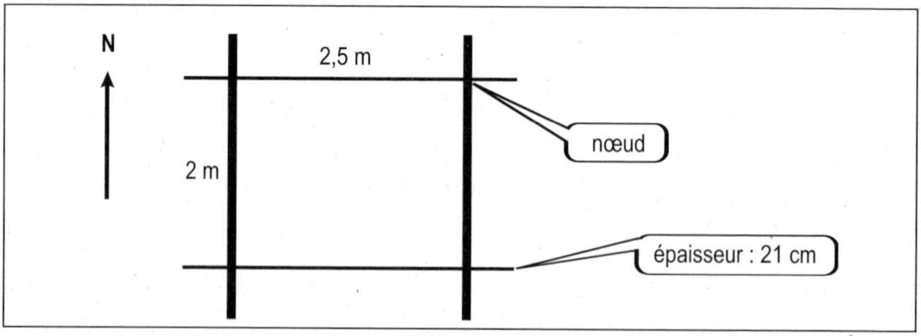

Le réseau peut être très déformé lorsqu'il est en présence de courants d'eau ou de failles.

L'énergie des points de croisements (nœuds) du réseau est basse ; associés à d'autres phénomènes (courant d'eau, faille) ces points sont « négatifs » et il est souhaitable de ne pas y séjourner (lit...). D'après d'importants travaux récents, le réseau H serait en relation directe avec un (des ?) réseau solaire aux dimensions multiples du réseau tellurique. Ce dernier constituerait un « sous-produit » dégradé qui dérive du réseau solaire.

La terre semble parcourue, tissée énergétiquement par des réseaux d'origine cosmo-tellurique et d'orientations variées (diagonale : réseau Perret...). Leur détection par des moyens sensibles (baguettes) requiert de bonnes méthodes pour les discriminer.

Au-delà des réseaux, les « cheminées » cosmo-telluriques constituent une singularité énergétique : ces colonnes d'énergie parsèment le paysage déjà chargé en réseaux.

Les formes

Certaines formes répondant à des critères géométriques précis génèrent des conditions d'échanges (informatifs ou énergétiques ?) avec le monde vivant. L'exemple fréquemment rapporté concerne les pyramides construites aux proportions de la pyramide de Khéops où l'on constate des phénomènes particuliers à une hauteur proche du tiers de la hauteur de la forme. Des recherches ont conduit à réaliser des formes fortement opérationnelles (demi-sphères empilées par exemple) lorsqu'elles sont correctement orientées dans l'espace. Ces effets peuvent être positifs ou négatifs pour le monde vivant. La cause profonde du phénomène reste à élucider. L'hypothèse de l'interception par la forme d'un « champ vital » omniprésent est souvent avancée.

L'électricité – l'électromagnétisme – la radioactivité

Voici un registre plus attesté par la science officielle ; il s'agit là de phénomènes physiques bien connus.

La nocivité de l'exposition à certaines ondes électromagnétiques est reconnue et des normes existent pour les professionnels exposés. Les critères d'intensité et de fréquence du rayonnement ainsi que la durée de l'exposition sont pris en compte. Pour ce qui concerne la radioactivité, il n'y a pas de commentaire à faire tant le sujet est popularisé.

Malheureusement, les études sur les populations « faiblement » exposées aux ondes électromagnétiques prennent du temps pour établir la corrélation entre les rayonnements et les problèmes de santé. Aussi, les géobiologues constatant des pathologies en relation avec la présence de sources électromagnétiques (lignes haute-tension, installations domestiques, émetteurs radio ou télévision, téléphonie mobile...) se sont-il emparés de la question.

De même, la géobiologie s'est rapidement intéressée au problème posé par le radon (gaz radioactif naturel largement présent dans les massifs granitiques). Les émanations de ce gaz dans les habitations situées au-dessus de failles peuvent être source de problèmes de santé.

Les « mémoires »

Les géobiologues expérimentés rencontrent souvent des phénomènes qualifiables de « mémoire des lieux ». Il s'agit de perturbations du milieu créant des malaises pouvant être importants, souvent en relation avec le psychisme des personnes. L'explication peut être alors le « souvenir » d'un événement grave (meurtre) conservé par le lieu. Où se fait l'inscription de la mémoire ?

Il existe dans certains cas une **combinaison**, plus ou moins complète, **des différents phénomènes** traités dans ce paragraphe.

LES MOYENS ET MÉTHODES DE DÉTECTION

L'absence d'intérêt et de reconnaissance du « fait géobiologique » par les instances scientifiques (hormis les phénomènes physiques avérés et théorisés : électromagnétisme et radioactivité) a conduit le monde de la géobiologie à la marginalisation.

Les moyens

Aujourd'hui, une prise de conscience progressive voit le jour mais les moyens utiles à la formalisation des phénomènes (détection, caractérisation qualitative et quantitative) restent avant tout ceux qui ont permis leur découverte : des moyens sensitifs.

Il s'agit d'abord du ressenti direct des êtres les plus doués en perception des énergies subtiles. Ces perceptions peuvent prendre la forme d'intuitions, de sensations particulières dans le corps, de voyances...

Il s'agit ensuite et surtout des instruments classiques de la radiesthésie : pendules, baguettes, « antennes » de détection élaborées...

L'observation de la nature peut aussi donner de bonnes indications : arbres inclinés qui fuient une nocivité, haie dont une partie ne pousse pas ou mal, humidité, fourmilières et chats préférant souvent les nœuds du réseau H.

Bien sûr, pour les phénomènes connus de la science, il existe des équipements aptes à réaliser des mesures : mesureur de champ électromagnétique ou compteur « type Geiger » pour le radon, par exemple.

Méthodes d'investigations sensitives

La détection de nuisances **sur le terrain** nécessite de procéder avec méthode pour repérer les zones (réseaux, courants d'eau...) On procède souvent à l'aide de baguettes (par exemple deux baguettes coudées tenues à la main) en effectuant la recherche en « coordonnées cartésiennes » (en quadrillant le terrain avec une orientation déterminée ou en suivant une clôture...) ou en « coordonnées polaires » (en pivotant sur soi pour trouver la direction de l'objet de la recherche et en se dirigeant ensuite jusqu'à passer au-dessus de cet objet par exemple).

Sur un plan (orienté), le pendule peut être plus approprié, mais la logique d'investigation « type terrain » peut être conservée. La recherche sur plan permet une meilleure vue d'ensemble, mais pourquoi cela marche-t-il ? Ceci est une autre physique.

La question des **unités de mesure** et des **échelles de mesure** est un vaste sujet qui alimente régulièrement les discussions dans le milieu.

On tente de mesurer les phénomènes en question avec des grandeurs repérables sur des échelles en « valeurs absolues » (comme la mesure d'une longueur – 1,5 m – ou d'une tension – 220 V).

Il existe entre autres, deux systèmes bien connus répondant à cette « quête d'absolu » (!) :

- « l'échelle bovis » sur laquelle le radiesthésiste détermine une valeur comprise entre zéro et quelques milliers d'unités ; en général avec une valeur moyenne de 6500 « unités bovis » reconnue comme une limite entre ce qui est faible ou négatif (< 6500) et ce qui est plutôt porteur de vigueur, de santé (> 6500). Utilisée pour les êtres humains, les aliments, les lieux ;

- le « diagramme des couleurs » pour évaluer les effets induits par les formes (ou ondes de forme ou effet de forme). Ce diagramme séparé en deux phases (dites M et E) permet une appréciation de ce qui émane d'une forme donnée (une pyramide, un objet...), voire même d'un produit apparemment informe (pierre, substances diverses...). Ce diagramme est d'un usage délicat (ce qui touche les phénomènes de forme offre encore de grandes possibilités de recherche).

Au-delà de ces mesures en « valeurs absolues », il est possible de recourir très utilement aux « valeurs relatives » repérées sur une échelle graduée, par exemple, entre - 100 % et + 100 %, en passant évidemment par zéro. Dans ce cas, la question sera plutôt : « Ce lieu est-il bon pour moi, pour X ou Y ? » et le pendule (par exemple) indiquera une réponse sur le graphe. La faiblesse de cette technique réside dans une approche plus qualitative, teintée de la sensibilité de l'opérateur qui rend plus difficile un échange entre deux opérateurs. Ceci constitue malgré tout, avec l'expérience, une excellente façon de se constituer une opinion globale.

Enfin, on peut pratiquer une forme « d'écriture automatique » basée sur le lâcher-prise. Il s'agit ici de laisser aller sa main et le crayon vers l'objet de la recherche. Par exemple, un point négatif sur le plan de la chambre, le dessin des bulles énergétiques du monde vivant ou une valeur sur un graphe là où le crayon s'arrête.

LES APPLICATIONS

Quelques mots des principaux domaines d'application de la géobiologie.

La santé de l'habitat

La démarche géobiologique est souvent appliquée lorsqu'une pathologie ne trouve pas d'explication ni d'amélioration par le biais des différents traitements sur la personne (ou l'animal). Dans ce cas, l'environnement de vie est quelquefois suspecté.

Il peut s'agir d'un problème de point géopathogène (croisement de réseau sur courant d'eau…) s'appliquant dans un endroit où la personne malade séjourne longtemps (typiquement, le lit).

Lorsque la maison n'est pas encore construite, il est aujourd'hui possible de faire appel à un architecte possédant les connaissances nécessaires à son édification dans le respect des lois de la géobiologie.

Les règles à suivre portent sur :

- l'environnement général du terrain et le positionnement global de la maison sur cette surface (approche plutôt « Feng-Shui », voir plus loin) ;
- la détermination de l'implantation précise de l'habitat (en évitant les zones négatives), de son orientation par rapport à la course du soleil et le repérage de points favorables pour l'entrée, la cheminée, les pièces d'eau... ;
- la forme de la maison, les ouvertures, la disposition, la taille et les proportions des pièces qui la composent ;

- l'aménagement et la décoration intérieure (couleurs, lumière, objets) ;
- les matériaux de construction...

La géobiologie sacrée

Ce terme recouvre l'ensemble des applications en relation avec la reconnaissance, l'édification et l'utilisation de hauts lieux cosmotelluriques.

Il peut d'abord s'agir simplement de **lieux naturels** (arbres, rochers, sources...) particulièrement porteurs en énergie bénéfique ; souvent ces lieux font l'objet d'une fréquentation depuis fort longtemps et des guérisons peuvent y être attestées.

Ensuite, on rencontre les **mégalithes** (menhirs et dolmens en particulier) dont l'implantation est en relation avec les réseaux, les courants d'eau et les failles. Ces éléments sont fréquemment présents sous les mégalithes et leur confèrent leurs propriétés d'harmonisation des lieux et de soin des êtres vivants par une transformation des énergies telluriques perturbatrices en énergies positives.

Enfin, les **églises romanes et les premières cathédrales gothiques** ont été bâties en intégrant les éléments constitutifs du lieu (environnement), les connaissances liées à l'importance de l'orientation par rapport à la course du soleil, à la « captation » des forces cosmo-telluriques et à la science des formes et des proportions. Les pratiques religieuses (prières, chants, flammes de cierges, reliques vénérées...) achèvent de conditionner le site pour en faire un centre d'énergie physique, psychique et spirituel puissant. D'humbles chapelles sont parfois porteuses de cette puissance.

La santé au quotidien

Le ressourcement personnel peut être favorisé par l'utilisation des éléments bénéfiques disponibles au quotidien. De la même façon que nous détectons des points négatifs, les méthodes sensitives permettent de trouver les zones qui favorisent la santé. Il est possible de cheminer dans un coin de nature en se laissant guider (par les baguettes, l'intuition...) afin de reproduire, à l'échelle réduite de l'environnement quotidien, les flux énergétiques rencontrés au cours des parcours sacrés (labyrinthe...).

En relation avec la santé de l'habitat, la disposition d'objets judicieusement choisis pour leur forme par exemple (triskel) peut accroître la qualité énergétique du lieu. Corrélativement, la recherche d'objet « négatifs » (pour soi ou pour une personne désignée) permet d'éliminer d'éventuelles sources de perturbations.

Enfin, les applications de la radiesthésie à l'alimentation constituent de bons entraînements et peuvent conduire à d'heureuses améliorations. Le sujet reste inépuisable.

Bien entendu, dans ces applications, la neutralité de la pensée est essentielle pour obtenir de bons résultats. Le risque avec les méthodes sensitives est de trouver ce que l'on souhaite (ou ce que l'on redoute).

COMMENT REMÉDIER A UNE SITUATION PRÉOCCUPANTE

Lorsqu'une cause est clairement et absolument identifiée, plusieurs voies se présentent :

- la première qui vient à l'esprit est la fuite, il n'y a pas de honte à le faire si la possibilité existe : par exemple changer le lit de place si un nœud géopathogène s'y trouve ou enlever un objet qui propage une énergie négative ;
- ensuite viennent les techniques de neutralisation de la nocivité, ou de réharmonisation (ou rééquilibrage...) des lieux. Ces techniques recourent à des procédés fréquemment basés sur les effets induits par des formes particulières ou à des dispositifs possédant des propriétés « électriques » (par exemple un fil conducteur judicieusement installé).

Les dispositifs visant à éliminer les effets négatifs d'origine cosmo-tellurique voient souvent leurs effets diminuer avec le temps ; des contrôles s'imposent.

Au sujet des pollutions électriques internes à l'habitat, des dispositions techniques touchant l'installation électrique peuvent être prises.

La mesure de la valeur de la résistance de la prise de terre est une opération simple à faire exécuter par un homme de métier ou un expert en géobiologie. Si cette valeur est inférieure à 10 ohms, il n'y a en principe pas lieu d'intervenir.

L'installation électrique doit être conçue de manière à limiter le rayonnement électromagnétique, en particulier dans les chambres. Le recours aux interrupteurs de champs (qui « coupent » l'alimentation des fils électriques lorsque les circuits ne sont pas sollicités) ou à la basse tension (pour une partie de la maison, mais cela procure quelques contraintes) constituent des voies d'amélioration possibles.

Le problème du radon est souvent facile à régler puisqu'il suffit généralement de bien aérer pour éliminer le gaz.

Dans le cas de la « mémoire » d'un lieu marqué par un évènement particulièrement fort, une « forme énergétique » peut persister et perturber les hommes (et quelquefois les animaux) qui vivent à cet endroit. La solution réside généralement dans l'utilisation d'un rituel plus ou moins complexe et puissant en fonction de l'importance du problème.

AUTRES ÉLÉMENTS

Cet aperçu du monde de la géobiologie ne peut qu'être incomplet. Cependant, on peut aussi aborder les points suivants, en relation avec le sujet.

Le **Feng-Shui**, science ancestrale des Chinois, vise à créer l'harmonie entre le lieu et l'objectif qu'on lui assigne : vivre en famille (dans une maison), faire des affaires (dans un commerce)... L'implantation de la maison est du ressort de l'expert ; celui-ci prend en compte l'environnement naturel et artificiel imposé. Par contre, l'amélioration de l'habitat existant peut être réalisée plus aisément. L'objectif est une circulation harmonieuse, fluide, de l'énergie (le « chi ») afin d'en éviter les « congestions » préjudiciables aux êtres vivants qui vivent dans le milieu.

Le champ de recherches pour comprendre les phénomènes géobiologiques et mieux les maîtriser est vaste. Une piste intéressante paraît être la prise en compte de la composante éthérique du monde vivant, actuellement objet de réflexions importantes. Ces échanges entre les énergies observées en géobiologie et la matière vivante utilisent probablement fortement le canal de l'énergie éthérique.

Enfin, la vérité absolue n'existe évidemment pas et même les civilisations traditionnelles proposent des solutions différentes au même problème. Pour les Amérindiens, l'habitat devait être à l'image du monde c'est-à-dire rond, alors que pour les Chinois la perfection est carrée !

Restons éveillés et critiques.

« Je crains l'homme d'un seul livre », Saint-Thomas-d'Aquin.

BIBLIOGRAPHIE

Cette bibliographie (très) simplifiée présente une sélection de bons ouvrages traitant les différents aspects approchés dans ce chapitre.

Géobiologie générale :
- *La géobiologie et vous : guide pratique,* Éditions Mosaïque.
- *Les réseaux géobiologiques*, Gilbert FLECK, Jean-Pierre GAREL, Éditions Trois Fontaines.

Les formes
- *Essai de radiesthésie vibratoire*, L. CHAUMERY, A. de BÉLIZAL, Éditions Desforges.
- *Radiesthésie et émission de forme*, Jean PAGOT, Éditions Jean Pagot.

Géobiologie sacrée
- *Mégalithes, lieux d'énergie,* Jacques BONVIN
- *Église romane, lieu d'énergie,* Jacques BONVIN, Paul TRILLOUX
- *Église romane, chemin de lumière*, Jacques BONVIN, Raymond MONTERCY, Éditions Mosaïque.

L'électromagnétisme
- *Ces ondes qui tuent, ces ondes qui soignent,* Jean-Pierre LENTIN, Éditions Albin Michel.

Habitat sain/matériaux
- *L'habitat écologique*, Friedrich KUR, Éditions Terre vivante.

De l'importance de l'eau (et bien plus)
- *L'eau et la vie*, Roger DURAND, Éditions Opéra.

VERS UNE ARCHITECTURE RESPECTUEUSE DES ÉQUILIBRES ÉCOLOGIQUES

Yves PERRET
Professeur à l'École d'Architecture de Saint-Étienne

Au moment où je suis venu à Malleval pour la première fois, nous étions en train d'étudier l'œuvre de Robert Tatin. Entrant alors dans cette salle, quelques-uns de ses travaux étaient accrochés sur les murs d'où ils nous regardent encore aujourd'hui. Signe ? Coïncidence ? En remerciement de l'accueil, j'avais envoyé un petit texte que je vous offre ici.

Nous ferons une maison comme un acte d'amour :

À midi Creusant la terre nous ferons un grand trou, *sa générosité* fournira matière son point bas recueillera l'eau.
À minuit Nous tendrons une ligne du point bas à l'étoile qui ne semble pas bouger
Ensuite Nous construirons l'âme tendue en forme d'escalier suivant des *pierres* immobiles la ligne ci-avant *tracée.*
Entre possible et orgueil sera une terrasse.
Au nord, prolongeant la terre, un dos.
Au sud accueillant le ciel, une peau.
Et à même le sol, le bruissement des utilités.

Aujourd'hui, je dois parler de la maison du XXIe siècle : abri, demeure et temple. Signe ? Coïncidence ?

AU TRAVAIL
Cette nuit là, seul à sa table, l'architecte travaille.
Les feuilles se succèdent,
Les crayons enragent,
Les couleurs tempêtent,
Les idées se bousculent en désordre.
Toute une matière impossible à dompter grouille dans ses mains
Tout à coup, à la limite du découragement, tout se calme,
Quelque chose a cassé.
Sa main jusque là indocile se détache
Puis dessine devant ses yeux étonnés.
Ça y est encore quelques lignes
Le germe du projet est donné.

Comment parler de ce moment condition d'architecture ?
Comment décrire cet instant fugace de silence lumineux ?
Comment expliquer cette main magiquement guidée ?
Expliquer est peut-être impossible.
Mystérieux instant de fusion dans l'unité.

L'architecture part du haut, de cette porte du silence difficilement entrebâillée. Cette porte est point de départ du projet pour qu'elle en devienne seuil ultime et qu'ainsi, accouchant chaque jour l'habitant à lui-même, elle le *réveille* un jour habité.

Précieux et beau moment d'aboutissement/origine.

Pour qu'éclate le *germe* en projet, il faut traverser trois stratifications :
- la logique métaphysique ou logique du Un ;
- la logique poétique ou logique des correspondances, des résonances, des analogies ;
- la logique analytique d'enchaînement des causes et des effets.

Le germe apparaît dans la premier niveau, se déploie dans le second, déploiements dont certains aspects sont vérifiés dans le troisième.

Nous sommes dans un moment où la logique analytique est dominante ; aussi, ce retournement complet n'est-il pas si facile. Il pose le travail d'édification intérieure comme condition du PRO-JET. La lente ouverture à l'unité permet ce « lâcher-prise » qui nous transforme en cette fine antenne dont la main transcrira ce qu'elle aura pu capter.

Le « lâcher-prise » n'est sans doute jamais complet.
La fine antenne est sans doute jamais parfaite.
Le seuil du silence n'est jamais définitivement donné.

On tâtonne, on s'approche, on hésite, on recule.

Aussi la question éthique est-elle vigoureusement posée : tout ce qui sera dit ou fait doit être éprouvé dans l'épaisseur même de la vie. N'est utilisable dans le projet que ce par quoi on est complètement habité.

Comme la monde est terre-horizon-ciel,
Comme nous sommes corps-âme-esprit,
Comme nous sommes pieds-reins-oreille.
La maison sera abri-demeure-temple.
Abri comme un repli de terre en forme de matrice,
Demeure comme une étendue frémissante aux horizons
Oratoire comme une conque dont l'enroulement spiral *fait entendre la mer.*

Abri-demeure-temple qui dans leurs imbrications hiérarchiquement composées :

- protègent pour ouvrir et ouvrent pour inclure ;
- projettent la terre au ciel et le ciel sur la terre ;
- enracinent, orientent et dissolvent dans l'unité ;
- dimensionnent, rythment et évanouissent la Durée ;
- pour indiquer un bout du chemin de toute humanité, pour que la matière rendue subtile touche lumière incarnée.

Et comme la maison, la ville :
Un pied industriel et un pied agricole
Des reins-habitations
Des oreilles dressées : temples, synagogues, églises et mosquées.

L'oratoire de la ville contient l'abri en germe comme l'usine doit contenir celui du temple entier pour permettre le passage.

Que ces passages se ferment
Alors les horizons se bouchent,
La mer quitte le coquillage,
La terre est à exploiter.
Que ces passages s'ouvrent
Alors les horizons s'agrandissent,
La mer revient dans la conque,
La terre est à courtiser.

Passages qui, jour après jour, s'ouvrent en nous, même pour que le temps tisse une étoffe plus veloutée.

Le temps chronologique des transformations matérielles croise le temps de la synchronicité qui par emboîtement de correspondances noue chaque événement à la totalité. Puis viennent les facéties de ce temps inverse qui fait paraître dans le présent la brusque nouveauté.

Temps chronologique des entreprises dépensières, des *énergies* brûlées
Temps synchronique des mises en résonance,
Des *cascades* d'échelles emboîtées,
Temps chronomorphique des énergies qui créent.

Là aussi, comme terre-horizon-ciel
ou comme celui qui marche,
celui qui aime,
celui qui entrevoit.

Construire ?
Augmenter le chiffre d'affaires ?
Multiplier le cubage de matière transformée ?
Grossir la part de marché ?
Adorer ces statistiques montantes, œil inquiet lorgnant la bourse... ?
Étaler des planchers à nous couvrir la planète ?

Construire ?
Affaire d'attention humaine,
Affaire d'attention à cette planète qui nous supporte au-delà de nos folies,
Affaire de plaisir, de sourire et de peu,
Affaire de savoir, d'histoire et de jeu.

Marier la technicienne et le poète, la philosophe et le plombier,
Marier l'utile à la beauté, le réfléchi au médité.
Beauté modeste des gestes quotidiens chorégraphiés,
Beauté de l'incompréhensible présence,
Beauté intermédiaire de l'horizon trouvé.

Construire ?
C'est dire sans parler,
C'est prendre un morceau de monde pour le restituer,
Mutation maladroite et sincère, sans cesse recommencée.

Je n'en finis pas de tutoyer la pesanteur,
Je n'en finis pas d'épuiser ce rocher.

« Construire » c'est, toutes précautions prises, « essayer ».
Travail de funambule qui ne sait pas danser sans peser.
Construire, c'est rendre l'effort léger, les courbatures invisibles, la puissance rassurante, le petit existant, l'immense proportionné.
Construire, c'est écouter la matière, la tisser de lumière, la faufiler de vent.

Ouvrage de mille gestes pour sourires d'habitants.
Ouvrage de mille peines pour fierté d'ouvriers.
Ou sous forme de fable :
Sur le chantier de la cathédrale, un journaliste (s'il en fut) interroge
— *Que faites-vous ?*
— *Je gagne ma vie, dit le premier*
— *Je taille une pierre, dit le second*
— *Je construis une cathédrale, dit le dernier...*

Construire, toutes papilles dehors :
Maintenir la porte ouverte,
Fabriquer un silence musical,
Permettre au fond noir du ciel de nous regarder,
Monter par la pesanteur,
Démonter les couleurs de lumière,
Rugir le cailloux,
Rajeunir l'âge,
Frémir du fond des temps,
Mouiller,
Chauffer,
Nettoyer le vent,
Sculpter la pluie,
Saluer le passage,
Crier l'éternité du devenir,
Empiler à satiété,
Franchir...
Saisir une pierre morceau de monde,
Saisir un bois morceau de temps,
Offrir ses cristaux comme une porte,
Offrir ses veinures comme un chemin.

UNE AGRICULTURE DU VIVANT

Faire pour être content, mains dans la glaise, oreilles écarquillées,
Geste après geste, nourrir l'appartenance,
Geste après geste, les mains comme un cerveau.
Le tact est une discrète intelligence,
Le toucher une porte à pousser.

Se réveiller de soleil,
Laisser du ruisseau l'eau belle,
Amuser la rigole.

Rafraîchir à la menthe céleste,
Retenir l'eau pressée,
Infuser, infiltrer sans courir,
Présenter l'eau au ciel de lune,
Enfoncer le reflet de ciel au fin fond de la mare.
Les plantes baignent et épurent, les plantes transpirent le frais.

Bruisser les matelas de feuilles,
Apprivoiser la boue,
Favoriser la patience de l'humus,
Diminuer la flamboyance pour le point du foyer,
Placer l'arbre à l'aplomb du plus profond des cours,
Le planter petit pour que la vie se conforme,
Peigner le vent de ses douceurs utiles,
Écouter les cosmiques lenteurs pour se rythmer dedans :
Trajets de soleil fondent nos géométries.
Cercles d'étoiles orientent le voyage immobile,
Courants subtils dessinent l'emplacement.
Toute matrice donnée : moins à décider, moins à faire, moins à se tromper
Être dedans.

Amener le rai de soleil sur l'avant bas gauche à la bonne heure,
Donner la peau des choses à la peau des humaines tendresses,
Enchanter le palais de grands emmarchements,
Tiédir les odeurs exhalées,
Bruiter les pas du marcheur,
Inviter l'horizon à sa porte,
Compliquer la promenade pour s'en aller moins bête,
Joindre la main aux solidités bienveillantes,

Trouver le point perdu,
Chercher ce que l'on ne sait pas,
Penser voir quand on se trouve vu,
Sourire d'un écart,
Attendre une différence,
Marcher d'un bon pas,
Monter léger
Descendre,
Suivre l'amplitude,
Glisser dans une faille d'ombre,
Apparaître tendu,
Pour entendre l'inouï...

AGROBIOLOGIE ET SANTÉ MENTALE

Alain MICHON
Psycho-pédagogue. Expert en sériculture

Une expérience en CAT à travers la sériciculture (1973-1987)

« Vous savez que le papillon pond un œuf et que de cet œuf naît une chenille. La chenille sort de l'œuf hermétiquement clos qui contient virtuellement tout le futur papillon. Une fois éclose, elle rampe dans une ambiance d'air illuminé par le soleil. Tel est le milieu où se déroule la vie... La chenille aspire à la lumière, aussi irrésistiblement que le papillon. Celui-ci se jette dans la flamme, disparaît dans l'élément physique du feu, la chenille aussi cherche la flamme solaire, mais, ne pouvant se jeter dans le

soleil, l'anéantissement dans la lumière et dans la chaleur reste chez elle un phénomène spirituel... Elle rampe dans la direction du rayon et s'en laisse guider tout le jour durant. Le mouvement est ralenti, mais, il est le même que celui du papillon se jetant dans la flamme. La chenille file, pendant le jour, une soie ténue, elle s'arrête pendant la nuit ; elle reprend son

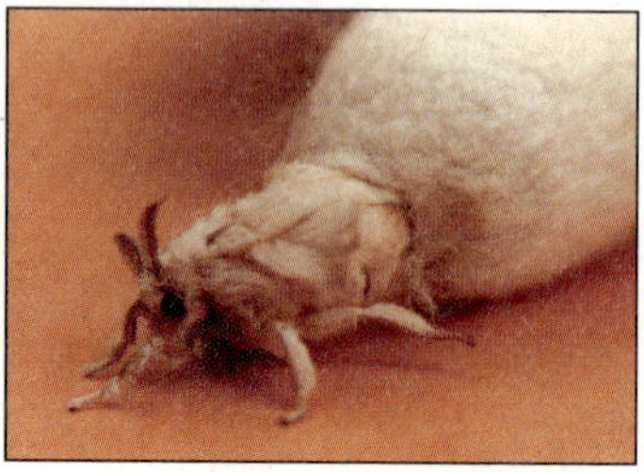

travail à l'aube et s'entoure ainsi d'un cocon. Ces légers fils de soie qui forment le cocon, c'est toute la substance de la chenille, entraînée dans un flux de lumière. Devenue chrysalide le petit animal s'est entièrement entouré des rayons solaires qu'il a matérialisés au prix de sa propre substance... Regardez un cocon : c'est de la lumière condensée, et cette lumière n'a pu prendre corps que grâce à l'holocauste de la fileuse elle-même. Dans ce fil merveilleux qui circonscrit mille fois l'intérieur du cocon, la lumière extérieure a été, pour ainsi dire, captée... »

Rudolph Steiner ***L'homme dans ses rapports avec les animaux et les esprits des éléments*** **(1923)**

PROLOGUE

Drôle de société dans laquelle nous sommes ! Un essor technologique extraordinaire (les prédictions de Jules Vernes sont très largement dépassées) , un système de communication sans précédent quant à sa vitesse, une foison d'enseignements exposés dans tous les médias qui donnent toutes les méthodes pour mieux se porter, mieux se ménager, mieux partager. Et, de l'autre côté des drames épouvantables comme si nous étions des apprentis sorciers, ceux que nous provoquons à travers des guerres que nous ne pouvons plus qualifier tant elles prennent des formes différentes, plus ou moins sournoises, qui n'ont aucun sens sinon la recherche du pouvoir à tout prix, celui que procure l'argent résultant de pillages de tous ordres qui appauvrissent toutes les ressources naturelles au détriment des populations les plus faibles mais aussi, à plus long terme, de l'homme tout court.

Et que proposons-nous ? Des textes réglementaires qui voudraient ritualiser le moindre geste de la vie quotidienne, une autorité qui veillerait à ce qu'ils soient bien appliqués et... des palliatifs pour compenser les bavures. Au demeurant, ce sont des palliatifs qui coûtent de plus en plus cher, qu'au bout d'un moment nous ne pouvons plus payer, les assureurs n'assurent plus, la population est malade, n'arrive plus à se soigner. On persiste néanmoins, à chaque fois qu'il y a une difficulté, à mettre en place une « cellule psychologique », cette rustine qui ne permet pas à chacun de « prendre sur lui-même », de devenir plus fort devant l'adversité ou même tout simplement de se faire aider par ses proches qui eux aussi s'aguerrissent dans ces moments là. C'est cet apprentissage qui me paraît le plus important, on parlera de réapprentissage plutôt. Celui dont je vais vous parler montre que c'est possible même si certains cas pouvaient paraître désespérés.

L'IDÉE

Lors d'un stage en Institut Médico-Psychologique (IMP), j'ai rencontré le maire du village qui offrait chez lui un goûter en faveur des handicapés mentaux. Il était lui-même à l'origine de la création de cet établissement et se plaisait à raconter ce qu'il aurait aimé faire pour son village et pour sa région. Tout particulièrement, il parlait avec nostalgie de la période de richesse qu'avait vécue la région des Cévennes. Surtout aussi d'une expérience pédagogique lorsque l'IMP a eu l'idée de procéder à l'élevage des vers à soie. Idée fameuse qui a permis à cette institution de se faire connaître auprès de la population. Cette dernière, en effet, craignait l'invasion des « mongols » et des « fous ». Elle a alors découvert un monde particulier, certainement, mais un monde sans agressivité, un monde dynamique, capable de s'intéresser à une activité qu'elle avait elle-même pratiquée avec succès pendant de nombreuses années. Une relation s'est créée, les gens amenaient leur savoir-faire, autorisaient les jeunes à entrer dans leurs propriétés pour prélever les feuilles du mûrier, « l'arbre d'or », en participant parfois au ramassage. Il faut dire par ailleurs, sans être péjoratif, que l'institution a créé des emplois intéressants alors qu'il n'y en avait que très peu sur le plan local.

Au résultat, indirectement, les gens ont eu une information qui a permis à l'institution de s'intégrer très favorablement dans le village. L'histoire a montré que la recherche d'une osmose aurait été une utopie s'il n'y avait pas eu ce support qui a permis de faire comprendre et accepter les différences dans le comportement des handicapés mentaux.

Très peu d'années plus tard, il s'avérait que certains éléments de l'IMP atteignaient l'âge adulte, qu'il fallait donc créer une nouvelle institution pour prolonger le travail éducatif en amenant ces jeunes adultes à acquérir une certaine autonomie.

L'autonomie s'obtient, dans notre monde, par la capacité de produire, bref, de travailler pour gagner un minimum d'argent et s'inscrire ainsi dans notre schéma social.

CRÉATION D'UN CENTRE D'AIDE PAR LE TRAVAIL AVEC FOYER D'ACCUEIL

- 60 ouvriers handicapés.
- 35 personnes d'encadrement.

Une micro-société, une entreprise.

Nous avions bien prévu toute la partie de l'hébergement, moins bien celle de l'entreprise. Nous avions tout axé sur l'activité séricicole, des arbres avaient été plantés avant l'ouverture (des « kokusos » japonais à basses tiges) mais les rendements de départ étaient si faibles qu'ils ne permettaient pas d'obtenir une véritable production. Il fallait aussi équiper les locaux en se passant de notre main-d'œuvre qui était loin d'être assez performante. Nous avons planté d'autres mûriers pour correspondre à nos objectifs de production qui, bien sûr, étaient très importants.

Hormis certains éléments sortant d'IMPRO (Institut Médico-Professionnel), habitués à un certain travail, aucun des résidents n'était apte physiquement à accomplir les gestes souhaités. Une simple sortie sur le terrain était déjà une aventure pour eux, beaucoup sortaient d'institutions psychiatriques... et ne savaient pas marcher normalement ! Ils traînaient les pieds comme des personnes âgées. L'obtention de café ou de cigarettes était leur préoccupation première. De plus, sur le plan relationnel, personne ne se connaissait. Il a fallu mettre la pression pour adapter un cadre de vie où chacun pouvait se repérer, se sentir bien et adopter de nouvelles habitudes compatibles à une vie en société de qualité. Cette dernière remarque était tout aussi valable pour l'encadrement. Les manques étaient flagrants, la situation financière très mauvaise (les admissions se sont faites trop lentement), dès le départ, la maison était déjà en péril. L'angoisse permanente menaçait l'équilibre des personnes... l'inverse de la mission qui nous était confiée.

Les objectifs étaient donnés et toujours valables, la population constituée, il fallait faire avec sous peine de faire tout avorter. Paradoxalement, nous avons choisi de nous libérer en partant en vacances de neige. Quinze jours de sport d'hiver avec la totalité des personnes présentes dans l'établissement, résidents, services généraux et administratifs et, bien sûr, les services éducatifs. Tout le monde en luge, en raquettes ou sur les planches ! Partage du quotidien, un quotidien qui est devenu festif, un énorme bol d'air, tant pour les poumons que pour la tête ! C'était le début d'une histoire que nous pouvions partager, une histoire commune.

L'AMORCE DE L'ACTION SÉRICICOLE

Certes, nos moyens étaient faibles malgré tout notre potentiel.

Les arbres ne rendaient pas suffisamment de feuilles par rapport à nos besoins. La magnanerie (lieu d'élevage des vers à soie) n'était pas complètement installée. Les personnes présentes n'étaient pas ou mal formées.

Alors, nous avons utilisé les moyens du bord avec une équipe rassurée malgré tout, et surtout une équipe motivée. Ce sont les anciens du pays qui nous ont appris notre métier. Nous avons écumé tout le pays pour récupérer des feuilles de mûrier (une loi très ancienne en interdisait l'arrachage, les paysans utilisaient à ce moment les feuilles pour nourrir les lapins ou autres animaux). Notre rayon d'action était de l'ordre de trente kilomètres ! Nous nous sommes procuré des « graines », œufs de papillons, en Italie pour faire nos premiers essais. Au demeurant beaucoup trop de personnes donnaient leur avis, s'impliquaient avec beaucoup d'émotion, finissaient par ne plus s'entendre et se contredire. Nous avons fait nos choix et les avons écartées avec délicatesse.

En attendant, la dynamique était donnée, aucun de nos ouvriers n'était sur la touche. Chacun, à son niveau, était partie prenante de l'aventure. Le ramassage des feuilles, en effet, ne demande aucune technicité mais reste néanmoins l'élément déterminant de la qualité de l'élevage. Ensuite, des gestes plus fins sont requis pour les traiter, il faut les couper finement et régulièrement pour nourrir les vers au premier âge, la répartir très régulièrement et doser la quantité pour obtenir un élevage homogène et propre. Quelques-uns vont devenir des experts dans ce domaine. Le travail va devenir de plus en plus important, le ver à soie qui naît petit comme un cil va prendre dix mille fois le poids de sa naissance en un mois ! Au cinquième âge, il faudra fournir jusqu'à trois tonnes de feuilles fraîches par jour, heureusement, il ne dure que cinq jours, mais quand même ! Comme à chaque fois, ce sont les moniteurs qui ont pris le devant pour assurer la réussite des élevages, mais, au demeurant, petit à petit, ils ont aspiré nos ouvriers, les plus costauds et les plus doués au départ, mais aussi les autres qui progressent régulièrement. D'autres encore ont été un peu plus longs à s'y mettre, l'un d'entre eux par exemple se contentait de sélectionner une feuille, de la mirer dans les rayons de soleil, de la lâcher délicatement pour la laisser virevolter et tomber à côté du récipient destiné à la recevoir. Pour lui, à chaque fois, c'étaient des cris de joie... Personne n'a jamais pu lui en vouloir ! Nous entrons donc dans le vif du sujet et allons vous présenter schématiquement les handicaps des personnes reçues dans l'institution.

LES ACTEURS HANDICAPÉS

Habituellement, les personnes reçues en CAT étaient des adultes sortant d'IMP ou d'IMPRO. En réalité, nous sommes en 1974, il fallait répondre aux besoins qui ne concernaient pas uniquement les déficits intellectuels. Nous avions prévu une « section d'adaptation » qui pouvait recevoir des cas difficiles d'arriération mentale, d'autistes et de psychotiques. De plus, ayant une expérience de vie en hôpital psychiatrique, nous avons pensé que cette population pouvait très bien bénéficier d'une prise en charge en CAT. Les textes réglementaires prévoyaient la création de « foyers occupationnels » pour recevoir ces cas. Nous avons vite perdu l'agrément de cette section. Il n'était pas question de rompre notre engagement moral aussi brutalement, vis-à-vis de ces personnes et de leur famille qui nous avaient fait confiance. Alors, nous les avons gardées et insérées dans toute l'équipe.

En plus de ces personnes qui végétaient depuis longtemps en hôpital psychiatrique, nous avons admis des personnes qui vivaient dans leur famille sans autre soutien que leurs parents qui, malgré leurs efforts, étaient dépassés par les évènements ou, à cause du vieillissement, ne pouvaient plus faire face. D'autres personnes aussi, complètement perdues, qui n'auraient jamais dû venir dans ce type d'institution, pour le moins acculturées... On dira les « laissés pour compte de notre société ».

Population pour le moins hétéroclite à qui il fallait proposer d'urgence un style de vie acceptable pour tous. Au départ, il fallait bien manger, bien dormir, donner une image valorisante de sa personne et faire en sorte que tous les regards soient fixés dans la même direction.

L'ACTION SÉRICICOLE

Curieusement, il y a toujours eu synergie entre l'action séricicole et l'action thérapeutique. Le grand élan collectif ne pouvait suffire, il fallait que chacun trouve une place correspondant à sa personnalité. Petit à petit, en détaillant tous les gestes demandés pour faire les élevages, nous avons vu que, rapidement, certains trouvaient un plaisir dans certains gestes, dans le nourrissage des vers, dans des travaux qui demandaient une certaine force. Au départ des gestes étaient simples, mais ensuite l'action plus élaborée, la taille des arbres, le prélèvement des toutes jeunes chenilles, la répartition des feuilles sur les claies, le délitage après chaque mue, par exemple. Dans cette multitude d'actions, chacun pouvait trouver son compte. Au rythme de huit élevages dans l'année, l'apprentissage a été rapide !

En peu de temps, nous avons accumulé un stock de cocons qu'il n'était plus possible de vendre aux artistes qui se contentaient de les filer au rouet ou de les carder manuellement pour fabriquer un fil de caractère. Nous avons donc récupéré du matériel de filature ancien, l'avons adapté à nos capacité de production et commencé à produire nos premiers fils comme le faisaient les anciens de la région. Une fois de plus, ce sont eux qui nous ont appris la technique. Il n'était pas question pour nous de produire un fil de type industriel, nous n'en avions pas la capacité, tant sur le plan de l'outillage que sur celui de notre talent, et, de toutes façons, l'opération n'aurait pas pu être rentable, notre fil aurait eu un coût beaucoup trop élevé. Nous avons donc recopié les fils anciens qui intéressaient les restaurateurs de tissus (Soieries lyonnaises, Manufactures des Gobelins ou des Trois Tours, Dentelle de Puy...) et des artistes tisseurs à bras que, petit à petit, nous avons fédérés autour de nous pour créer des collections : écharpes, cravates, mais aussi modèles de couture et haute couture. Certains grands couturiers sont devenus clients. Nous avons organisé, dans notre établissement, une fois par an, de grandes expositions ventes. Imaginez la fièreté de nos résidents, reconnus par les artisans qui sont devenus leurs amis, par le public qui venait en nombre. Une vraie vie sociale s'amorçait !

La métamorphose dont parle Rudolph Steiner n'a pas débouché sur un merveilleux papillon voletant dans l'éthérique (le bombyx ne vole pas et paraît tout souffreteux !) Le merveilleux s'est situé dans la matière, le miroitement et l'assemblage de couleurs des tissus, l'élégance des costumes superbement dessinés.

C'est aussi celle des hommes qui sont sortis de leur écrasement informe et impersonnel pour devenir de véritables acteurs dans notre société. Il est bien certain que, dans le cadre du CAT, nous n'avons pas tout axé sur la sériciculture. Nous avons créé de nombreux ateliers dans des domaines très variés, parfois ateliers intégrés dans les entreprises

locales ou magasin dans le village, ateliers itinérants, travaux de jardinage ou d'entretien chez les particuliers, travaux pour les entrepreneurs en maçonnerie...

Mais tout cela dans le même esprit et, sans fausse modestie, avec le même succès. Beaucoup de nos ouvriers ne vivent plus dans le cadre du foyer annexe du CAT, ils sont dans leurs appartements, vivent parfois en couple. Je les croise souvent dans les villages, ils n'ont pas du tout l'air tristes !

ANNEXE I

Troubles mentaux reçus dans l'institution

Arriérations mentales.

Débilités mentales profondes, moyennes et légères.

Pseudo débilités (personnes issues de milieux pathologiques, acculturées, marginalisées socialement).

Etats obsessionnels graves (dits *borderlines*, susceptibles de verser dans des états psychotiques).

Psychoses. Autisme.

Troubles associés :

- épilepsies ;
- troubles caractériels ;
- surdi-mutités ;
- troubles moteurs compatibles avec notre activité agricole.

Nous nous sommes efforcés de ne pas recevoir de psychopathes, susceptibles d'être dangereux (manipulations des personnes et agressivité calculée). Pour les grands psychotiques chroniques dangereux pour eux-mêmes et pour les autres, nous avons instauré une période d'essai de six mois.

L'histoire nous a largement montré que toutes ces « étiquettes » n'étaient que des repères permettant de situer la capacité d'adaptation de ces personnes face aux évènements du quotidien. Comme chacun, ces personnes ont des phases positives ou négatives, des phases dynamiques alternant avec des périodes de récupération, des phases de crise aussi. Notre rôle essentiel est de tenter de comprendre ce que l'individu veut nous dire avec son langage propre, langage non oral mais le plus souvent comportemental et non exempt de souffrance. Autant dire que notre écoute et notre réponse sont complètement individualisées. Il n'y a jamais qu'une seule solution, il faut à chaque fois créer une « mise en situation » permettant à la personne de se sentir protégée, d'être rassurée, d'avoir la possibilité de s'exprimer le mieux possible. Cela veut dire que, dans cet instant, nous choisissons pour elle, que donc nous n'avons pas le droit à l'erreur, que nous devons rester très vigilants, suivre de près, dans le quotidien, son évolution.

ANNEXE II

Institutions intéressant les handicapés mentaux

Le Centre d'Aide par le Travail (CAT) propose des activités professionnelles adaptées à chaque handicap. Un minimum de rendement est exigé. Ce travail est rémunéré, le salaire est complété par une allocation versée par l'état pour assurer à chacun un revenu convenable.

L'Institut Médico-Psychologique (IMP) ou l'Institut Médico-Éducatif (IME) reçoivent des handicapés mentaux jeunes présentant un déficit intellectuel plus ou moins important. Les activités scolaires sont adaptées, les travaux manuels et le sport sont privilégiés. Un psychiatre et toute une équipe de spécialistes paramédicaux sont à disposition selon les besoins. Cet élément est valable pour toutes les institutions citées, il est plus ou moins lourd selon les cas.

L'Institut Médico-Professionnel (IMPRO) s'adresse aux ressortissants d'IMP qui ont l'âge requis pour recevoir une formation professionnelle. Il s'agit surtout de donner une efficience motrice permettant de s'adapter à toutes sortes de travaux essentiellement manuels. Théoriquement, ces jeunes se préparent à une entrée en CAT ou en Atelier Protégé.

L'Atelier Protégé reçoit des handicapés capables d'apprentissage et de production conséquente. La population se compose le plus souvent d'handicapés moteurs graves.

L'hôpital psychiatrique est orienté principalement vers les soins et reçoit donc des personnes en grandes difficultés sur le plan psychologique. Dans l'urgence, en cas de crise, il protège la personne et son entourage, propose ensuite un traitement et un suivi adapté.

Le Service d'observation et de soins : les séjours sont relativement courts et permet aux personnes de se rééquilibrer malgré des symptômes parfois inquiétants, (comportements hystériques, délirants, tendance à un grand repli sur soi-même...) ; sont utilisés des supports ergothérapeutiques et en cas de besoin l'assistance d'instituteurs et de professeurs spécialisés.

Prises en charge à long terme avec suivi permanent, que ce soit à l'extérieur ou à l'intérieur de l'hôpital : les maladies sont souvent cycliques, la même personne peut avoir besoin une fois de soins intensifs et ensuite retrouver pendant quelques temps une bonne éfficience lui permettant de vivre dans un appartement et de travailler.

ANNEXE III

Variété des emplois en sériciculture

Plantation des kokusos, (mûriers japonais à basses tiges), entretien des sols, taille des arbres, ramassage des feuilles. Les travaux agricoles sont assurés par une quinzaine de personnes. En fin d'élevage, le ramassage exige la totalité de la main-d'œuvre.

Nourrissage des vers : trois personnes au tout début, une quinzaine à la fin. Installation des hérissons en plastique dans lesquels les vers vont « monter » pour faire leur cocon. Une journée de travail.

Décoconnage : récupération des cocons en vue d'étouffer la chrysalide. Utilisation de toute l'équipe.

Filature : un cocon est l'enroulement d'un seul fil qui peut atteindre 1400 mètres de long. Il va falloir le dévider, l'unir intimement avec une dizaine d'autres fils pour obtenir une fibre assez résistante pour être utilisée par la suite. Les cocons sont ébouillantés, deviennent mous et collants, cette colle est la séricine qui permettra aux fils de s'associer instantanément. Cet atelier occupe une dizaine de personnes.

Mise en flotte : la soie est enroulée sur des « aspes », sortes de rouleaux très aérés, de façon très régulière. Il faudra garder cet agencement pour ne pas qu'elle s'emmêle. Cela se fait par des liens organisés de façon très particulière. Trois postes.

Teinture : procédé de coloration à cœur des fils de soie. Trois à quatre postes selon le carnet de commande.

Moulinage : mise en bobines prêtes à être commercialisées.

Expositions : accueil du public et vente sur place des articles fabriqués par les tisserands.

LE RAPPORT AVEC L'ANIMAL

INTRODUCTION À UNE ÉCOLOGIE MICROBIENNE DE L'ÉCOSYSTÈME AGRO-ALIMENTAIRE

Bernard BERTHET
Docteur *es* science spécialisé en bromatologie
(science des aliments)

L'homme doit trouver une approche unitaire de la chaîne agroalimentaire dans le cas de la production et la transformation en agrobiologie afin de :

- définir la qualité biologique de l'aliment, consécutive à des pratiques culturales et de transformations appropriées ;
- connaître l'origine des défauts observés du sol, de la plante, de l'aliment destiné à l'alimentation humaine, animale et végétale ;
- choisir des méthodes spécifiques appropriées pour établir une pratique agricole, une pratique d'élevage et une pratique de transformation permettant d'obtenir des aliments de qualité. De même que ces méthodes doivent, si nécessaire, rétablir le déséquilibre observé.

GENÈSE DU MONDE MICROBIEN

La création de la planète **Terre** est évaluée à 5 milliards d'années suite à l'explosion d'une supernova. Les premières traces de vie sont constituées par les premières cellules bactériennes. Celles-ci apparaissent vers 3 milliards d'années et constituent les premières formes douées des caractéristiques d'êtres vivants à savoir principalement une différentiation morphologique par rapport à leur milieu et la capacité de reproduction à l'identique.

Les bactéries se développent, piègent des minerais et forment des couches rocheuses dans les océans peu profonds puis de l'oxygène s'accumule dans l'atmosphère du fait de leur activité photosynthétique.

Vers 1 milliard d'années, la collaboration entre bactéries d'activités différentes conduira aux premières cellules eucaryotes essentiellement caractérisées par la différentiation cellulaire du noyau porteur de l'information génétique de l'espèce. L'association fonctionnelle de cellules conduit aux organes spécialisés puis aux premiers organismes mais toujours associés pour leurs fonctions vitales au « tissu bactérien préexistant ».

Puis apparaissent les premiers organismes marins : animaux vers 700 millions d'années et végétaux (algues, mousses et lichens) vers 470 millions d'années. La vie conquiert alors la Terre avec les champignons vers 410 millions d'années et les plantes terrestres vers 400 millions d'années. La vie se poursuit par l'apparition des insectes vers 390 millions d'années, des reptiles vers 330 millions d'années et les vertébrés herbivores vers 290 millions d'années.

L'ère secondaire voit l'apparition des mammifères vers 200 millions d'années. À l'ère tertiaire apparaissent les primates vers 60 millions d'années puis les premiers hominidés vers 6 millions d'années.

STRUCTURE DU MONDE MICROBIEN

Les bactéries sont présentes dans tout l'écosystème, mais seule la répartition et l'importance de l'occupation est inégale. Chacune des « entités vivantes » est constituée par des cellules eucaryotes regroupées en tissus puis en organes pour former un organisme associé à un « tissu bactérien » : 1 000 milliards de cellules du corps humain pour 100 000 milliards de bactéries intestinales et 1 000 milliards de bactéries de la peau et des muqueuses. Le milieu intestinal est un écosystème complexe mais indispensable à la vie de l'homme ou des animaux. Le sol, dans sa partie rhizosphérique représente l'équivalence pour la plante. Peut-on parler de « corps de vitalité » spécifiquement bactérien comme de celui d'une plante, d'un animal ou de l'homme ?

Les formes les plus répandues de bactéries sont les bâtonnets, les coques et les spirales. Cependant, chacun de ces groupes connaît des variations infinies. Les bâtonnets peuvent être courts, longs, minces, épais, avec des extrémités carrées, rondes ou pointues, être plus épaisses à une extrémité qu'à une autre, etc. Les coques peuvent être petites ou grosses, légèrement ovales. Les spirales peuvent être minces ou épaisses, en spires serrées ou dégagées...

L'arrangement en groupe de microbes, aussi bien en milieu liquide qu'en milieu solide peut montrer des bactéries isolées, en paire, en tétrade ou former des chaînes comme les streptocoques ou des groupes irréguliers en grappe de raisin pour les staphylocoques, en réseaux et bien d'autres morphologies (schéma 1 et photo 1).

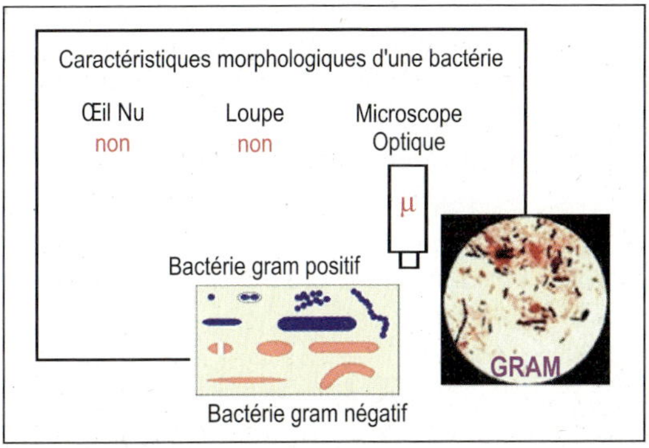

Schéma 1 - L'aspect cellulaire, définie par la taille, la forme et l'arrangement des bactéries ou autres microbes, est la résultante de gènes propres à chaque espèce et peut donc permettre d'en faire l'identification morphologique.

NOTIONS D'ÉCOLOGIE MICROBIENNE

Dans le creuset biologique que fut la Terre dans ses premiers âges et sous l'influence cosmique, la vie s'est présentée d'abord sous la forme d'une organisation primitive en une cellule bactérienne. La contribution bactérienne à la modification du milieu terrestre a été et est toujours énorme par la puissance des systèmes enzymatiques engagés. Cette cellule primitive a, par étapes successives, évolué vers des organismes multicellulaires.

En fait chacune des « entités vivantes » est constituée par l'association de tissus organisés de cellules eucaryotes interdépendantes et d'un tissu bactérien diffus. Ce « tissu bactérien » évolue mais reste présent aussi bien lors de la naissance, de la croissance, de l'activité ou de la déchéance d'un organisme vivant. La bactérie est le lien entre l'aspect organisé du monde apparent végétal ou animal et l'aspect inerte ou chaotique du monde des molécules minérales ou organiques.

Entre le règne humain, le règne végétal, le règne animal et le règne minéral se place le règne bactérien en symbiose.

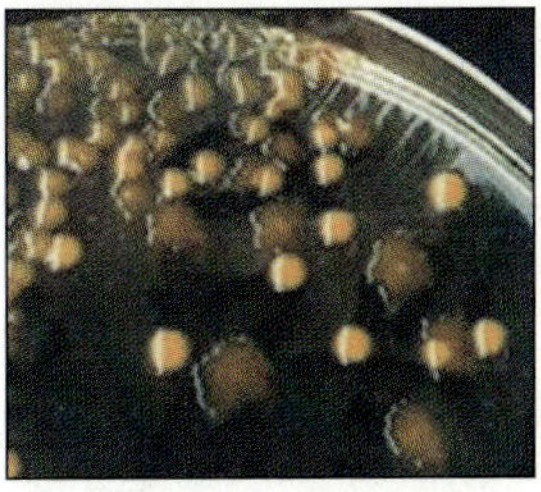

Photo 1 - Colonies bactériennes sur milieu de culture.

Relation avec le milieu

La dimension de l'espace chimique accessible pour une colonie bactérienne, équivalent à plusieurs millions de cellules, est de l'ordre du millimètre. Ce milieu se caractérise par un certain nombre de paramètres rapidement évoqués.

• **Paramètres physico-chimiques**

- **le pH ou acidité**. Les milieux alcalins étant ceux de la putréfaction alors qu'un milieu légèrement acide est favorable à la vie comme celui réalisé lors des fermentations du type lactique des aliments fermentés. On distingue les bactéries **neutrophiles** qui se développent à des pH compris entre 5,5 et 8,5 avec un optimum voisin de 7, les bactéries **alcalophiles** qui préfèrent les pH alcalins et les bactéries **acidophiles** qui se multiplient dans les milieux acides comme les lactobacilles.

- **la teneur en oxygène** définit l'aérobiose ou l'anaérobiose. Le règne bactérien est adapté à ces deux conditions extrêmes alors que les végétaux et les animaux exigent l'aérobiose pour vivre. Un milieu anaérobie correspond la plupart du temps à des phénomènes de putréfaction.

- **l'eau** est indispensable à la vie. **L'activité de l'eau** (Aw) traduit la quantité d'eau disponible pour le développement microbien et les réactions biochimiques. Ce n'est pas **la teneur en eau du milieu ou « humidité »** : celle-ci se répartit en « eau liée » et en « eau libre ». Les molécules d'« eau liée » sont fortement associées aux constituants cellulaires structurants tels que les glucides ou les protéines. Pour un milieu, tel un aliment, l'humidité est déterminée par séchage jusqu'à poids constant en étuve dans des conditions précises. En réalité c'est une perte de masse qui est mesurée et si l'on ne peut pas formellement mesurer le taux d'eau libre, il est possible d'établir une « courbe de dessiccation » montrant l'aptitude du produit à perdre rapidement son eau.

L'eau n'est pas qu'un simple diluant, mais participe à la structuration du monde vivant, comme il peut être constaté lors de la comparaison des végétaux ou des produits d'origine animale élevés en culture biologique par rapport aux pratiques culturales ou d'élevage intensifs.

Le type d'eau constitutive d'un tissu biologique va influencer également le développement d'espèces bactériennes spécifiques : un taux d'eau liée élevé facilitera le développement d'un processus de fermentation acide avec les bactéries lactiques, un taux d'eau libre élevé orientera plus facilement vers un processus de putréfaction alcaline avec les bactéries anaérobies. L'augmentation de la teneur en matière sèche par addition de sucre ou de sel entraîne une « fixation » des molécules d'eau autour des molécules ajoutées : la quantité d'eau libre diminue entraînant une ralentissement des processus de dégradation. Mais cette addition de substances étrangères à la structure initiale du tissu (muscle, végétal) ne suffit pas toujours à conditionner la réussite technologique de la fermentation ou autre procédé.

- **la température** conditionne le déroulement des réactions enzymatiques et de l'activité des entités microbiennes dont le spectre d'activité peut être très large. Les bactéries peuvent être classées selon leur température optimale de croissance. On distingue les bactéries **mésophiles** (ex. *Escherichia coli*) pour une température proche de celle du corps humain (37 °C), les bactéries **thermophiles** pour des températures de croissance comprises entre 45 °C et 70 °C. Les bactéries **hyperthermophiles** (ex. *Archaea*) pour une température de croissance supérieure à 80 °C, les bactéries **psychrophiles** pour une température proche de 0 °C (optimum à 8-15 °C) et les bactéries **psychrotrophes** (ex. *Pseudomonas*) pour une température de croissance proche de 0 °C (schéma 2).

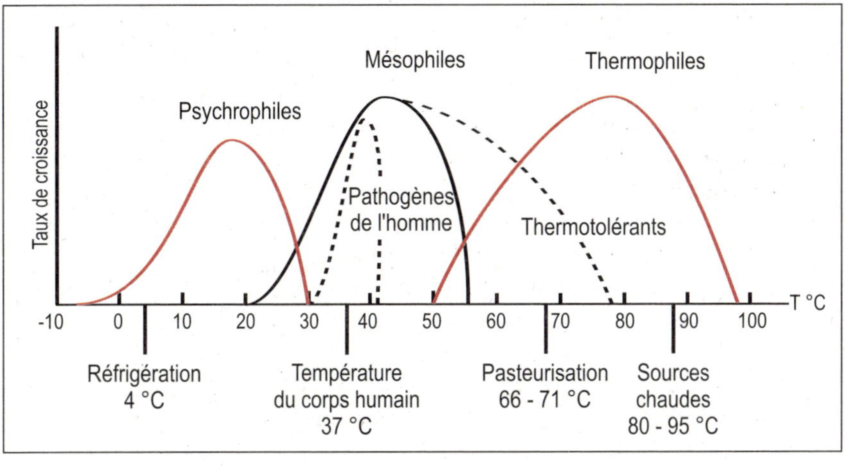

Schéma 2 – L'adaptation microbienne aux températures.

- **les rayonnements**, d'origine externe ou propre au milieu, exercent une action certaine directe ou indirecte sur l'activité des synthèses enzymatiques donc du type de micro-organismes présents. Certaines bactéries comme *Déinococcus radiodurans* sont capables de résister aux substances radioactives.

• Paramètres nutritionnels

Les nutriments représentent les « bases » moléculaires nécessaires à la constitution des êtres vivants pendant leur phase de construction ou « anabolisme » tout comme ils représentent les « déchets » ou intermédiaires de la dégradation des êtres vivants pendant leur phase de catabolisme. Selon la prédominance d'une catégorie de « bases » et (ou) de structures constituées, le milieu sera considéré comme favorable ou non à un aspect de la vie et sera caractérisé par un certain nombre de fonctions « portées » par une catégorie spécifique de bactéries : **la bactérie et le milieu sont le reflet l'un de l'autre** (schéma 3).

Paramètres nutritionnels, santé d'un produit ou d'un organisme et familles microbiennes

Présence corrélée avec l'état de santé	Présence corrélée avec des états perturbés	Présence corrélée avec des états pathologiques
BIOGÈNES Bactéries lactiques : Lactobacille Lactocoque	INDÉSIRABLES Coliformes Levures Moisissures Anaérobies	PATHOGÈNES E coli Staphylocoque Salmonelle Listéria
Très exigeantes pour leur croissance et leur activité nécessitent un milieu nutritif complexe de qualité élevée.	Composition du milieu défectueuse et de mauvaise qualité en relation avec des : - erreurs d'hygiène ; - anomalies de santé ; - erreurs techniques.	Germes dangereux présents dans : - intoxications alimentaires ; - erreurs d'hygiène ; - erreurs techniques ; - pathologie de santé végétale, humaine et animale.

En écologie microbienne, la santé de l'écosystème agroalimentaire
se caractérise par :
l'absence de bactéries pathogènes et
la présence, ou la possibilité de développement, des bactéries biogènes

Schéma 3 – Corrélation entre paramètres nutritionnels, santé d'un produit ou d'un organisme et quelques familles microbiennes parmi les plus couramment recherchées en microbiologie alimentaire.

La présence de substances étrangères à un milieu « normal », toxiques minéraux ou organiques apportés par l'homme ou par certaines familles bactériennes dites « pathogènes », va conditionner la présence de micro-organismes spécifiques de cette situation « alimentaire ».

Relation avec un hôte

Dans le cadre de l'étude d'un écosystème comme celui de l'intestin de l'homme ou de l'animal, de la rhizosphère ou de tout autre entité biologique, le fonctionnement de cette « unité » dépendra d'un certain nombre de paramètres (schéma 4) :

- **l'équilibre interne** de l'espace microbien entre la composition nutritionnelle du milieu et la nature des bactéries présentes. Les deux paramètres étant variables et dépendants l'un de l'autre ;

- **l'action que l'hôte** exerce sur l'équilibre précédent. En réalité, nous constatons l'existence d'une « boucle » où chaque état de l'entité vivante dépend d'un état précédent et conditionne le suivant. L'analyse la plus complète possible des flores microbiennes du milieu intestinal par les méthodes d'analyses bactériologiques conventionnelles, comme le propose un « profil référentiel microbien », permet d'évaluer la composition et la nature de cet équilibre et d'évaluer un état de santé ou de maladie de l'entité biologique.

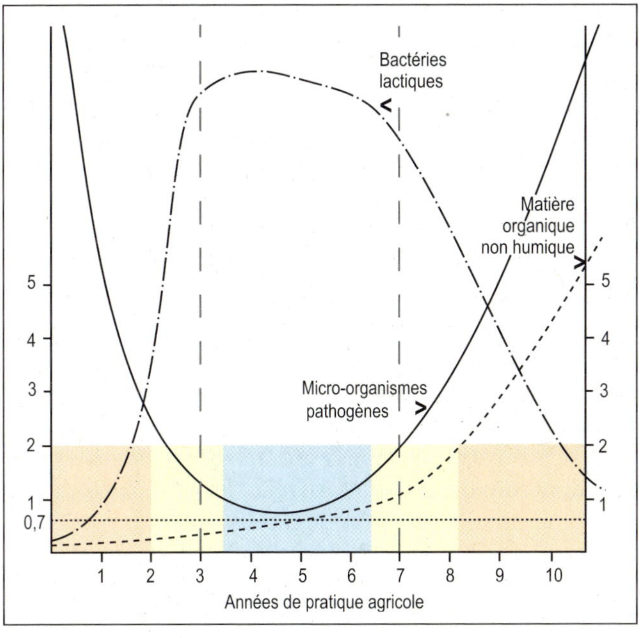

Schéma 4
Corrélations entre la teneur en matières organiques non humiques du sol apportées en permanence par la pratique agricole, la présence de micro-organismes pathogènes (le mildiou de la vigne dans ce cas de figure) et la présence de bactéries lactiques.

Notion d'équilibre microbien

• Notion de « corps microbien »

Tout être vivant, tout produit vivant est associé à des micro-organismes qui peuvent être assimilés à un « corps microbien » avec des propriétés spécifiques. Ce « corps microbien » permet d'entretenir le corps physique ainsi que le protéger. Et réciproquement le corps physique permet au corps microbien de vivre. On peut parler de **symbiose** entre un organisme ou un produit biologique et une population microbienne. La composition qualitative et quantitative du corps microbien devient le reflet subtil de l'état biologique du corps physique.

• Les « bons » et les « mauvais » microbes

On peut qualifier de « biogènes » les micro-organismes corrélés à un état de santé et de « pathogènes » ou « indésirables » ceux qui correspondent à un état pathologique ou perturbé. Cette notion s'applique aussi bien à un organisme tel un animal (flore intestinale, rumen, cutanée et autre), un végétal (flore de la rhizosphère, du fruit, de la graine et autre organe), qu'à un local ou qu'à un aliment comme le lait ou le fromage.

- Les bactéries biogènes principalement représentées par les bactéries lactiques (lactocoques et lactobacilles) constituent la flore dominante et naturelle du lait. Pour assurer leur croissance et leur activité, ces micro-organismes, exigeants du point de vue nutritionnel et physico-chimique, et par ailleurs très sensibles à de nombreux inhibiteurs, nécessitent un milieu aux qualités biochimiques optimales pour se développer. Dans ces conditions, leur rôle est important, en particulier en utilisation directe ou comme « levains externes », en association avec la flore naturelle, par exemple en fabrication fromagère (acidification, affinage) ou en culture (apport par le compost). Outre la production d'acide lactique, ces micro-organismes produisent des vitamines... des bactériocines dont l'action anti-microbienne oriente l'intérêt :

- d'une part vers la **conservation du produit** et le maintien des qualités organoleptiques par leur inhibition des micro-organismes de dégradation ;
- d'autre part vers l'**élimination des germes pathogènes** responsables potentiels d'intoxications alimentaires comme la Listeria monocytogènes (voir plus loin), la salmonelle, la staphylocoque pathogène, les coli entéropathogènes etc. ou témoins de maladies animales ou végétales.

Ces bactéries lactiques appelées aussi « probiotiques » jouent ainsi un rôle de « flore barrière » identique à un « système immunitaire non spécifique » extérieur de l'organisme. Toutefois, une activité maximale est obtenue par la présence nécessaire des formes coques et bacilles.

- Les bactéries pathogènes ou indésirables dont la présence signifie soit une qualité biochimique défectueuse du milieu en instance ou en voie de dégradation plus ou moins avancée, des erreurs d'hygiène tout au long de la chaîne agroalimentaire depuis la culture, l'élevage, la récolte du lait ou de la transformation, soit des anomalies de santé des animaux ou des végétaux (schéma 4). Dans le cas où le lait ou tout autre produit subit un traitement technologique de pasteurisation ou de stérilisation, ces indications basées sur la présence des micro-organismes deviennent en apparence moins utilisables.

• Régulation de l'équilibre microbien par biothérapie

Si cette flore biogène naturelle est naturellement présente, du fait principalement d'une alimentation favorable à ce type microbien et à l'hôte, la présence accidentelle de bactéries pathogènes n'entraînera que des symptômes mineurs avec, à terme, une disparition de ces germes indésirables.

Si cette flore biogène naturelle est déficiente, du fait d'une qualité alimentaire défectueuse (composition chimique qualitative et quantitative défavorable...) ou de la fragilité de l'hôte pour différentes raisons (fonctions immunitaires déficientes ou environnement nocif...), le développement des bactéries pathogènes entraîne des problèmes sanitaires plus ou moins importants pour l'hôte selon son état de résistance.

Mis à part le développement de méthodes préventives visant à obtenir des aliments de valeur biologique conforme et adaptée aux besoins biologiques identifiés des entités vivantes, le développement de biothérapies spécifiques s'avère nécessaire pour améliorer l'équilibre de l'écosystème. L'utilisation abusive et inappropriée de moyens chimiques comme l'antibiothérapie conduit à des effets désastreux comme la perturbation souvent irréversible des équilibres écologiques microbiens et la sélection de bactéries pathogènes plus résistantes.

La méthode isothérapique alimentaire est fondée sur le principe de similitude, puisque la souche bactérienne susceptible de définir, d'affecter l'état de l'aliment ou de son assimilation par un organisme sert à l'élaboration de la préparation utilisée alors comme complément alimentaire. Les prélèvements se font aseptiquement avec du matériel stérile à partir d'aliments et d'excréments, ces derniers servant de témoins indispensables à la méthode. L'isolement et l'identification des souches bactériennes nécessaires à la réalisation de la préparation se font en laboratoire. La préparation est obtenue selon la méthode de type dilution hahnemanienne par flacons séparés et dynamisation par succussion. Les dilutions retenues sont en général la 8 CH pour l'obtention d'un effet antagoniste ou la 12 CH pour l'obtention d'un effet stimulant (essais et résultats de laboratoire). La préparation, obtenue sur eau distillée, est incorporée à l'aliment avant le repas. L'isothérapique agit à partir de ses qualités intrinsèques qui sont celles de « l'élément microbien » isolé et identifié et d'une « information du milieu », « portée » par le micro-organisme retenu. Il n'est pas recommandé de réaliser une préparation isothérapique directement à partir d'un prélèvement en l'état, du fait que, dans la majorité des cas, les flores microbiennes antagonistes sont présentes simultanément. La dilution unique utilisée peut entraîner des effets indésirables. Le remède connaît son maximum d'efficacité lorsque l'organisme (animal, végétal ou domaine agricole) possède toutes les ressources pour pouvoir être en bonne santé, réagir et lutter contre la maladie.

Le domaine agricole, considéré comme un écosystème microbien, doit être pris dans sa globalité pour pouvoir évaluer chacun de ses éléments, homme, animal, végétal, dans ses rapports avec l'aliment disponible.

Dans l'approche holistique adaptée à l'écosystème agro-alimentaire, cet isothérapique complément alimentaire, devient un soutien efficace à la thérapeutique nutritionnelle par la régulation possible des flores microbiennes et la réduction des pathogènes avec si nécessaire stimulation des biogènes impliqués dans l'écosystème observé (schémas 3, 4 et 6).

Pour suivre l'efficacité de cette démarche, il est nécessaire d'effectuer un suivi analytique régulier de l'écosystème par les Profils Référentiels Microbiens, le test de phytotoxicité du compost et le test de lactofermentation naturelle du lait dans le cas spécifique des productions laitières.

Notion de santé en écologie microbienne

Un état de santé stable d'une entité vivante se caractérise par l'absence de pathogènes, la presque absence de germes indésirables et par la présence d'un nombre optimal de biogènes (schéma 4).

Si le lait cru est pris pour exemple, la nature de sa flore microbienne est complexe, variable et son développement est lié à la valeur nutritionnelle du milieu : la grande majorité des micro-organismes présents sont sans danger pour l'homme et l'animal et utiles à la fabrication fromagère. La santé des animaux et des cultures, l'hygiène appliquée au niveau du domaine et du matériel permettent d'optimiser la sélection des micro-organismes utiles (biogènes) au dépend des germes pathogènes. Un tel lait contenant environ 30 000 germes totaux/ml et moins de 100 000 cellules/ml devient un objectif répondant aux critères réglementaires en vigueur et un *optimum* d'une bonne pratique agricole.

Moyens d'observations

• Le test de lactofermentation naturelle

Le test de lactofermentation naturelle (schéma 5) consiste à analyser les effets de la population microbienne résiduelle d'un échantillon sur la structure du produit à une température donnée. En effet la principale propriété du lait est de pouvoir coaguler naturellement par acidification. L'interprétation des résultats doit permettre de poser un diagnostic sur l'état de santé (en conséquence de l'état pathologique) du produit étudié ainsi que de son état biochimique (composition chimique qualitative et quantitative).

La lactofermentation naturelle met en jeu les grandes familles microbiennes indicatrices ainsi que la composition biochimique du milieu (lait, fromage...).

Cette méthode d'analyse qualitative doit être complétée par une analyse microbiologique et une analyse chimique afin d'en préciser les paramètres défectueux.

Lactofermentation naturelle d'un lait incubé à 37°C pendant 36 heures

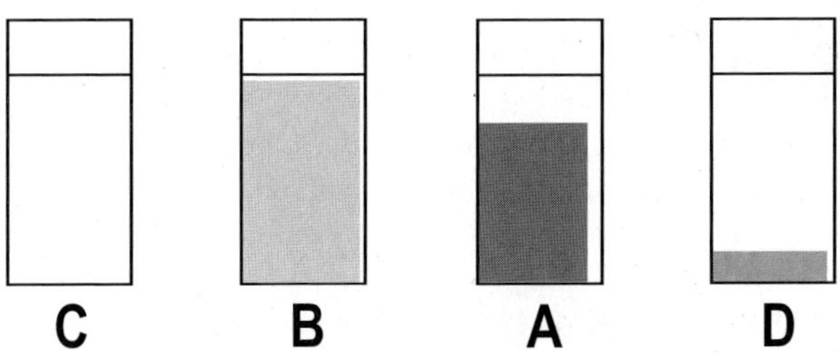

L'aspect du lait peut présenter divers aspects selon les familles mircrobiennes présentes et selon la composition biochimique ou toxicologique : **A** pour un caillé homogène et ferme occupant 40 à 50 % du volume. **B** pour un gel homogène occupant la totalité du volume. **C** pour un lait restant liquide. **D** pour un caillé très réduit de 10 % du volume à un caillé floconneux, raviné ou totalement digéré.

Schéma 5 – Test de lactofermentation naturelle, moyen simple de « suivre » la qualité biologique du produit ou du domaine.

En général, la flore microbienne de dégradation et la flore témoin d'hygiène ou pathogène sont la plupart du temps présentes en cas de lactofermentation défectueuse. Ce phénomène est en plus généralement associé à une composition chimique anormale. Toutefois, le développement important des micro-organismes indésirables peut s'accompagner d'un développement excessif des flores lactiques, streptocoques en particulier, entraînant une destruction du milieu (lait digéré).

Une propriété importante des flores lactiques est de limiter leur propre développement en fonction de la qualité biochimique du milieu : l'aspect B du caillé sera, à température ambiante, stable dans le temps jusqu'à plusieurs semaines. Les micro-organismes biogènes (lactiques en particulier) sont indispensables à la vitalité du milieu pour le maintien de ses propriétés ou pour son utilisation en tant qu'aliment ou matière première.

• Le Profil Référentiel Microbien (PRM®)

Le profil microbien consiste à analyser les populations microbiennes indicatrices des flores biogènes et pathogènes d'un échantillon biologique par une méthode d'analyse quantitative et qualitative (identification d'espèces). L'interprétation des résultats doit permettre de poser un diagnostic sur l'état de santé (en conséquence de l'état pathologique) de l'échantillon étudié.

Les micro-organismes recherchés par les analyses bactériologiques classiques comprennent les germes dits « d'altération » des denrées alimentaires (germes aérobies mésophiles, coliformes et anaérobies), les germes témoins d'hygiène ou « sentinelles » (germes aérobies, anaérobies, coliformes fécaux et totaux) et les germes pathogènes (*E. coli* entéropathogènes, staphylocoques, salmonella, listeria) : la conformité du produit est donnée par rapport à l'absence ou à une limite maximale normative des germes retrouvés à l'analyse (schéma 6).

Cette recherche est incomplète car elle n'intègre pas la recherche d'autres germes dits « d'altération », éventuellement pathogènes, que sont les levures et les moisissures, ni les germes dits « biogènes » ou « lactiques » appelés aussi « probiotiques » constitués par les lactocoques et les lactobacilles, socles de la protection des milieux naturels, sauf à considérer qu'un aliment n'est plus naturel. La recherche isolée d'un germe n'apporte qu'une présupposition de la qualité définie du milieu analysé, mais en aucun cas ne pourra évaluer une « qualité biologique » globale basée sur l'équilibre observé selon cette méthode.

La synthèse des résultats obtenus pour chacun des « espaces » du domaine agricole, représenté selon le schéma suivant, indique la pertinence du modèle microbien de l'écosystème agroalimentaire (schéma 7).

Schéma 6 – Deux modalités de représentation du PRM pour un lait

16092	lait tank				
240383	flore microbienne	résultat	% écart	référence	commentaire
	aérobie	41 000 000	54	90 000	excessive
	moisissure	<10	0	10	normale
X	levure	3 500	250	10	excessive
X	coliforme	150 000	420	10	excessive
	anaérobie	<10	0	10	normale
	lactocoque	15 000 000	87	7 000	excessive
	lactobacille	4 200 000	67	9 000	excessive
	e. coli		0	10	normale
X	staphylocoque	500			

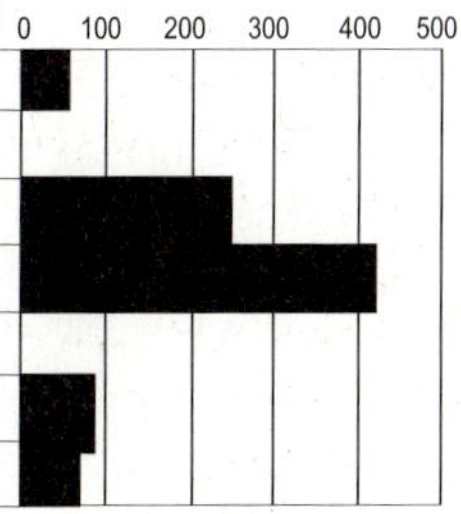

Bien que ce profil ou photographie instantanée d'un état microbien momentané ne soit que ponctuel, il permet de mettre en situation d'évolution le milieu analysé.

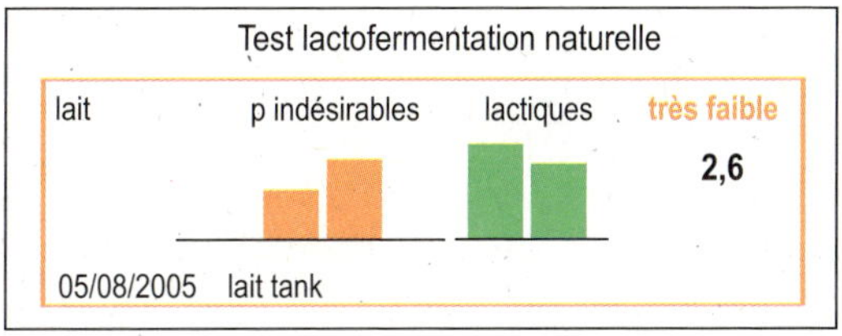

Double page suivante :

Schéma 7 – L'indice microbien, noté entre 0 (maladie) et 10 (bonne santé) résulte du rapport de forces établi entre les micro-organismes pathogènes indésirables, les bactéries biogènes et la composition du milieu. Si, en plus, comme le montre la figure 8, une donnée partielle est complétée par d'autres au niveau d'un domaine de production, il en apparaît une dynamique de « l'état biologique ». Selon la signification écologique qu'il est possible d'attribuer à chaque famille bactérienne, nous disposons d'un outil performant pour analyser, corriger les défauts apparus et suivre leurs corrections dans l'espace et dans le temps.

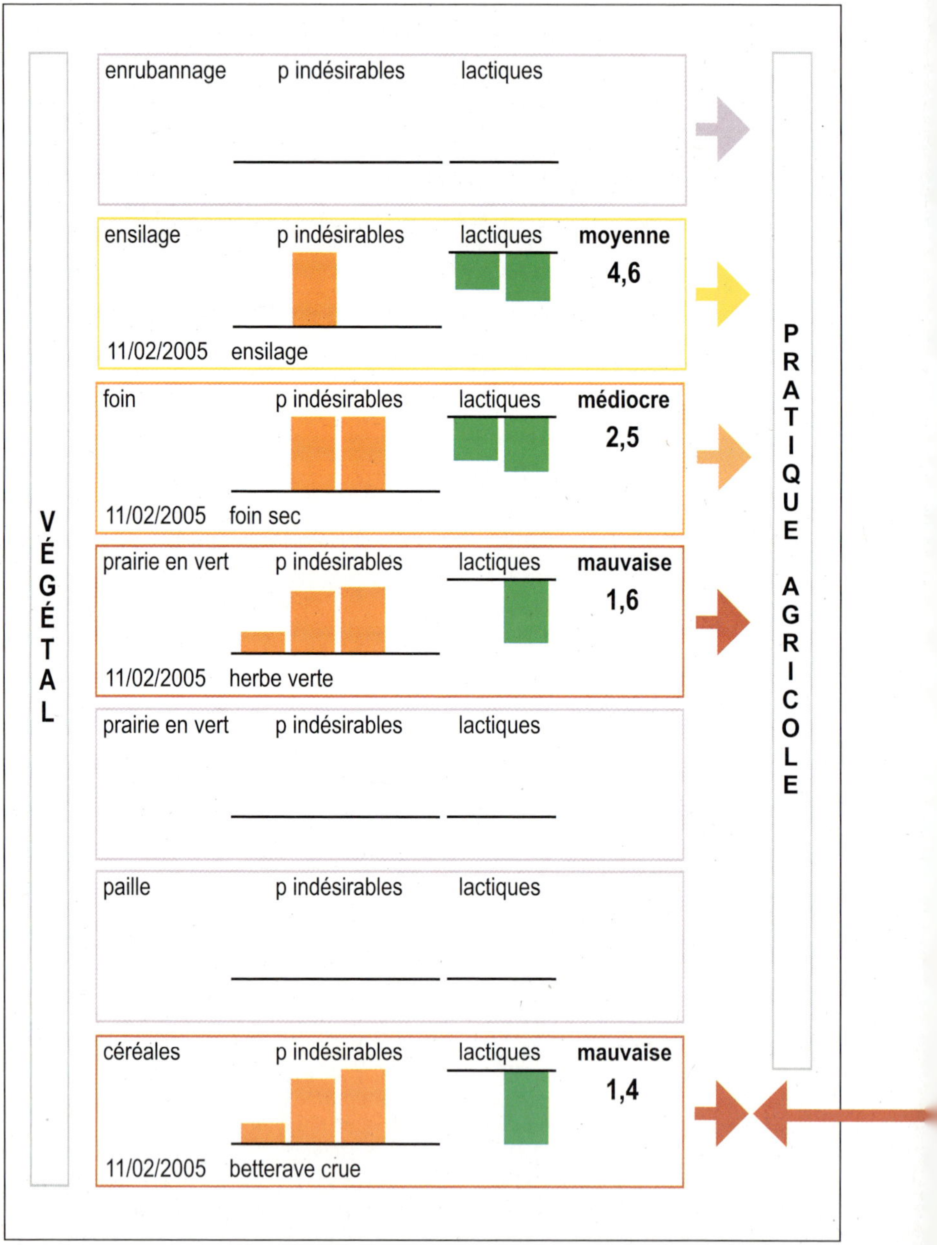
VÉGÉTAL
enrubannage p indésirables lactiques
ensilage p indésirables lactiques moyenne 4,6
11/02/2005 ensilage
foin p indésirables lactiques médiocre 2,5
11/02/2005 foin sec
prairie en vert p indésirables lactiques mauvaise 1,6
11/02/2005 herbe verte
prairie en vert p indésirables lactiques
paille p indésirables lactiques
céréales p indésirables lactiques mauvaise 1,4
11/02/2005 betterave crue
PRATIQUE AGRICOLE

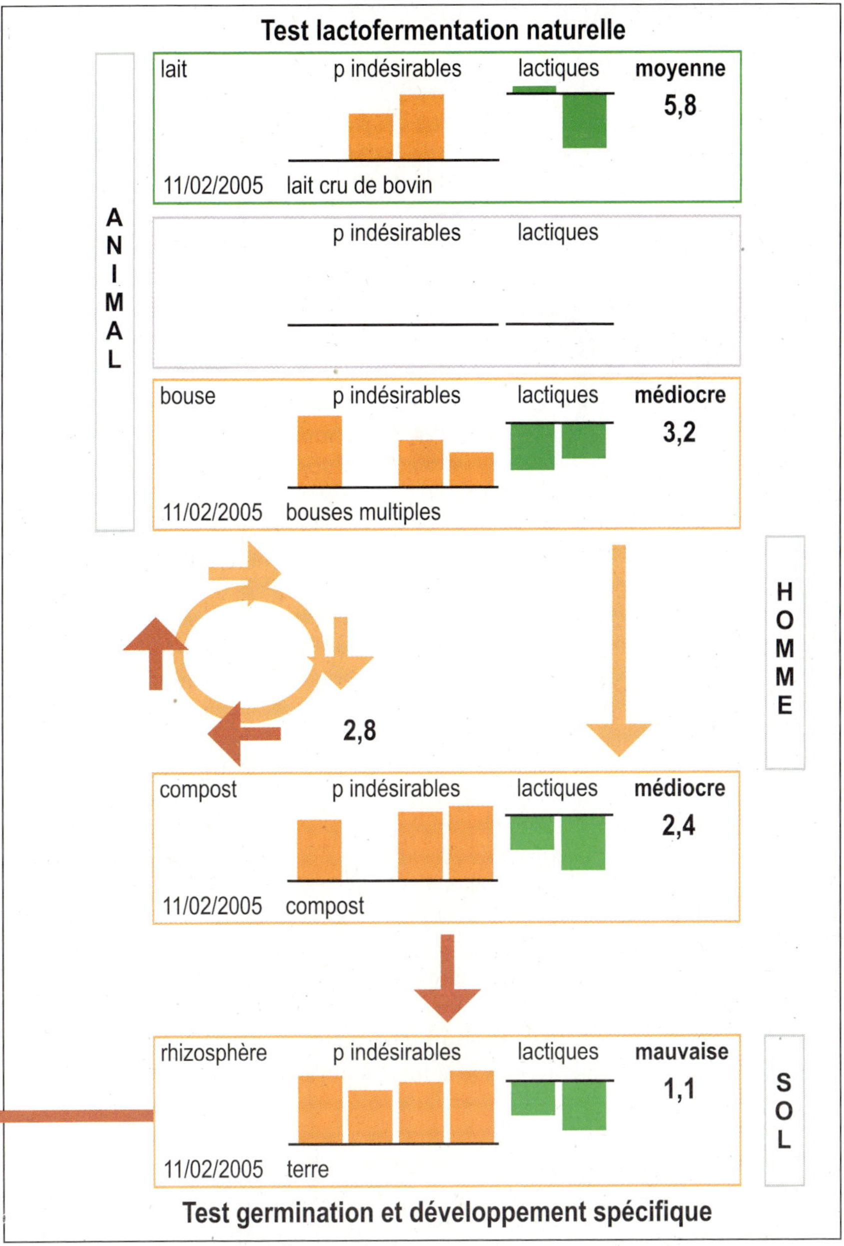
Test lactofermentation naturelle
ANIMAL
lait
p indésirables
lactiques
moyenne
5,8
11/02/2005
lait cru de bovin
p indésirables
lactiques
bouse
p indésirables
lactiques
médiocre
3,2
11/02/2005
bouses multiples
2,8
HOMME
compost
p indésirables
lactiques
médiocre
2,4
11/02/2005
compost
rhizosphère
p indésirables
lactiques
mauvaise
1,1
11/02/2005
terre
SOL
Test germination et développement spécifique

ÉCOSYSTÈME AGRO-ALIMENTAIRE ET LISTERIA

Les produits issus de toute agriculture devraient posséder des propriétés spécifiques répondant aux interrogations posées par leur qualification. L'analyse de la **listériose**, maladie d'expression identique pour l'homme et l'animal, tentera de montrer les relations complexes intervenant au sein de l'écosystème.

Le germe

La photo 2 montre, en microscopie optique et électronique, *Listeria monocytogenes*. C'est est une bactérie aéro-anaérobie de type bacille Gram positif de 1 à 2 microns, immobile, non sporulée, en chaînes courtes ou petit amas se cultivant facilement dans des milieux ordinaires de 4 à 42 °C et tolérant d'importantes variations de pH de 5,6 à 9,6. Le germe apparaît très résistant et supporte des conditions de vie hostiles. Certaines souches peuvent se développer dans les aliments dont le pH et l'activité de l'eau (Aw), peuvent être respectivement de 4,5 et 0,9.

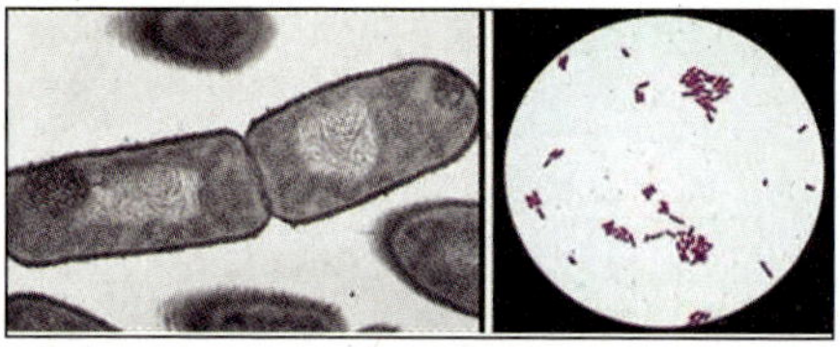

Écologie de la listeria

La bactérie peut se trouver à tous les niveaux de l'écosystème agricole où elle pourra persister voire se développer (schéma 8). Le tractus intestinal des animaux est un milieu favorable à son développement. Les excréments émis vont alors contaminer le sol, le système aquifère, les bâtiments d'élevage, les plantes fourragères récoltées après fanage ou destinées à l'ensilage, lieu de potentiel élevé de multiplication de la listeria, d'où une nouvelle source de contamination, sur les légumes et autres végétaux par l'apport au sol de matières organiques contaminées.

La bactérie peut également se retrouver à tous les niveaux de l'écosystème alimentaire par contamination et multiplication depuis la production (lait, viande, légumes...), la transformation (fromages, salaison, charcuterie...), le conditionnement, le stockage jusqu'à la consommation.

Rôle pathogène et diagnostic

Listeria monocytogene est une bactérie pathogène pour de nombreuses espèces animales et pour l'homme. La période d'incubation de la maladie est variable suivant les individus et se traduit par une septicémie, une encéphalite, un avortement ou la mort des individus « fragiles » dans les cas les plus graves. Toutefois de nombreux individus peuvent être des porteurs sains. *Listeria monocytogenes* est reconnue responsable d'intoxications alimentaires chez l'homme.

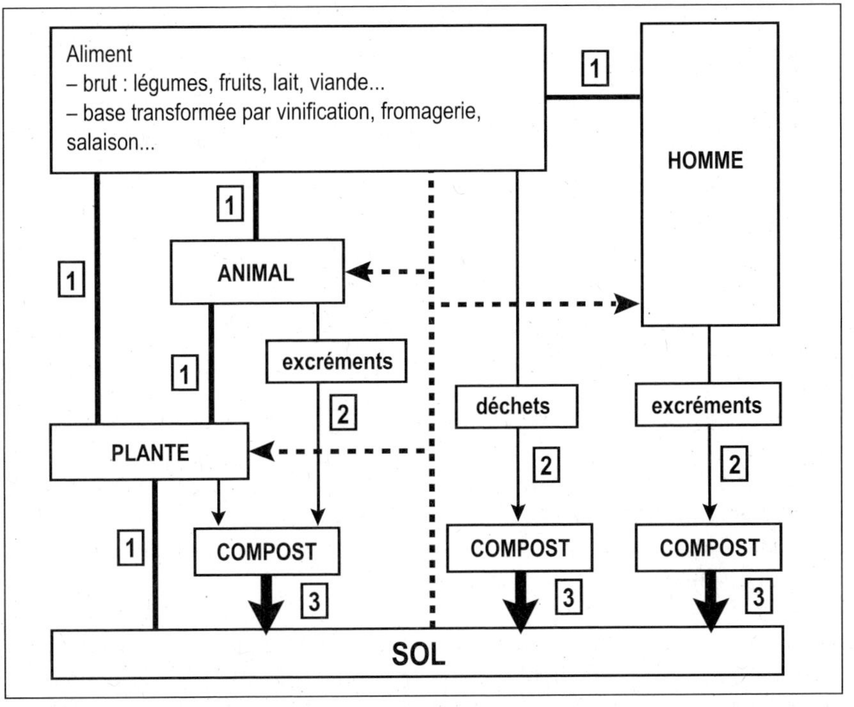

Schéma 8 – Schéma général de l'écosystème agro-alimentaire montrant les relations des différents « espaces » ainsi que les liens directs ou indirects pour les contaminations bactériennes. L'homme, par ses pratiques d'élevage, culturales, de transformation et d'hygiène doit respecter chaque espace occupé par une flore lactique antagoniste capable d'assurer la sécurité de l'ensemble agro-alimentaire.

L'identification du germe infectieux est effectuée par des analyses microbiologiques en laboratoire à partir de prélèvements de sol, de plantes, d'excréments animaux ou humains, d'eau, d'aliment ou tout autre substrat susceptible de renseigner sur le niveau de contamination et l'état infectieux de l'écosystème agroalimentaire ainsi localisé.

Un diagnostic complémentaire de « réceptivité » à l'agent pathogène permet d'évaluer la possibilité qu'a un agent infectieux de s'adapter et de se multiplier dans cet écosystème ainsi localisé. Il s'avère que la présence des bactéries lactiques à tous les niveaux de l'écosystème agro-alimentaire est un élément défavorable au développement de la listeria (schéma 8).

Maîtrise du cycle bactérien

Une fois le germe identifié, le traitement est conduit de façon similaire à celui des autres maladies infectieuses humaines ou animales. Le développement d'une « biothérapie » est intéressant car l'élimination « chimique » (ou autre) du germe identifié comme responsable de la maladie peut conduire à des effets désastreux tant au niveau de la perturbation de l'équilibre écologique microbien naturel et spécifique que vis-à-vis de la sélection de bactéries pathogènes résistantes et plus virulentes. Le problème reste posé quant à la contamination des sols, plantes, aliments... vecteurs potentiels de dissémination des germes infectieux.

La réduction de la multiplication des germes passe aussi par l'application de mesures d'hygiène des locaux d'élevage, de traite et de transformation. En fait, les mesures de prévention nécessairement intégrées aux principes des pratiques d'hygiène sont plus difficiles à appliquer que les mesures curatives, ne serait-ce que par la difficulté d'en évaluer l'intérêt immédiat, mais elles assurent la pérennité de tout système vivant.

Le germe infectieux rencontre, dans de nombreux écosystèmes, des **antagonistes naturels** comme les bactéries lactiques mises en évidence par les analyses de laboratoire. Les études **d'effets de réceptivité des sols** effectuées jusqu'à présent ont porté surtout sur les maladies cryptogamiques des végétaux. Ce phénomène est observable aussi pour les bactéries pathogènes comme la listeria.

ÉCOSYSTÈME AGRO-ALIMENTAIRE ET COMPOST

Le compostage peut être défini comme un procédé biologique contrôlé de transformation des substances organiques en un produit stabilisé destiné à être incorporé au sol pour assurer la permanence de sa fertilité, de celle des plantes, de l'animal et de l'homme (schéma 9).

Évolution du compost

Ce processus de compostage biologique qui est à distinguer de la putréfaction peut être assimilé à un processus de fermentation comprenant trois phases principales :

- une période initiale aérobie ou « thermophile » en 3 phases : montée en température jusqu'à 60 °C, stabilisation de la température puis refroidissement. Cette période se caractérise par un processus de catabolisme des matières végétales facilement biodégradables et une destruction théorique des pathogènes ;

- une période aéro-anaérobie « mésophile » de stabilisation ou de maturation. Cette période se caractérise par un processus d'anabolisme, d'humification et d'installation de la flore microbienne spécifique de l'écosystème. C'est de cette possibilité que dépendra la disparition effective de la flore pathogène et l'installation de la flore antagoniste. À ce stade, le compost présente les mêmes caractéristiques qu'un aliment fermenté ;

- une période anaérobie terminale : cette période se caractérise par une minéralisation intense, mais aussi par une perte des propriétés biologiques et une disparition des flores microbiennes.

Le processus de compostage nécessite l'intervention d'un grand nombre d'agents décomposeurs spécifiques, allant d'une macrofaune à une microflore fongique et bactérienne agissant successivement dans des conditions précises tant physico-chimiques – comme le pH, la température, l'humidité – que nutritionnelles.

En fait, l'incorporation au sol d'un compost non mature et non adapté perturbera le fonctionnement du processus de minéralisation, d'humification ainsi que l'équilibre biochimique de la rhizosphère par l'apport d'une faune et d'une microflore inappropriées voire pathogènes et l'apport d'éléments nutritifs non assimilables ou pathogènes soit par leurs effets toxiques propres, soit parce qu'ils favorisent le développement d'une faune et d'une flore pathogènes. La nature et la qualité du compost obtenu dépendent de la composition initiale de ses composants, tant chimiques que microbiologiques, et de la conduite du processus avec des conditions totalement aérobies ou anaérobies (putréfaction). Il en découlera des incidences différentes vis-à-vis du sol et de la plante.

Interférences sur les propriétés physiques du sol

La matière organique du compost influence, selon sa nature, les propriétés physiques du sol à savoir :

- sa capacité de rétention d'eau et d'infiltration ;
- sa structure et la stabilité des agrégats consécutifs ;
- ses propriétés mécaniques et thermiques.

Interférences sur les propriétés chimiques du sol

De même sera influencée la composition chimique du sol : teneur en azote minéral et organique, teneur en carbone, en minéraux, pH... en fonction de celle du compost au moment de son incorporation. Ainsi sera favorisé ou non l'équilibre entre les processus de minéralisation et d'humidification. La matière humique, selon son stade de structure devient, en plus de sa participation à la réalisation du complexe argilo-humique :

- le principal « fixateur » de minéraux, d'oligo-éléments... ;
- mais aussi un fixateur d'éléments toxiques (métaux lourds, pesticides...) ;
- un inhibiteur non spécifique vis-à-vis de certains micro-organismes pathogènes.

Interférences sur les propriétés biologiques du sol

En plus de l'incidence de sa fraction organique et minérale sur les propriétés physiques et chimiques du sol, le compost apporte la variété ou non de sa faune et de sa flore microbienne. Normalement, le compost utilisé doit être exempt de pathogènes résultant d'un processus de compostage efficace. Cette décontamination résulte de l'association de plusieurs phénomènes :

- la haute température initiale, bien que non nécessaire ;
- la libération de substances inhibitrices au cours de la phase thermophile ;
- et surtout l'antagonisme microbien, capacité la plus importante du compost réalisé, car cette propriété pourra être maintenue au niveau du sol si les conditions physico-chimiques le permettent. En fait, si la décontamination est variable selon les pathogènes, il ne devrait être utilisé que des résidus de culture et d'élevage non contaminés.

Interférences sur le développement de la plante

Le compost, en assurant un fonctionnement métabolique harmonieux de la rhizosphère, permet la croissance de la graine, de la plantule en un végétal équilibré, fertile sans maladies et leurs symptômes tels que chlorose, infections bactériennes et cryptogamiques ou les attaques de prédateurs comme les vers, insectes...

La levée d'inhibition de la germination de la graine ou **test de phyto-toxicité** est une caractéristique indispensable du compost. Celui-ci est toutefois spécifique d'une plante donnée. Il permet d'utiliser cette propriété comme test de contrôle de la valeur biologique du compost en vue de son utilisation agronomique.

Interférences sur l'écosystème agroalimentaire

Le compost, outre la transmission des agents phytopathogènes, peut favoriser également la transmission et la multiplication, comme vecteurs, d'agents infectieux responsables de maladies animales ou humaines – comme la listériose – et d'accidents en fabrication alimentaire – comme le mucor, les germes butyriques – rendant alors très aléatoire le résultat de l'application de mesures d'hygiène au niveau de l'ensemble agroalimentaire considéré dans sa globalité ou dans son espace purement technique de la transformation.

Le compost, obtenu par un procédé non maîtrisé, devient ainsi un facteur de transmission et de multiplication des maladies des végétaux, des maladies animales et devient un facteur d'insécurité sanitaire. À l'inverse, si le processus de fermentation aéro-anaérobie est bien maîtrisé, surtout pendant sa phase de maturation, le compost devient l'élément clé de la sécurité sanitaire du domaine car, non seulement l'apport d'agents pathogènes est réduit voire nul au profit d'agents microbiens biogènes, mais il permet l'établissement d'un état « d'immunité non spécifique » actif au niveau de la rhizosphère. Il se comporte ainsi comme tout aliment fermenté et doit s'utiliser comme tel.

Le processus de **compostage**, éventuellement orienté avec des préparations phytothérapiques, est une **pratique incontournable** qui permet à terme d'obtenir un état sanitaire satisfaisant pour l'écosystème agroalimentaire. Son utilisation est double, d'une part pour les sols appauvris en matière organique après les multiples campagnes de culture intensive à engrais chimiques, d'autre part, et c'est l'utilisation la plus pertinente, en aliment fermenté pour la plante qui structurera sa rhizosphère, source de sa protection immunitaire et de sa fertilité. Toutefois, sa valeur biologique dépendra des pratiques culturales et d'élevages élaborées du domaine.

Le compost considéré en tant que « corps microbien » représente le **témoin et l'acteur de la valeur biologique du domaine.**

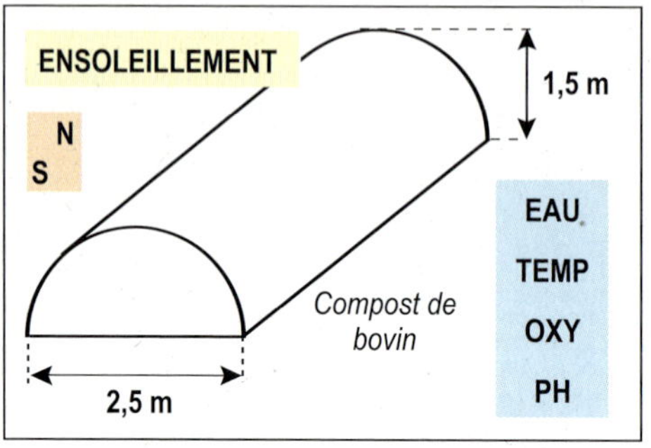

Schéma 9 – Dimensions optimales d'un tas de compost et son positionnement par rapport au soleil (zone tempérée) pour la maîtrise des paramètres physico-chimiques (humidité, température, oxygène et pH) et microbiens. Le montage du tas se fait en une seule fois sans retournements intempestifs.

ÉCOSYSTÈME, VIGNE ET VIN

L'étude d'un domaine viticole par les profils référentiels microbiens permet d'une part d'en connaître l'état de santé initial et d'autre part de suivre l'évolution de celui-ci selon toutes les pratiques agricoles disponibles actuellement, aussi diverses soient-elles.

Une définition du terroir considère qu'il s'agit de l'ensemble des facteurs appartenant au sol, au climat, aux pratiques, au contexte socio-culturel, qui s'exprime à travers la vigne, dans ce cas, pour donner une typicité à ses produits. En réalité, il ne faut pas réduire la typicité à un argument médiatique et commercial mais comme une « capacité » du milieu, le terroir, à produire un produit, ici le vin en tant que boisson destinée à la consommation avec des effets actifs sur la santé humaine.

À côté des effets négatifs, liés la plupart du temps à une consommation abusive et inappropriée d'un produit pas toujours exempt de substances nocives, le contenu santé du vin est essentiellement dû à la présence de minéraux, oligo-éléments et de polyphénols à l'activité anti-oxydante et anti-radicalaire. Les critères de qualité de valeur d'un vin sont rapidement évoqués sur les bases définies au schéma 12.

Pour cet écosystème, comme pour d'autres systèmes de culture associés directement ou non à un élevage, les bonnes pratiques agricoles doivent obtenir cette symbiose microbienne, constat de la santé (schéma 3, 4 et 10).

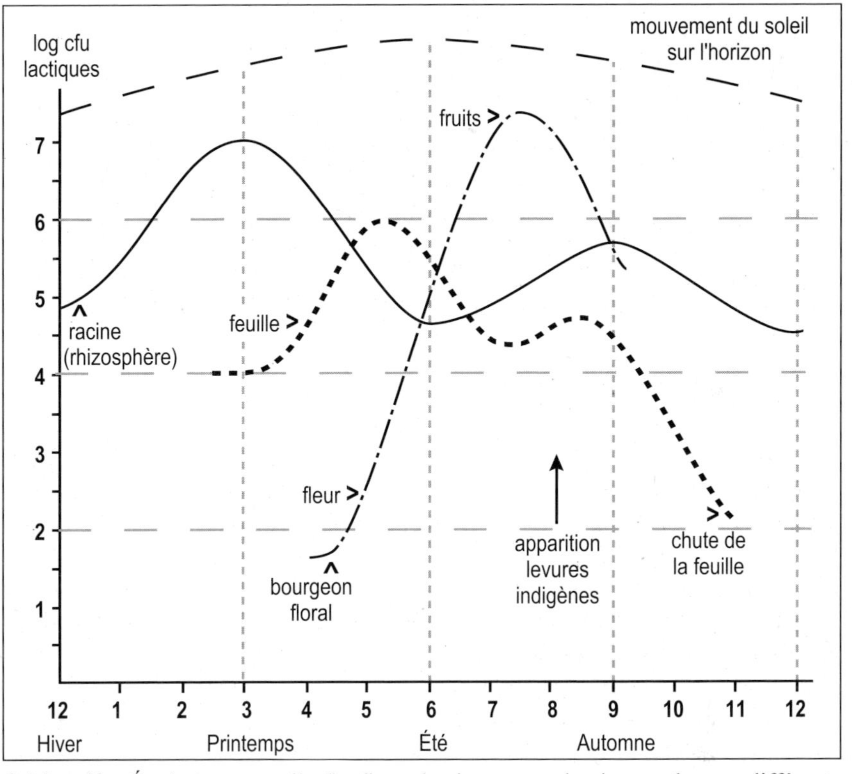

Schéma 10 – Évolution annuelle des flores lactiques pour la vigne, selon ses différents organes. Comme tout végétal, la vigne est liée au cycle solaire d'où une corrélation entre l'activité des flores lactiques, la saison et le stade du cycle végétatif. Si le viticulteur sait réaliser cette symbiose, par des pratiques de nutrition, de taille et l'approche santé de sa vigne par la phytothérapie associée si nécessaire à la biothérapie, alors le vigneron n'aura plus qu'à suivre la fermentation naturelle et le consommateur recevra un vin aux qualités attendues.

ÉCOSYSTÈME, ALIMENTS ET SANTÉ HUMAINE

La diversité des écosystèmes de la planète Terre induit celle des aliments potentiels pour l'Homme. Celui-ci a alors adapté une stratégie spécifique d'une part pour se nourrir dans l'immédiat par la chasse, la pêche, la cueillette et d'autre part pour conserver viandes, lait, légumes, par les techniques de fermentation en particulier. De ce fait, jusqu'au siècle dernier, l'alimentation s'élaborait au rythme cosmique des saisons et l'homme pouvait se constituer un menu spécifique adapté à ses besoins.

L'homme, les sociétés humaines, les sociétés végétales et animales doivent manger pour vivre. La multitude de modalités alimentaires existante montre l'adaptation spécifique, historique et géographique de l'homme à son environnement terrestre. À cette multitude nécessaire à la richesse humaine s'oppose l'uniformisation industrielle impersonnelle et génératrice de déséquilibre mondial : ici les accidents cardio-vasculaires, le gaspillage et là-bas la détresse alimentaire.

La nutrition traite spécifiquement de l'étude très complexe des processus par lesquels les êtres vivants absorbent, métabolisent, utilisent et éliminent des aliments.

Nature des aliments

Les aliments, issus du règne minéral, végétal et animal se répartissent selon sept groupes qui apportent en quantités variables des **nutriments** bâtisseurs, utilisés pour la construction, le développement et la restauration des cellules. Les aliments fermentés apportent des micro-organismes symbiotiques. En diététique orientale, les aliments sont considérés selon des caractéristiques énergétiques relevant de concepts philosophiques et symboliques, mais également très pragmatiques.

L'effet de la nourriture sur l'état du corps et du psychisme de l'homme dépendra à la fois de la qualité des aliments, de leur provenance, de leur quantité, de leur variété et de notre constitution individuelle. L'association pertinente des aliments choisis parmi ces 7 groupes doit nous permettre de répondre aux besoins nutritionnels vrais ou imaginaires. La **pyramide alimentaire** (tabeau 1) représente un modèle d'alimentation reconnue comme saine car elle permet de visualiser les différentes familles d'aliments et de montrer les proportions relatives de chacune d'elles pour constituer un bon repas. Un autre modèle a été proposé sous forme d'un **bateau**.

Selon la nature de leur fonction induite par leur composition chimique, les nutriments se répartissent en six classes : les protides, les glucides, les lipides, les minéraux, l'eau et les « bio-activateurs » comme les vitamines, arômes, oligo-éléments. **Toutefois, la valeur « biologique globale » d'un aliment ne doit pas être considérée uniquement par l'aspect de la composition chimique et de la production de calories** (point 1 du schéma 12) .

Selon l'origine de l'aliment, l'obtention de **l'effet de satiété** est différente, celui-ci dépendant en partie de l'aspect **qualitatif** des aliments.

Si ces six classes de nutriments sont indispensables à la constitution chimique d'un aliment, il faut ajouter une septième classe d'**ingrédients accidentels**, (point 2 du schéma 12) les polluants de nature chimique, organique ou biologique. Ces substances dont la présence est anormale indique une contamination en principe involontaire et accidentelle pendant :

- la phase de production des matières premières au cours de la culture ou de l'élevage : les nitrates dans les eaux, les résidus de pesticides utilisés lors des traitements phytosanitaires, les bactéries pathogènes résistant aux antibiotiques... ;
- les phases de transformation et de commercialisation ;
- la phase de conservation et de consommation.

Selon leur importance, on distingue les groupes d'aliments suivants :

• **Le premier groupe** comprend les **boissons** qui apportent l'eau, les ions minéraux et les oligo-éléments. L'eau qui représente 60 % environ du poids de notre corps est indispensable à la vie de tout organisme et doit être apportée en quantité suffisante. L'eau est la boisson de base pour tout organisme vivant. Les boissons alcoolisées sont d'usage limité.

• **Le deuxième groupe** comprend les **fruits et les légumes frais** qui apportent l'eau, les minéraux et les oligo-éléments, les vitamines et les fibres alimentaires. Pauvres en graisses et de teneur variable en sucres, ils ont une assez faible valeur énergétique.

• **Le troisième groupe** comprend les **céréales** et leurs dérivés comme le pain, les féculents, pomme de terre, riz, pâtes... et les **légumes secs** (pois, haricots, lentilles...) qui apportent les sucres lents, les minéraux et les vitamines. Riches en amidon, ils sont assez énergétiques.

• **Le quatrième groupe** comprend **le lait et les produits laitiers** qui apportent principalement les protéines essentielles, les graisses animales, les minéraux avec le calcium en particulier et les vitamines liposolubles. La valeur énergétique dépend de la technologie utilisée pour leur préparation.

• **Le cinquième groupe** comprend **les viandes, abats, volailles, œufs, poissons**, **mollusques** et **crustacés** qui apportent les protéines carnées et acides aminés essentiels, les graisses animales, les minéraux avec le fer en particulier, les oligo-éléments et les vitamines.

• **Le sixième groupe** comprend **les corps gras** d'origine **animale** comme le saindoux, le beurre, la crème et les corps gras d'origine **végétale** comme les huiles qui apportent les lipides et les acides gras essentiels ainsi que les vitamines liposolubles. Ils sont très énergétiques.

Le septième groupe comprend les **produits sucrés**, les confitures, le chocolat, le **miel** (produit résidu de la transformation par l'abeille du nectar ou du miellat récolté sur les végétaux mellifères), les pâtisseries et les boissons sucrées qui apportent les sucres rapides et fournissent à l'organisme de l'énergie rapidement disponible.

GROUPE 7
sucreries
avec modération

GROUPE 6
huiles, graisses **<1p**
> lipides : acides gras, vitamines
> calories 9

GROUPE 5
viande, volaille, poisson, oeuf **1p**
> protides, lipides variables
vitamines, minéraux, fer
> calories 4

GROUPE 4
lait, fromages **2p**
> protides, lipides variables
vitamines, minéraux, Ca P
> calories 4

GROUPE 2.1
fruits **1p**
> eaux, minéraux, oligo-éléments
vitamines, anti-oxydants, fibres
> valeur calorique faible

GROUPE 2.2
légumes crus et cuits **2p**
> eaux, minéraux, oligo-éléments, vitamines
fibres alimentaires, glucides variables
> valeur calorique faible

GROUPE 3
pains, céréales (riz, maïs, blé) pâtes, féculents, légumineuses **4p**
> glucides lents et simples, protéines végétales, fibres, vitamines, minéraux, oligo-éléments
> calories 4

Apports journaliers conseillés : protides 15 % ; lipides 30 % ; glucides 55 % (dont 10 % simples)

GROUPE 1
boissons : eau aussi souvent que possible environ 1,5 litre par jour
> eau, minéraux
boissons alcoolisées : avec modération selon nature
vin : 1 verre par jour pour adulte > eau, minéraux substances végétales
boissons type café, thé, tisane : avec modération

Tableau 1 – La pyramide alimentaire : de la base au sommet, sont disposés par décroissants les groupes d'aliments à consommer tous les jours pour être en bonne santé. Aucun aliment n'est exclu mais l'alimentation doit être variée en privilégiant le plaisir. En réalité, il s'agit d'un concept de base, mais il reste à trouver les aliments correspondant à des critères de valeur biologique optimale.

Conservation des aliments

Le but des méthodes de conservation est de maintenir dans le temps et dans l'espace la valeur biologique intrinsèque de l'aliment, notamment par la limitation de la multiplication des bactéries éventuellement présentes ou venant à s'y introduire au cours du processus de production (point 2 du schéma 12). Car dès que les conditions physico-chimiques sont favorables à leur multiplication, les bactéries peuvent entraîner une dégradation structurelle de l'aliment et le rendre dangereux pour le consommateur.

La destruction de toutes les bactéries devient donc un objectif technologique prioritaire en vue d'obtenir la **stérilité** et la **sécurité sanitaire alimentaire** tant réclamée.

Selon les objectifs souhaités, la nature des produits et leur destination, les techniques possibles les plus utilisées se définissent ainsi :

• **Le séchage** : cette technique de **réduction de l'activité de l'eau** est utilisée principalement pour les fruits, la viande, les poissons et consiste à obtenir une perte d'eau par action de la chaleur. Dans le cas des produits carnés, cette action peut être complétée par d'autres actions comme la fermentation (lactique) et le sel, associé à divers ingrédients ou additifs ajoutés au produit. Cette technique de salaison peut être complétée par une procédure de fumaison. Ces trois techniques sont les procédés de conservation des denrées alimentaires les plus anciens. Ces produits sont très hygroscopiques et seront donc à conserver au frais et au sec en ce qui concerne les produits pulvérulents.

• **Les traitements thermiques** : selon la nature du produit et son origine, il existe de nombreuses variantes. Le traitement thermique est utilisé pour détruire les micro-organismes, stopper l'altération du produit lié à des enzymes endogènes ou stabiliser sa structure.

La pasteurisation permet de réduire le nombre de micro-organismes sous forme végétative. Elle s'applique à des produits solides comme le jambon blanc, les pâtés et autres produits en utilisant une température à cœur d'au moins 69 °C pendant 30 minutes. Ce processus permet de reporter la consommation de l'aliment de quelques jours à quelques semaines selon les produits à condition d'une conservation au froid à + 4 °C et en emballage étanche. Elle s'applique aussi à de nombreux produits liquides comme le lait, les jus de fruits en utilisant une température à cœur de 85 °C pendant 3 minutes.

La stérilisation permet d'éliminer, théoriquement, toutes les bactéries présentes dans un produit, y compris les formes sporulées. Dans le cas de liquides, l'opération devrait durer au moins 15 minutes à 120 °C en autoclave. Alors, la durée de conservation du produit est de l'ordre de l'année à température ambiante. Ce procédé tend à être remplacé par le procédé UHT où le produit est soumis à une température de 140 °C pendant quelques secondes pour une durée théorique de conservation de 2 à 5 mois à température ambiante. Dans le cas d'une charcuterie, on stérilise en autoclave à 100-110 °C pendant au moins 15 minutes.

La conservation par le froid : l'application du froid est la technique la plus répandue et permet de retarder le développement des micro-organismes, les réactions chimiques et enzymatiques qui entraînent la détérioration du produit.

- le froid positif de 0 à +4 °C permet le ralentissement de la multiplication des bactéries présentes dans un produit et s'applique aux produits frais comme le lait, la viande, aux produits pasteurisés et à certains produits fermentés.

- le froid négatif ou congélation est une conservation où la température du produit est abaissée à –18 °C ou plus. À cette température, l'activité métabolique de la plupart des micro-organismes est stabilisée mais d'autres phénomènes se produisent : l'oxydation progressive des graisses et la perte en eau du produit. Cela explique que la conservation d'un produit surgelé reste limitée dans un temps variable de quelques mois. Ce traitement recouvre trois étapes successives : l'abaissement de la température, le maintien à température constante et la décongélation. Au cours de cette étape, le produit perd de l'eau, ce qui peut favoriser le développement des micro-organismes éventuellement présents d'autant que cette opération est brutale et réalisée à une température supérieure à 7 °C.

Il est à noter que, selon l'origine des matières premières, les résultats attendus peuvent être différents selon le mode de production respectant ou non l'intégrité biologique de chaque entité, végétal ou animal (cas des conduites intensives aussi bien en culture qu'en élevage). Cette aptitude technologique correspond au point 3 du schéma 12.

Approche de la qualité des aliments

Estimer la qualité d'une entité selon la définition ISO 8402 c'est définir l'ensemble des caractéristiques de cette entité (activité, produit ou organisme) qui lui confèrent l'aptitude à satisfaire des besoins exprimés et implicites en vue de son utilisation à la consommation et à la transformation.

Le lait est un produit issu de la glande mammaire destiné à l'alimentation du jeune mammifère de la même espèce. La composition en nutriments (point 1 du schéma 12) est adaptée à la vitesse de croissance du jeune.

Par sa composition, le lait peut être transformé en fromage (point 3 du schéma 12). Les composants du lait proviennent soit de l'alimentation, soit des métabolites formés par les fermentations intestinales, soit des synthèses et des modifications effectuées par les cellules de la glande mammaire.

La valeur biologique d'un aliment correspond à des caractéristiques explicites et implicites de :

- Composition chimique quantitative et qualitative
  - caractères organoleptiques spécifiques stables
- Contamination minimale en
  - substances chimiques
  - éléments biologiques
- Aptitudes technologiques à
  - sa conservation
  - sa fermentation
  - sa bioassimilation

Schéma 12 – Critères de base utilisables pour la caractérisation de la valeur biologique d'un produit alimentaire.

La technologie chimique moderne omniprésente crée des molécules de synthèse, acides organiques, acides aminés, édulcorants, vitamines... extraites à partir des matières premières d'origine végétale, animale comme le lait, les céréales... des macromolécules organiques... afin de constituer un mélange complexe appelé aliment. Comment se comportera un organisme face à l'assimilation d'un tel produit ? Assurément mal comme le montre le schéma 13.

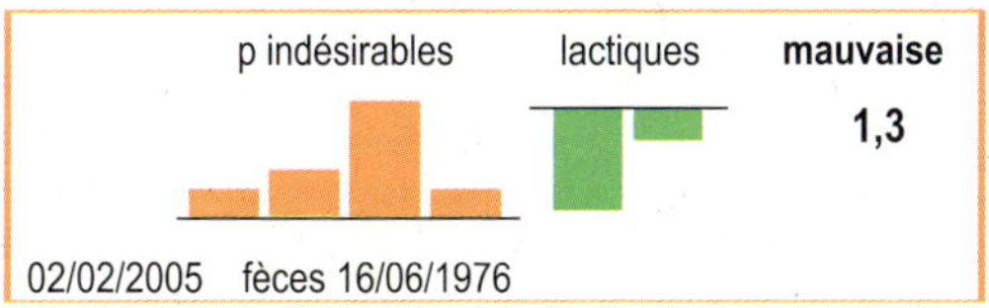

Schéma 13 – Profil référentiel microbien de selles. Homme présentant de nombreux troubles intestinaux, fatigue générale et allergies.

La qualité bactériologique (point 2 du schéma 12) d'un aliment est une nécessité impérative pour la santé du consommateur et résulte non de l'utilisation unique d'un procédé technique de stérilisation du produit final mais d'actions ponctuelles multiples au niveau de l'écosystème agroalimentaire constitué par l'ensemble sol > plante > animal > homme en symbiose avec un « corps microbien » commun présentant de fortes affinités indispensables à la vie et en conséquence à la sécurité sanitaire recherchée.

Pour la santé du consommateur, en ce qui concerne son alimentation, la sécurité n'est pas dans la stérilité totale de ses aliments mais seulement dans une stérilité en germes infectieux (produits fermentés trop rares dans notre alimentation moderne) !

Utiliser les techniques de destruction des bactéries présentes dans les aliments, afin d'assurer la stabilité de la denrée et d'éviter l'ingestion de pathogènes par l'homme s'avère actuellement une nécessité technologique coûteuse mais parfois insuffisante, tant l'adaptation bactérienne est importante. Les bactéries dites « contaminantes » peuvent trouver leur origine au niveau de « l'espace production » où leur présence dans le lait, la viande, les légumes, témoigne des conditions d'élevage ou de culture, mais aussi au niveau de « l'espace transformation et distribution » où certaines s'adaptent bien (schéma 7). La *Listeria monocytogenes* représente bien ce type de bactérie colonisant l'ensemble de l'écosystème agroalimentaire avec une certaine facilité malgré les énormes moyens technologiques utilisés (schéma 8). La méthode basée sur le développement des flores lactiques à chaque niveau de l'écosystème montre là son efficacité et sa pertinence.

Pour la recherche de la qualité biologique d'un aliment, des méthodes d'analyse alternatives, dites « globales » sont proposées sur le marché. Chaque méthode étant spécifique, il a été intéressant d'étudier, sans aucun *a priori*, les possibilités de chacune d'entre elles afin de définir plus précisément les critères de la valeur biologique d'un milieu. En effet, comme le montre l'étude des profils microbiens (schéma 4 et 7), la qualification par les moyens (ex. agriculture biologique, biodynamique, fermière, produits de terroir, durable et autre sigles) ne garantit pas obligatoirement un résultat quant à la valeur biologique du produit.

ÉCOSYSTÈMES ET BACTÉRIES LACTIQUES

Les fermentations

Une fermentation est la transformation d'un substrat biochimique sous l'action d'enzymes produits par des micro-organismes. Les fermentations lactiques, alcooliques, acétiques sont les plus connues et permettent, par une modification biochimique importante du substrat, la création d'un aliment aux caractéristiques spéciales.

Les aliments fermentés peuvent être obtenus à partir des céréales, légumes, fruits divers ainsi que des viandes, poissons (tableau 2). C'est par l'utilisation du potentiel offert par ces bactéries fermentaires que l'homme peut fabriquer des fromages à partir de lait, des vins à partir du raisin, des pains à partir de la farine de céréales et autres variétés d'aliments. Le processus du compostage des résidus organiques végétaux et animaux issus de l'activité agricole est basé sur le même principe et conduit à un aliment fermenté destiné aux plantes lors de son incorporation au sol.

Tableau 2 – Principales fermentations.

Nom	Caractéristique	Matière première	Produit	Remarques
Fermentation lactique	Anaérobie > acide lactique	Céréales	Pain	Une fermentation alcoolique est possible dans certains produits
		Légumineuses	Miso, tempeh	
		Légumes	Choucroute	
		Fruits	Olives	
		Lait	Yaourt, fromages	
		Poisson	Poissons fermentés	
		Viande	Salaisons	
Fermentation alcoolique	Anaérobie > alcool et CO_2	Céréales	Bières, saké	Fermentation lactique possible
		Fruits	Vin cidre	
		Miel	Hydromel	
Fermentation acétique	Aérobie > acide acétique	Vin cidre alcool	Vinaigres	
Fermentation propionique	Anaérobie > acide propionique	Fromages	Fromages affinés	
Fermentation butyrique	Anaérobie > acide butyrique	Fromages	Fermentations indésirables : fromages impropres à la consommation	

Les bactéries lactiques

Les bactéries lactiques (lactocoques et lactobacilles) constituent la flore dominante et naturelle de presque tous les milieux naturels (schéma 7).

Pour assurer leur croissance et leur activité, ces micro-organismes, exigeants du point de vue nutritionnel et physico-chimique, et par ailleurs très sensibles à de nombreux inhibiteurs, nécessitent un milieu aux qualités biochimiques optimales pour se développer. Leur activité est optimale en symbiose avec leur hôte dont elles « signent » l'état de santé.

Outre la production d'acide lactique, ces micro-organismes produisent des vitamines, des bactériocines dont l'action anti-microbienne oriente l'intérêt (tableau 3) :

- d'une part vers la **conservation du produit** et le maintien des qualités organoleptiques par leur inhibition des micro-organismes de dégradation ;
- d'autre part vers l'**élimination des germes pathogènes** responsables potentiels d'intoxications et de pathologies microbiennes diverses.

Tableau 3 – Principaux rôles admis des bactéries lactiques.

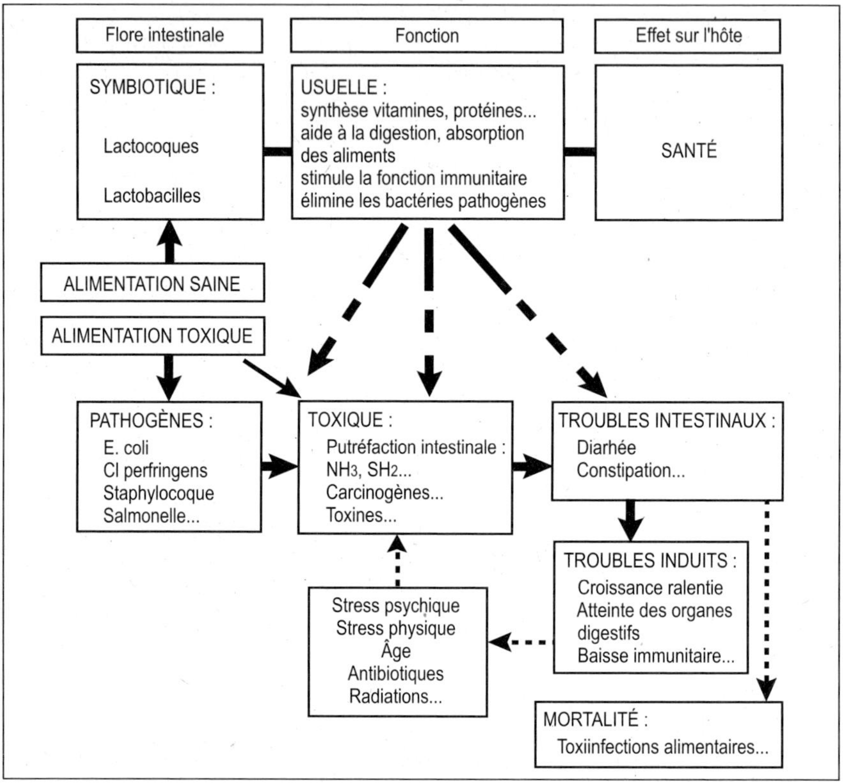

Les aliments fermentés

Dans ces conditions, leur rôle est important, en développement direct ou comme « levains externes », en association avec la flore naturelle, par exemple en fabrication fromagère (acidification, affinage) ou en culture (apport par le compost) ou pour la réalisation des fourrages destinés à la nutrition animale (fourrages secs, enrubannage, ensilages...) (schéma 14).

Outre l'acquisition d'une valeur nutritionnelle nouvelle, par rapport au produit d'origine, les bactéries lactiques stabilisent le milieu par son acidification, produisent des bactériocines et luttent ainsi contre les bactéries pathogènes éventuellement présentes ou susceptibles de s'y trouver accidentellement réalisant ainsi une véritable stérilisation microbienne. Selon les produits, la conservation va de quelques jours à plusieurs mois.

Ces micro-organismes constituent un patrimoine culturel, nutritionnel et gastronomique : les aliments fermentés, base d'une science de la nutrition et de la conservation très élaborée bien qu'empirique, résultant d'une expérience millénaire sont en train de disparaître. Certes, l'industrie agroalimentaire s'est approprié ce principe, mais avec des micro-organismes sélectionnés et produits en laboratoire.

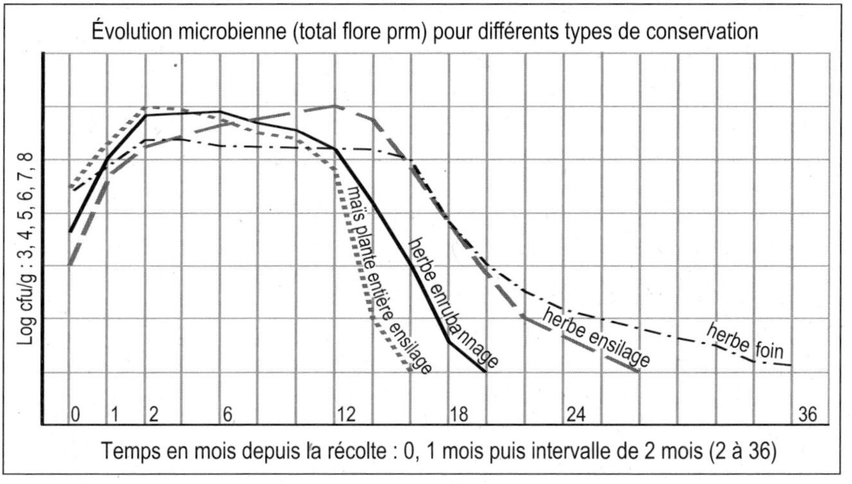

Schéma 14 – Évolution des flores lactiques pour différents types de fourrages destinés à l'alimentation animale. Cette évolution comprend plusieurs phases, typiques de toute fermentation : une phase initiale de croissance bactérienne, une phase de maturation ou de stabilisation du produit et une phase finale qui voit la disparition des flores lactiques. Au cours de cette phase finale peuvent apparaître les micro-organismes de dégradation. Ces courbes représentent le résultat obtenu ou à obtenir pour un domaine agricole qui se destine à la production d'aliments de haute valeur biologique pour lui-même et pour l'homme, en sortie.

Conclusion

L'agriculteur, jardinier de la Terre doit maintenir l'activité biologique du sol dont dépendent la croissance et la santé des plantes cultivées : légumes, fruits, céréales... destinées à l'homme ou à l'élevage d'animaux, eux-mêmes producteurs de lait, de viande, etc.

Le transformateur (qui peut être l'agriculteur pour qui sont présentées ici les technologies les plus courantes) pourra ainsi proposer au consommateur un aliment affiné tels fromages, salaisons... ayant acquis d'autres propriétés biologiques. Les modalités de culture, d'élevage, de fabrication ou d'action thérapeutique éventuelle impliquent une acceptation de l'écosystème vivant.

Face à la production industrielle de nombreux succédanés d'aliments, il est nécessaire entre agriculteurs, transformateurs et consommateurs avertis, de reconstituer un tissu de relations le mieux adapté possible à un environnement géographique pour produire et disposer d'aliments de valeur biologique élevée.

L'analyse de laboratoire, de quelque nature qu'elle soit et effectuée à quelque niveau que ce soit, donne un aperçu très utile, mais non suffisant. L'analyse pertinente doit permettre de « mesurer » plus une *activité* qu'un produit, qu'une composition chimique ou hygiénique. **Les produits** issus d'une telle pratique présentée ici, répondent aux normes sanitaires conventionnelles. Leur supériorité est évaluée par rapport aux micro-organismes, témoins de la qualité biologique du milieu. Des bactéries lactiques en particulier, présentes dans tous les espaces de l'écosystème agroalimentaire, dépendent la *qualité sanitaire*, ou absence de bactéries pathogènes, et la *qualité nutritionnelle* du produit considéré.

L'homme dit « civilisé », à l'image des rats de laboratoire ou des animaux en batterie, acquiert de nombreuses habitudes alimentaires qui ne sont pas toujours en accord avec les besoins de son corps et de son psychisme, d'où des conduites aberrantes et anti-biologiques. Mais l'homme est-il prêt à reconsidérer son attitude d'assisté ?

Créer un aliment nécessite une prise de conscience à au moins deux niveaux : l'aliment est indispensable à l'individu dans le fonctionnement de son corps et de son esprit. De même que la qualité de l'alimentation conditionne la survie d'une société, de même l'aliment représente le condensé d'un savoir culturel, nutritionnel et gastronomique momentané d'une civilisation.

L'alimentation doit être essentiellement au service de la santé, résultante à tout instant des tendances vitales et des tendances pathogènes liées à la vie physique et psychique de l'être vivant. L'alimentation doit prévenir les maladies. Si des processus pathologiques sont apparus, l'alimentation doit être modifiée et devenir un régime. Le régime est l'alimentation du malade en vue de rétablir les fonctions déficientes et de soutenir la médication indispensable.

Ces données sont par principe applicables à l'homme, à la plante, à l'animal, au sol en « carence de vitalité ». En utilisant les données apportées par l'écologie microbienne, une approche intégrée du fonctionnement de l'écosystème agro-alimentaire est possible.

La production agricole, agriculture et élevage, est un enjeu économique pour une région, car elle a constitué au cours de l'histoire la base du tissu social des civilisations dites « agricoles ». L'avènement d'une civilisation industrielle a entraîné une modification des rapports de l'Homme avec son agriculture et son environnement. Bien que l'industrialisation des méthodes de production, d'élevage et de transformation semble avoir apporté une réponse quantitative à la demande d'aliments, il reste néanmoins quelques interrogations, à savoir l'incidence de ces pratiques sur l'environnement, la fertilité du sol, la santé de la plante, la santé de l'animal, la « valeur biologique » de l'aliment et la survie de certaines populations. Une approche intégrée de la connaissance des relations entre les différents « espaces » de l'écosystème doit être au centre des pratiques agricoles, de façon à garantir une qualité tant sanitaire que nutritionnelle de l'aliment.

Ces interrogations se devaient d'être résolues par les pratiques culturales et d'élevage proposées par les fondateurs de l'agriculture biologique. Qu'en est-il actuellement ? L'agriculture actuelle, fondée sur une éthique favorable au vivant, ne doit pas se résumer uniquement à de simples pratiques agricoles excluant l'emploi de substances organiques de synthèse mais se doit de créer un « écosystème agroalimentaire microbien » favorable à la santé de chacun de ses espaces. Le lait représente une base alimentaire pour la consommation, une base pour la transformation et un témoin de l'équilibre microbien du domaine.

L'ÉLEVAGE EN AGROÉCOLOGIE-DYNAMIQUE

Jean-Claude POËNCET
Consultant international en agroécologie
Chercheur-expérimentation en Biodynamie

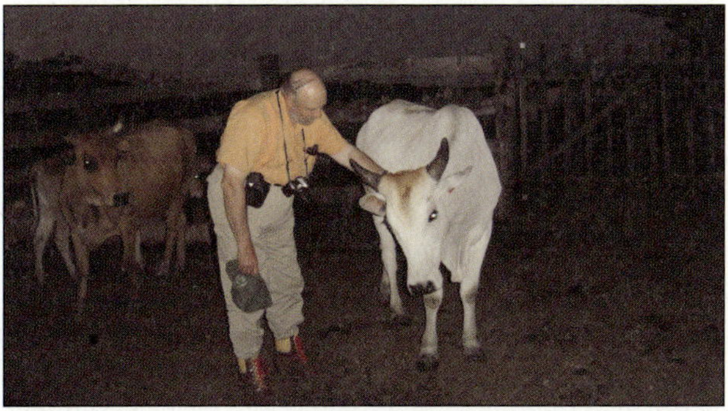

Compagnon animal

« Il faut creuser les puits d'aujourd'hui pour les soifs de demain »
(Proverbe africain)

« Quel monde est-il souhaitable ?
Quel monde est-il possible ?
Moment privilégié où, à défaut de ressources,
il faut se tourner vers les sources »
(J. Ki-Zerbo, *Compagnons du Soleil*, Édtions Unesco)

« Qui t'a fait roi ? » interroge le regretté Pr. Théodore Monod dans son ouvrage *Sortie de secours* (Seghers). Dès le XVIe siècle, Montaigne remettait en cause la supériorité que l'Homme croit avoir sur l'animal et qui lui permettrait ainsi de le juger d'un point de vue extérieur.

L'extrême habileté (sagesse ?) de chaque espèce à développer des fonctions spécifiques (de l'embryon vers l'état adulte), quasiment des spécialités fonctionnelles à travers des formes organiques extrêmement différenciées, montre à quel point le monde animal est capable, auprès de l'Homme, de jouer un rôle de compagnonnage généreux et fidèle.

Lui donner un nom, l'alimenter, le panser, le loger, le sélectionner avec toute la conscience nécessaire, pourraient être les tâches par lesquelles l'être humain lui indiquerait sa reconnaissance.

Au lieu de cela, nous lui attribuons un numéro, nous « calons » des rations alimentaires, nous le réduisons à l'état de matériel génétique et nous le spécialisons à l'extrême dans des tâches physiologiques pour lesquelles il n'est pas fait, le conduisant ainsi inéluctablement à de fréquentes maladies et à une mort prématurée.

VERS UNE NOUVELLE CONFIGURATION DES SAVOIRS

L'important développement, depuis bientôt 50 ans, des sciences de la matière et en particulier des technologies (dont les biotechnologies) a orienté l'organisation des savoirs vers une spécialisation toujours plus agressive envers les tenants d'une approche plus globale et transdisciplinaire.

Notre capacité de développer des formes de connaissances complémentaires basées sur un développement personnel (vie intérieure, intuition) a été reléguée au rang d'approche uniquement subjective donc dénuée de rigueur scientifique. Mais, concernant les sciences du vivant (autrefois appelées « Sciences naturelles »), l'élément de pure objectivité (méthodes en « double aveugle ») semble plutôt un handicap lorsque le scientifique ne possède pas une culture humaine suffisante. Son « objectivité » souvent dogmatique peut le conduire à franchir les limites du possible propres à l'existence d'une éthique et d'un humanisme qui y est lié.

Notre « subjectivité » sera donc d'observer toujours plus attentivement les différents règnes de la nature et d'y découvrir l'étonnante cohérence qui s'exprime à travers les phénomènes qui se manifestent dans le monde minéral, végétal, animal et humain. Une méthodologie basée sur l'approche analogique de ces phénomènes peut progressivement nous conduire à prendre conscience du rôle précis qui est celui de chaque forme de vie au sein d'un monde cosmo-tellurique en évolution.

La fréquentation de populations animistes africaines et amérindiennes, l'étude passionnée des écrits de Goethe, une pratique prolongée du monde animal domestique et sauvage, m'ont donné l'autorité nécessaire pour désormais pouvoir proposer une nouvelle approche phénoménologique de l'élevage issue de l'expérience vécue.

OBSERVATION PHÉNOMÉNOLOGIQUE DE LA NATURE

Notre planète, la Terre, évolue au sein d'un immense écosystème planétaire dont elle reçoit de nombreuses influences. Ces informations cosmo-biologiques (liées à son embryogenèse) se manifestent sous différentes formes :

- les rythmes (contraction-expansion) ;
- les couleurs (les sept couleurs de l'arc-en-ciel) ;
- les formes (richesse infinies des formes végétales et animales) ;
- les sons (les sept notes de base de la gamme sonore) ;
- les échanges et les sensations (capacité de percevoir et d'émettre du Soi vers le Non-Soi et inversement).

Le monde des roches, le monde de l'eau, le monde de l'air et des gaz, le monde calorique sont les manifestations physiques et chimiques de processus vitaux organisés tel un gigantesque **organisme** cosmo-tellurique. On peut observer à travers les différents règnes de la nature des analogies troublantes :

Fleuve amazonien

Nuage évocateur

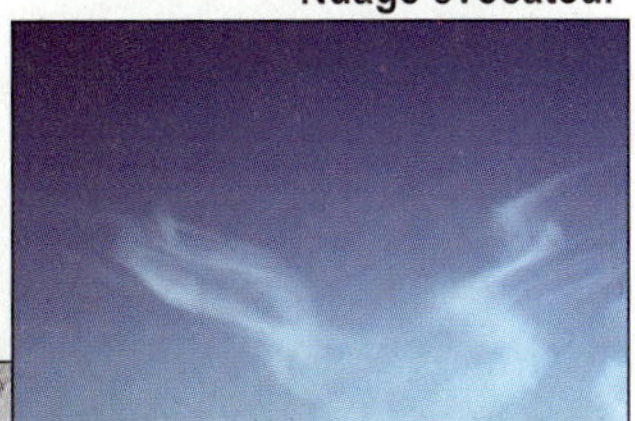

Cristallisation hivernale

Notre capacité de percevoir puis de comprendre l'interaction de ces phénomènes dans la nature peut nous conduire peu à peu à élaborer des règles conformes à la réalité propre de notre planète. L'agriculture, la modification des paysages, la médecine, l'architecture en seraient les premiers bénéficiaires.

Nous aborderons surtout dans ce chapitre le règne animal, expression ô combien sensible des formes et des rythmes de l'univers et en particulier l'animal domestique.

L'animal domestique serait-il issu d'une rencontre avec l'humain au niveau de l'âme ?

Les espèces et les races animales domestiquées ne sont-elles pas le fait d'une attitude intérieure des éleveurs qui, au cours des siècles, ont façonné leurs animaux en fonction des liens culturels qui les unissaient à eux ? Les animaux domestiques ont toujours été perçus comme des médiateurs entre l'être humain et les puissances de la nature (rituels, sacrifices, parures, etc...). Les civilisations qui nous ont précédés représentaient sous des formes animales humanisées le monde des dieux, en particulier en ce qui concernait la fertilité et la mort (Mésopotamie, Égypte, Grèce). Les nombreuses races que l'on trouve encore aujourd'hui partout sur le globe montrent à quel point les cultures pastorales s'identifiaient avec leurs cheptels. Ce lien était du domaine du sacré et permettait à l'humain d'exorciser ses passions.

Bélier solaire sacré égyptien

Dans ses rapports avec la Nature, l'agriculteur-éleveur se doit désormais de se comporter comme un « médecin » de sa terre respectant les principes d'unité et de biodiversité dans le fonctionnement de son domaine (« exploitation » dit-on aujourd'hui). Pour cette tâche grandiose, il ne peut se passer de l'aide généreuse des animaux de son cheptel. En effet, ces spécialisations organiques animales dont nous parlions plus avant aboutissent à ce que chaque espèce domestique présente sur le domaine contribue à restaurer ou entretenir la fertilité de ses sols et la qualité de fonctionnement de l'éco-système agricole dont il a la responsabilité et la gestion.

Cette qualité de digestion de la vache, cette maîtrise du rythme par le cheval, cet « éveil azoté et phosphoré » de la poule, cette lumière métamorphosée dans la graisse du porc, cette chaleur maîtrisée dans la toison du mouton, ce feu aérien dans la mobilité de la chèvre, cette géométrie solaire de l'abeille nous montrent l'indispensable compagnonnage des animaux auprès de l'homme permettant à celui-ci de trouver le chemin de son humanité (*Homo sapiens sapiens* : **celui qui sait qu'il sait !**). Le monde animal représente **celui qui est :** dans chaque organe, chaque fonction, l'animal est dans l'instant présent d'où l'importance de connaître ses besoins réels.

Quels sont-ils ?

La vision extérieure de la science techniciste actuelle prend de plus en plus l'habitude de « se couvrir des voiles des modes alternatives » (voire même biodynamique). Certains utilisant même régulièrement un peu d'élixir steinérien afin de se donner du crédit (!).

La réalité est toute autre. **L'élevage est un art** et pas seulement un ensemble de techniques aussi pertinentes soient-elles !

L'hominisation...

L'art et la manière....

Certains aspects sont incontournables si l'on veut traiter noblement nos animaux de rente

Croissance et maturité

De sa naissance jusqu'à la sortie de sa puberté, l'être animal se façonne et développe les caractères issus en grande partie de son hérédité. Ces caractères innés, n'en déplaise aux généticiens, constituent seulement une potentialité génétique dont la « fixation » intégrale n'aura lieu qu'en fin de période pubertaire (puberté : capacité de procréer), lorsque l'animal aura atteint la maturité physiologique nécessaire avec l'apparition chez les mammifères des dernières molaires sur leurs mâchoires. Il semblerait donc tout à fait inopportun de demander à ces espèces animales de se reproduire alors que l'ensemble de leurs informations génétiques ne peuvent être transmises en totalité à leur descendance. Le respect du rythme biologique de chaque espèce fait partie des règles incontournables d'un élevage noble et l'éleveur devra s'y conformer sous peine d'affaiblir ses animaux sur le plan de la fertilité.

Rythmes biologiques de l'animal

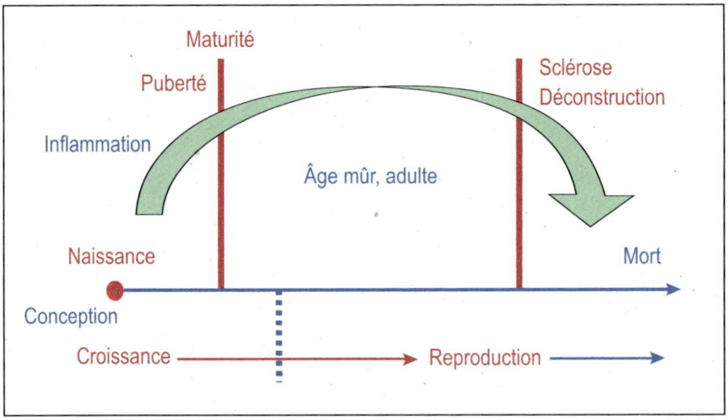

Les quatre états de la matière à travers l'animal (les quatre éléments)

L'animal a :

une structure	Squelette Architecture Osseuse	Règne minéral Densité	Élément TERRE	Physique
des échanges	Activités Biologiques	Règne végétal Liquidités	Élément EAU	Inforamations Biologiques Édification (éthérique)
des sensations	Psychisme Douleur Animation	Règne animal Gaz	Élément AIR	Organisation des échanges biologiques (astral)
une ébauche d'individualité	Instinct Domestication Nom	Humanité Chaleur	Élément FEU	« Moi groupe » Organes creux (intérieur) Possibilité d'hominisation

À travers ses formes physiques, sa physiologie, son comportement et ses rapports avec l'être humain, l'animal domestique déploie l'ensemble des règnes de la Nature qu'il spécialise de manière intense selon l'espèce et la race auquel il appartient. Ce sont à ces paramètres spécifiques qu'il nous faut apporter un regard nouveau.

Nous devons conditionner ces espèces et ces races domestiques de façon responsable à travers le type d'habitat choisi, la compréhension d'une dynamique alimentaire nouvelle et appropriée, une sélection génétique aidant au développement du rôle de l'espèce au sein de notre écosystème cosmo-tellurique afin de les réintégrer au sein de **l'organisme agricole** que représente une ferme ou un domaine.

La synergie sol-plante-animal-être humain s'exprimera à travers le **médiateur animal** (être du milieu) par la puissance des métabolismes des espèces animales dans la régénération et l'entretien de la fertilité des sols et des différentes formes de vie sensible sur notre planète.

La bipartition des fonctions de l'organisme animal (en particulier chez les mammifères)

L'organisation physiologique des mammifères se caractérise par une intensité du système rythmique (dynamique cardio-vasculaire et dynamique respiratoire) par fusion, « rencontre » des fonctions vitales des deux pôles dans la partie médiane de l'organisme : activité neuro-sensorielle concentrée vers la tête et activités métaboliques (digestion-reproduction) concentrées vers l'abdomen et le ventre.

Cette approche globale peut nous permettre d'observer la pertinence des indications données en 1924 par Rudolf Steiner dans son *Cours aux agriculteurs* concernant la nature des influences terrestres et cosmiques dans les substances. Forces et matière y sont décrites en tant que processus vitaux provenant de la double appartenance terrestre et cosmique des formes matérielles présentes au sein des règnes de la Nature, en particulier en ce qui concerne l'organisme animal.

Nous pouvons observer que l'organisation du système nerveux et des perceptions sensorielles est localisée principalement dans la tête. De la même manière, nous pouvons constater que le système métabolique (digestion et reproduction) a son siège dans l'arrière-train et les membres de l'animal. Il en résulte une dynamique de contraction et d'expansion (porteuse de rythme) des substances aboutissant en particulier à des formes osseuses très différenciées (zone fermée du crâne et zone ouverte du bassin, par exemple).

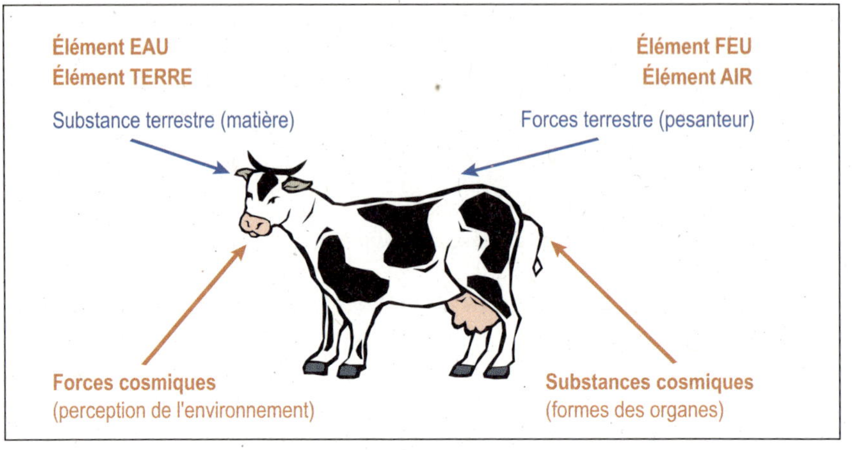

La zone médiane (cage thoracique) n'est alors que le prolongement des influences bipolaires à travers la respiration et la circulation sanguine. Cette partie médiane de l'organisme demandera une attention toute particulière en ce qui concerne le type d'alimentation à choisir pour l'animal de rente.

Cette rythmique de concentration et d'expansion se retrouve dans la dynamique du végétal à travers les forces sensibles (processus centripète) à l'œuvre dans la zone des racines et celles à l'œuvre dans la floraison et la fructification (processus centrifuge). La connaissance et la compréhension de cette organisation sera fondamentale lorsque l'on abordera les principes fondateurs d'une dynamique alimentaire et d'une sélection génétique élargie.

L'ALIMENTATION DYNAMIQUE DES ANIMAUX

Quelles sont les véritables relations entre la santé de l'animal et son alimentation ?

Quel est le rôle de l'aliment ?

Quels sont les besoins physiologiques réels de l'animal ?

Qu'est-ce que digérer ?

Il est absolument nécessaire d'établir une priorité à étudier le « génie propre » des aliments que l'on choisit de distribuer à nos animaux domestiques et la manière dont ceux-ci se transforment, évoluent au cours du processus digestif. Nourrir les animaux est un art et non un ensemble de recettes fonctionnelles. On ne peut, en quelques lignes, qu'ébaucher le sens de cette démarche (un ouvrage à paraître courant 2006 traitera plus amplement des différents aspects de l'élevage des animaux domestiques).

L'alimentation participe à l'acte d'élever l'animal, de le faire évoluer à travers les lois de son espèce et de sa race selon le rôle qui est le sien et la place que nous lui accordons dans notre propre évolution.

Quels sont les besoins physiologiques réels de l'animal ?

Le rôle de l'alimentation est de stimuler, à travers la digestion, les différents processus vitaux de l'animal. Les différents types d'aliments distribués ne vont donc pas répondre à des besoins physico-chimiques de la physiologie animale mais vont AGIR pour fortifier, réguler, harmoniser la complémentarité existant entre d'une part le métabolisme et les membres et d'autre part le système nerveux et l'activité sensorielle.

Ce besoin d'harmonisation de ses fonctions vitales se manifestera essentiellement à travers sa **faim**, sa **soif**, sa capacité de se **reproduire** et sa capacité de **se déplacer**.

À travers sa digestion, l'animal pourra utiliser les processus de vie des différentes parties de la plante en déconstruisant ce que celle-ci a élaboré dans ses étapes de croissance et de maturation.

Parties de la plante	Types d'aliments	Processus vitaux
Graines - Fruits	Aliments en graines (la germination permet de sortir du chaos de la graine)	Tout ce qui est lié à la reproduction Tout ce qui est aide à la maturation
Fleurs	Stade de floraison de la plante (infusions, stade de récolte)	Aide à la maturation de la digestion dans l'intestin
Feuilles	Feuilles d'arbustes et d'arbres, plantes fourragères jusqu'avant la floraison. Richesse en chlorophylle	Régulation de la partie médiane de l'organisme (circulation - respiration)
Racines	Plantes racines (carottes, betteraves fourragères)	Renforcement des fonctions nerveuses et sensorielles, stimulation du foie

Digérer sera donc déconstruire, à travers le métabolisme de l'animal herbivore, ce que la plante a élaboré dans sa sève grâce à l'énergie du Soleil à travers la photosynthèse. La qualité de la chlorophylle obtenue (dont la fluorescence est rouge-hémoglobine) aura un impact biologique sensible sur la qualité de l'hémoglobine (dont la fluorescence est vert-chlorophylle) et sur la division des globules rouges du sang.

L'herbivore absorbera donc l'énergie lumineuse du Soleil à travers la consommation de la plante.

Du sevrage jusqu'à l'âge adulte, la recherche d'un équilibre alimentaire doit tenir compte de ce que l'on observe chez l'animal dans son écosystème ainsi que de ses spécificités zoologiques. Cette recherche ne doit pas se contenter de rééquilibrer les seuls désordres physiologiques observés sur les animaux (approche habituelle des pathologistes) mais doit tenir compte prioritairement des aspects morpho-dynamiques caractérisant le phénotype de chaque animal.

Chaque partie anatomique de l'animal représente une organisation précise issue de processus vitaux déployés dans des formes remarquables (voir illustrations ci-dessous). La lecture et la signification de ces formes passent par une approche globale de l'élevage des animaux. La qualité et la spécificité des aliments distribués aux cheptels orienteront donc de façon significative l'évolution des phénotypes animaux conformément aux objectifs que le sélectionneur-éleveur se fixera pour atteindre le sens de sa mission : **agir** sur la **noblesse**, la **santé** et la **fécondité** de son élevage.

Dynamique spiralée de la pression sanguine dans la corne

Anses intestinales centripètes et centrifuges.

Spirale énergétique abdominale

Un aliment ne peut donc être une **nourriture** que dans la mesure où il contient des forces de vie (substances vivantes) répondant à la nature même de chaque espèce, de chaque race, de chaque animal. La qualité de ces aliments ne peut donc apparaître par les seules pesée, mesure et numération. Si la nourriture distribuée ne renferme pas les forces de vie nécessaires, nous atteignons ce qu'aux États-Unis on appelle *malnutrition in the midst of plenty* (sous-alimentation dans l'abondance) avec une fonction hépatique ne parvenant pas à éliminer ce qui ne convient pas à l'organisme. L'animal produit alors de nombreux déchets métaboliques générateurs de toxines et s'enferme peu à peu dans une véritable auto-intoxication. Ces erreurs répétées aboutissent à des mutations organiques et modifient jusqu'au génotype de l'animal.

L'observation de la dynamique des formes anatomiques en résultant permettra à l'éleveur éclairé de situer avec précision le niveau sanitaire de son cheptel ainsi que l'orientation génétique résultant de la qualité des pratiques d'élevage suivies.

EXEMPLE DE L'HERBIVORE RUMINANT : IDENTIFICATION ET ÉNUMÉRATION DE SES ALIMENTS DE BASE

Il faut soigneusement séparer ce qui constitue la base alimentaire liée à l'espèce, la race et accessoirement l'individu, de ce qui est à considérer comme des compléments de production ou des compléments d'équilibre (minéraux, oligo-éléments ou vitamines).

Base alimentaire

La prairie permanente à flore alimentaire variée doit constituer la préoccupation majeure de l'éleveur afin d'apporter à l'animal herbivore la biodiversité nécessaire au développement d'une flore digestive équilibrée. Cette prairie doit être entretenue et fertilisée selon des méthodes conformes à la restauration puis l'entretien d'une régulation de l'activité biologique du sol. Le lien subtil de la flore des prairies avec les influences cosmo-biologiques que reçoit la Terre orientera l'agriculteur vers une approche globale biologique-dynamique de la fertilisation (composts dynamisés, pulvérisation de bouses et de silice préparées).

La prairie temporaire sera établie selon les besoins alimentaires des cheptels présents mais également en fonction des rotations de cultures pratiquées sur le domaine. On évitera la monoculture sauf pour l'utilisation pluriannuelle de légumineuses destinées à réguler l'activité de l'azote dans les sols. Elle sera un apport important pour les cheptels laitiers.

Les plantes racines (betteraves et carottes fourragères) fortifieront chez l'animal le pôle neuro-sensoriel et apporteront des éléments de structure à celui-ci (éléments minéraux).

Un petit apport de **feuilles d'arbustes et d'arbres** permettra de fortifier les fonctions respiratoire et circulatoire et de les réguler.

La maturation observée dans la **dynamique de la tige** du végétal (pailles de céréales, foins fleuris) orientera l'animal vers une meilleure structure de ses membres.

Compléments alimentaires

Tout ce qui n'est pas absolument indispensable au bon fonctionnement de la physiologie de l'animal doit être considéré comme un complément alimentaire destiné à la valorisation de la production de celui-ci. Le manque temporaire de biodiversité ou le manque de qualité biologique des aliments de base peut nécessiter un recours temporaire à des compléments d'équilibre destinés à éviter des phénomènes de carences alimentaires (plantes médicinales, minéraux, régulateurs métaboliques homéopathiques). Le choix de ces adjuvants doit tenir compte de leur bio-assimilabilité et des besoins réels de l'animal.

Les apports d'aliments pré-fermentés (ensilage, enrubannage), de graines de céréales, de tourteaux représentent pour l'herbivore ruminant un effort de régulation par les flores digestives favorables (bactéries lactiques) et une suractivité de la sphère hépato-rénale.

De nombreuses plantes médicinales peuvent être récoltées dans l'environnement de la ferme afin de constituer pour le cheptel des apports d'éléments régulateurs et préventifs (ortie, prêle, camomille, achillée, etc.).

Il est préférable d'éviter les apports d'éléments de synthèse, ceux-ci possédant une faible bio-assimilabilité.

Le principal indicateur biologique de la pertinence de l'alimentation de son cheptel reste pour l'éleveur l'observation de la qualité des excréments issus de la digestion de ses animaux. Depuis plus de 25 ans, je m'efforce de transmettre aux éleveurs une méthode dynamique d'observation régulière de ce qu'exprime l'animal à travers ses formes, ses couleurs, ses excrétions, ses sécrétions, son comportement. Une méthodologie alimentaire et sanitaire en est née permettant de dépasser les techniques mathématiques alimentaires. Cela demande un effort personnel de relation avec le monde animal et constitue les bases mêmes de la noblesse de l'élevage et de l'évolution des espèces et des races dont nous avons la responsabilité.

L'irréprochable forme de la santé

L'écornage des animaux

Depuis plus d'une vingtaine d'années, nous pouvons observer un recours de plus en plus systématique à l'écornage des bovins et des caprins. La construction de bâtiments en stabulation libre souvent mal adaptés aux animaux, l'intensification des productions et de l'alimentation ont entraîné chez ceux-ci des comportements générateurs d'accidents ou de blessures. La solution était-elle malgré tout dans l'ablation d'une partie indissociable du crâne, la corne creuse ?

Lorsque l'on observe avec attention la dynamique interne d'une corne creuse, nous voyons la croissance d'une forme (la cheville osseuse qui, en se concentrant de façon hélicoïdale, ne perd pas son unité physiologique et physique. Cette forme tourbillonnaire avec son dispositif spiralé dans le plan, hélicoïdal dans la profondeur, est le résultat d'un retournement dans l'espace, là où le phénomène se concentre, afin de rétablir l'équilibre qu'aurait pu rompre une différence de chaleur ou de vitesse entre les différentes couches de matière qui constituent le tourbillon du sang sous pression vascularisant l'enveloppe cornée (voir illustration page suivante).

Dispositif hélicoïdal dans la profondeur

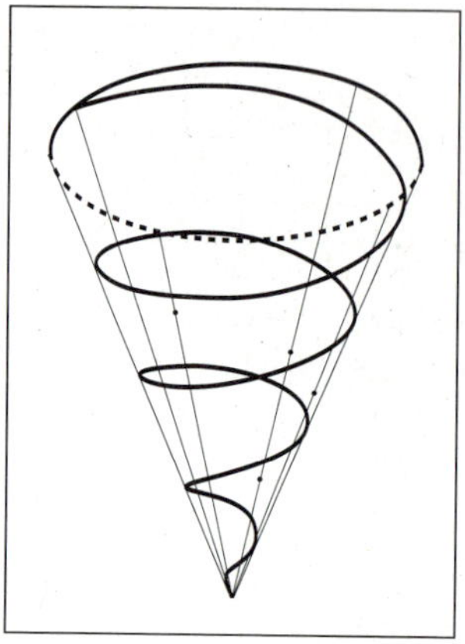

Dynamique tourbillonnaire de la corne d'une vache.

Dans la Nature, la **spirale** constitue une loi d'équilibre. Dans les formes de l'eau en mouvement nous pouvons observer que la spirale tend toujours à rétablir un équilibre.

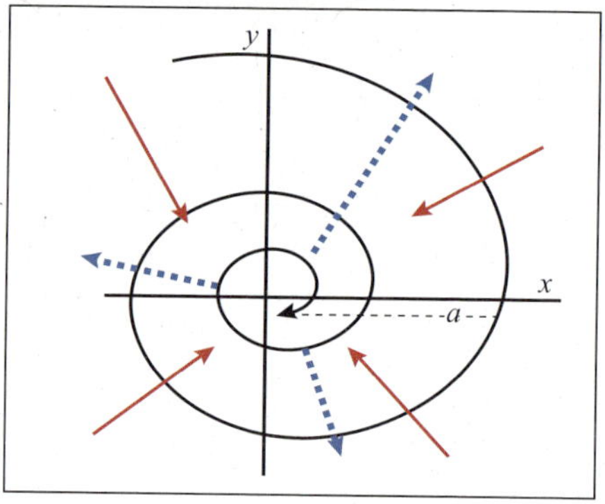

Dispositif spiralé dans le plan

Dans l'anatomie de la corne creuse des ruminants (bovins, ovins, caprins) nous trouvons une structure osseuse liée à la croissance du crâne, enveloppée d'une peau évolutive durcie par la formation d'une structure kératinisée riche en acides aminés soufrés. Or, à l'état natif, la kératine normale possède une structure qui correspond à une succession d'éléments-plans enroulés en hélice.

Cette dynamique spiralée du cornage creux provient de la polarité du métabolisme digestif de l'animal, siège de processus formateurs centripètes et centrifuges dans les anses intestinales. Le processus intense de vascularisation des cornes creuses est donc intimement lié à la qualité de l'équilibre digestif du ruminant.

La dynamique interne des cornes frontales constitue donc un puissant dispositif sanguin concentrant dans l'espace un équilibre tourbillonnaire régulateur du métabolisme digestif de l'animal.

Lorsqu'il y a éradication de la corne de l'animal adulte ou cautérisation du bourgeon cornual chez le jeune animal, la pression sanguine située dans le compartiment moyen du sinus frontal caudal et du diverticule cornual ne peut plus être régulée au cours de la croissance, et le flux tourbillonnaire irriguant ces zones du crâne entraîne une déformation de la protubérance intercornuale (voir illustration ci-dessous).

Vache Braun Switz de 7 ans ayant subi, jeune, une cautérisation des bourgeons cornuaux.

L'équilibre nerveux et le comportement sensoriel de l'animal écorné ne pourraient-ils pas en être gravement perturbé ?

La perception par l'éleveur de la généreuse noblesse de ses animaux de rente l'inclinera peu à peu à respecter les particularités anatomiques et physiologiques de chaque espèce et de chaque race au sein de l'écosystème agricole.

LA SANTÉ ET LES PROCESSUS MORBIDES CHEZ L'ANIMAL

La santé et la maladie sont les deux aspects d'un même phénomène : la **vie**.

La connaissance de la nature même de chaque espèce, de chaque race, de l'écosystème dans lequel elles évoluent, peut nous permettre de percevoir la signification même de la rupture de l'état de santé primordial de chaque animal.

Il est intéressant de constater que les maladies des animaux constituant un cheptel peuvent être considérées comme des indicateurs biologiques des déséquilibres présents sur l'ensemble du domaine.

Depuis la fin de la Seconde Guerre mondiale, la grande erreur des études médicales a été l'abandon de l'approche humorale des patients (observation de la qualité des humeurs relevées sur le patient). La notion de **santé** ne fut plus enseignée et le patient à traiter (homme ou animal) ne devint plus que la somme de ses pathologies. Nous entrions dans l'ère de l'approche statistique des maladies et la santé était réduite au bilan analytique statistique du patient. La santé devint l'absence de maladie.

Chez l'animal, la dynamique des processus morbides est liée à la relation qu'ont les activités biologiques de celui-ci (organes et fonctions organiques) avec les quatre formes de la matière terrestre : les éléments **Terre, Eau, Air, Feu.**

Éléments	Organisation	Processus	Signes cliniques	Besoins de l'animal
FEU	Thermique	CALOR	Inflammation	Besoin de chaleur (identification de la température corporelle de chaque espèce)
AIR	Air	RUBOR	Rougeur	Besoin d'air, sensibilité
EAU	Hydrique	DOLOR	Douleur	Soif, processus vitaux
TERRE	Moi	TUMOR	Induration, gonflement, nécrose	Faim

L'identification du syndrome lié à chaque pathologie doit donc se faire en relation avec la connaissance des liens qui unissent les principales fonctions organiques de l'animal à son environnement cosmo-biologique.

Il existe des correspondances précises, connues depuis l'Antiquité, entre les organes de l'homme et de l'animal et la configuration des principales planètes entourant notre Terre.

Paracelse disait **:** *« Les métaux qui sont venus d'en haut ont pour origine les sept planètes. »* Et il ajoutait : *« Comprends donc que le cerveau est la Lune, les poumons Mercure, les reins Vénus, la vésicule biliaire Mars, le foie Jupiter, la rate Saturne et le cœur est le Soleil. »*

Le bio-thérapeute utilisant les processus thérapeutiques métalliques selon le schéma ci-après sait à quel point cette vision de Paracelse est juste et pertinente. Allant chercher dans l'approfondissement du végétal, du minéral et de l'organe une véritable unité thérapeutique il peut élargir son art de guérir et se sevrer des pratiques technicistes superficielles. Grâce à cette unité thérapeutique qu'il met en œuvre, le médecin-guérisseur permet à l'animal malade d'évoluer à travers sa guérison vraie.

Planètes	Organes	Processus thérapeutique métallique
SATURNE	Système sensoriel Cervelet (épiphyse) Rate Squelette	Processus PLOMB
JUPITER	Cerveau (hypophyse) Foie Articulations	Processus ETAIN
MARS	Larynx Poumons Thyroïde Parathyroïde Vésicule biliaire	Processus FER
SOLEIL	Cœur Système circulatoire (thymus)	Processus OR
VENUS	Reins (surrénales)	Processus CUIVRE
MERCURE	Systèmes lymphatique et glandulaire (pancréas)	Processus MERCURE
LUNE	Système de reproduction (glandes génitales) Peau (cerveau)	Processus ARGENT

Les planètes trouvent leurs correspondances dans les sept organes intérieurs et leurs fonctions.

Les planètes tournant autour de la Terre, leurs sphères agissent sur elle et l'imprègnent de leur énergie (systèmes énergétiques).

Nous trouvons une analogie de pensée tissée entre les processus de la maladie de l'animal et l'image du ou des remèdes choisis dans la nature. La pratique de la démarche dynamique en biothérapie implique une relation d'analogie entre un processus se déroulant dans l'animal (physiopathologie) et une substance dans la nature (sa forme, sa structure, son rôle dans la nature, sa structure biochimique, ses particularités biologiques, sa mythologie).

Selon **Paracelse**, on ne pouvait trouver le médicament dans la substance elle-même (approche chimique). L'alchimie permettait alors de préparer les remèdes grâce à une certaine attitude intérieure de l'être humain. Cette approche qualitative et spirituelle permettait de percevoir que la Terre était le microcosme du macrocosme universel (d'où les correspondances **organes-planètes-couleurs-sons-métaux-plantes-minéraux**).

Ensuite **Samuel Hahneman** (père de la démarche homéopathique) au XIXe siècle, introduisit dans la préparation des remèdes :

- **la dilution** (fractionnement, chaotisation et raréfaction de la substance) ;
- **la dynamisation** (ouverture des substances par l'impulsion rythmique).

Au début du XXe siècle **Rudolf Steiner** apporta les trois principes suivants :

- l'importance de l'attitude de l'homme au niveau de la préparation des remèdes ;
- la vision du remède basée sur le rapport microcosme-macrocosme ;
- l'approche éclairée des substances dans la dilution et la dynamisation, **sans les pathogénésies**. Il indiquait *« Un médicament est une substance qui est sur le chemin de l'esprit. »*

Le choix d'un remède passe donc par une connaissance de la relation d'intimité entre les substances de la Nature et l'individu soigné par elles. Il faudra donc :

- une bonne connaissance de la substance utilisée (et pas uniquement de ses principes actifs) ;
- saisir le geste de la plante, les liens du minéral dans la nature et voir leurs correspondances dans le corps de l'animal ;
- choisir d'utiliser telle ou telle partie du végétal (tripartite) ou tel ou tel alliage minéral-souche ;
- choisir, pour les souches d'organes, l'espèce qui développera certaines particularités tout en respectant la vie de l'animal (ex. le cheval et le lapin possèdent un système nerveux très développé).

L'image du remède : elle naît dans l'âme de l'homme de la synthèse de toutes les caractéristiques perceptibles de la substance en question et des concepts qui s'y rattachent :

- perception de l'idée pour Platon ;
- perception de l'archétype pour Paracelse ;
- perception du concept pour les philosophes modernes.

Pour l'éleveur, l'animal idéal naît à l'intérieur de son âme et par sa vie intérieure il crée en permanence dans le monde sensible de ses animaux une unité à part entière. La santé de son cheptel passera par la présence évolutive qu'il aura auprès de celui-ci.

La préparation du remède : le processus pharmaceutique met en relation la substance de la nature avec les forces ou les processus de guérison chez l'animal.

Samuel Hahnemann : *« Les forces internes spirituelles de la substance agissent directement sur le principe vital. »*

Rudolf Steiner : *« Les processus de guérison de l'organisme sont liés à la structure que les médicaments acquièrent par l'homéopathisation. L'homéopathisation est une modalité fonctionnelle fondamentale, une loi générale de l'organisme humain. »*

Pour la **préparation de l'évolution de la substance** destinée au remède il faudra utiliser :

- la **chaleur** (ouverture de la substance par une véritable floraison-fructification pharmaceutique) ;
- le **rythme** (moment de la récolte, agitation rythmique par paliers dans la dynamisation) ;
- la **présence physique** de l'homme (accompagnement de toute transformation de la substance).

Préparation des souches destinées aux remèdes : le mode de préparation de la substance conditionne tout autant son action thérapeutique que la substance elle-même.

Souches minérales : la qualité du résultat n'est pas la même selon que l'on utilise une substance obtenue synthétiquement ou une substance issue de la nature.

Souches végétales : contiennent de la vie, du rythme et du temps (importance du moment de la récolte, du lieu de la récolte, du mode de culture et du mode de préparation des plantes).

Souches animales : dans le respect de l'animal qui ne sera pas élevé uniquement pour fournir des souches (choix de l'espèce animale, conditions d'élevage).

La pratique des dilutions : elle se fera en relation avec les différents niveaux d'organisation de la nature animale.

- Les **basses dilutions (D1 à D6)** pondérales : agiront sur les fonctions métaboliques ; agiront également de l'arrière vers l'avant de l'animal.
- Les **moyennes dilutions (D8 à D12**) : agiront sur les fonctions rythmiques de l'animal (ébauchées dans la région centrale de celui-ci).
- Les **hautes dilutions (D15 à D30)** : agiront sur les fonctions neurosensorielles de l'animal ; agiront également de l'avant vers l'arrière de l'animal.

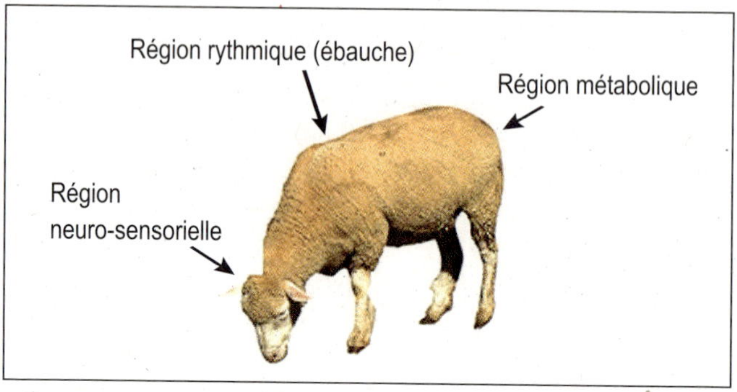

L'utilisation, en médecine d'orientation anthroposophique, de ***la dilution-dynamisée décimale*** *vient de la force procréatrice du 10 exprimée par les pythagoriciens, puis utilisée par l'ancienne alchimie islamique, la civilisation égyptienne et les anciens Grecs (ils appelaient le 10 :* « la Mère de tout »*). Le 10 ressemble en tout au nombre primordial :* ***l'unité. Ce principe unitaire constitue le génie du traitement choisi.***

Exemples d'approche dynamique de quelques substances de base

Méthode homéopathique classique : repose sur le **principe de similitude (pathogénésie du remède)**. « Tout individu malade peut être guéri par de petites doses dynamisées de la substance qui provoque, à dose pondérale chez l'individu sain, des symptômes semblables à ceux présentés par le malade ».

Méthode d'orientation anthroposophique : repose sur **l'image du remède.** Toutes les particularités d'une maladie se retrouvent dans « **le geste de la substance** ».

L'approche du minéral : *« Les minéraux sont les étoiles du monde inférieur »* (Paracelse). L'organisation neuro-sensorielle dans son ensemble se trouve dans un rapport préférenciel avec le monde minéral (dont le corps est de la matière physique morte).

Exemple de la silice : elle a son origine dans le manteau de la Terre, zone de convection de la chaleur et de transformation des substances, où elle se trouve prépondérante en masse sous forme de silicates. Elle « migre » vers la croûte océanique avec les basaltes (alcalins) et vers la croûte continentale avec les granites (acides). Selon R. Steiner : *« La silice a un pouvoir actif structurant lorsque les processus vitaux commencent à passer dans l'inanimé. »* **Elle constitue l'expression pure des forces formatrices.**

- **Dans l'écorce terrestre** : 79 % de celle-ci est composée de silicates. On trouve la silice dans les argiles et les roches des sables (interaction de la chaleur, de l'air et de l'eau).

- **Dans le monde végétal**, la présence de silice structure la plante (ex. la prêle).
- Les roches siliceuses ont une action privilégiée sur les racines des plantes.
- Les forces solaires, de lumière, du cosmos, sont assimilées par les roches siliceuses (en provenance en particulier des trois planètes extérieures que sont Saturne, Jupiter et Mars).
- La silice apporte la forme, la structuration, la chaleur dynamique, la couleur lumineuse (l'éclat) et un processus de nutrition pour la vie se manifestant en dessous de la surface du sol.

- **Dans le monde animal**, rôle important des forces de structuration :
• au niveau des parties extérieures du monde animal « supérieur » : peau, poils, plumes, piquants, yeux ;
• dans le monde animal « inférieur », comme par exemple l'abeille, le processus siliceux permet à celle-ci de s'orienter vers la lumière ; dans la ruche, les alvéoles hexagonales ressemblent à la forme du cristal de roche et permettent de concentrer de la chaleur.

- Chez l'homme : la silice est à la base du fonctionnement de tous les organes sensoriels (capacité de perception).

Il est alors aisé de comprendre que la silice est un **véritable ciment cellulaire** et qu'elle domine la nutrition générale de l'individu. Elle répond à la mauvaise assimilation, à une perturbation dans les échanges nutritifs, correspondant à un degré de déminéralisation avancé de la cellule et se manifestant par une extrême débilité physique (et mentale) et même chez le jeune animal par un arrêt du développement. La silice est également en étroite relation avec l'inflammation des tissus lorsque celle-ci a progressé jusqu'à la suppuration. Silicea sera également utile pour antidoter les mauvais effets des vaccinations.

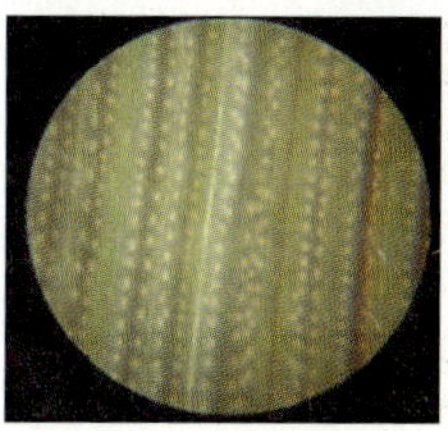

Feuille de blé biodynamique (grossie 30 fois). L'utilisation régulière de la préparation biodynamique *Silice de corne (501)* en agriculture stimule la résistance de la tige de la plante et la capacité de photosynthèse de ses feuilles (photo ci-contre). La silice crée une dynamique de floraison-fructification. Elle sert de support à tout ce qui deviendra substance alimentaire (teneur en chlorophylle, en amidon, en phosphore).

L'approche de la plante

La Terre est un organisme unique, vivant, dont le règne végétal fait partie.

Il faut voir en la plante un tout, un être vivant qui nous parle par les manifestations de sa vie. Elle est le résultat de forces issues de l'action réciproque de la Terre et du Cosmos.

Dynamique tripartite de la plante : il faut distinguer une polarité entre la **racine** (tendance centripète orientée vers le centre de la Terre) et la **Fleur** (tendance centrifuge orientée vers le Cosmos).

Par la couleur (lumière) et le parfum (chaleur, huiles essentielles) la **Fleur** s'ouvre à l'environnement extra-terrestre ; c'est un processus d'échange entre l'éthérique du végétal et l'astralité de l'environnement cosmique.

La **fleur** représente un processus d'échange, une respiration (inspir-expir) entre toute la Terre et le Cosmos ; ce processus ne concerne pas seulement la forme du végétal mais aussi son chimisme (qui apparaît sous forme de peu de cendres) et la totalité de son organisation. La fleur n'a que peu de chose à voir avec la pesanteur terrestre ; l'épisode lumineux de la floraison triomphe ainsi de la pesanteur.

La **racine :** pôle opposé de la fleur. Dans cette zone, peu ou pas de couleur, absence de parfum. La racine du végétal vit dans l'obscurité de la terre, en contact avec le froid ; elle est vigoureuse et vit longtemps. Elle est ferme et dense contrairement à la fleur qui est fragile et éphémère. La racine est fortement influencée par la pesanteur terrestre et fait beaucoup de cendres.

La **tige et les feuilles :** cette troisième zone de la plante assure, de façon rythmique, le lien entre les fleurs et les racines. Les processus vitaux inhérents à cette zone sont liés au rythme circadien (les 24 heures de la journée solaire).

Concernant le choix d'un remède, Rudolf Steiner indiquait que si ces trois fonctions du végétal étaient en parfait équilibre, la plante ne pourrait avoir de vertus curatives : cela signifie que le principe qui, en elle, guérit vient du fait qu'elle possède une anomalie, un déséquilibre, une prédominance (ex. la « monstruosité » de la racine de bryone par rapport au côté ciselé de son feuillage).

Les trois impulsions formatrices **Sal-Mercur-Sulphur** sont à la base de la nature extérieure :

- tout ce qui conduit à la **formation du Sel** incline les processus internes vers la pesanteur (racine) > **Densification**.

- tout ce qui soustrait les impondérables à la pesanteur incline vers le processus inverse, celui de la lumière (**phosphore-lumière)** > **Libération**.

- tout ce qui oscille entre les deux pôles, pesanteur et lumière, et qui cherche à les exprimer, se manifeste par le **mercuriel** qui est une constante recherche d'équilibre entre les deux pôles (**feuille**) > **Régulation**.

Ceci n'est pas lié aux atomes et aux molécules ; ce sont les forces de la périphérie agissant dans la substance terrestre.

On retrouve tout à fait la même dynamique polaire que chez l'animal entre le système neuro-sensoriel et le système métabolique et les membres avec l'équilibre qui cherche en permanence à se créer dans la zone médiane où se situent les organes rythmiques (cœur et poumons).

Cette approche est porteuse d'indications précieuses pour effectuer le choix analogique de remèdes permettant d'aboutir à une médecine parfaitement en harmonie avec les lois de l'Homme et de la Nature.

Exemple de Hyoscyamus Niger (la Jusquiame noire – famille des solanées) selon l'approche élargie anthroposophique :

- plante vagabonde, insociable, annuelle (décharges, lieux stériles ou abandonnés) ;
- sa forme est ramassée, convulsée ;
- prolifération luxuriante (si enracinée), plante molle et juteuse ;
- formation très précoce de la première fleur ;
- production de fleurs alternativement dirigées vers la droite et vers la gauche ;
- fleurs de couleur jaune sale ;
- odeur épicée, sourde.

Le geste de cette plante réside principalement dans une alternance de contraction et d'expansion : à chaque feuille (extension) succède un bourgeon floral (contraction).Ce rythme s'apparente au rythme du cœur. Ce qui fait que cette plante :

- régularise les sensations (excitation, spasmes) ;
- tonifie l'organisme souffrant d'une faiblesse des organes d'élimination ;
- stimule le plexus solaire ;
- assure une meilleure nutrition des muscles (dont le muscle cardiaque) ;
- régule insomnie et somnolence, convulsions et paralysie, constipation et incontinence d'urine.

L'approche de la fonction organique animale : l'exemple de l'abeille mellifère *Apis mellifica*

L'intense métabolisme de ce petit insecte peut d'un point de vue dynamique le faire comparer au métabolisme du bovin. L'abeille ne serait-elle pas une « vache de l'atmosphère » ?

Si nous voulions caractériser l'abeille par un mot ce serait « **chaleur** ». Nous trouvons dans la ruche (ce qui est unique dans le monde des insectes) une température constante (37 °C) ce qui signifie donc qu'au cours de l'année un essaim maîtrise totalement le niveau thermique de son habitat.

Toute personne s'étant fait piquer par une abeille connaît bien cette douleur piquante, aiguë, lancinante et **brûlante** avec infiltration oedémateuse, réactions qui sont les grands symptômes du remède *Apis mellifica* tiré de la préparation de l'abeille entière.

La présence dans l'insecte de dopamine, d'adrénaline et de noradrénaline, de lumazine, de carotène, de potassium et de nombreuses substances issues du venin (lipides, enzymes, amino-acides libres et peptides basiques) explique la réaction **inflammatoire** associée à un œdème caractéristique d'apparition brutale ainsi qu'un syndrome allergique. Cela entraîne un état fébrile, une dépression du système nerveux central avec des manifestations d'hypersensibilité au moindre contact et de la faiblesse. Paradoxalement il y a une absence totale de soif pendant les épisodes fébriles avec une alternance de sécheresse de la peau et de transpiration.

Apis est donc par excellence le remède des états inflammatoires sur les muqueuses, les séreuses, la peau, les parois veineuses et les parenchymes nobles.

Dans la **recherche du remède**, il faut réfléchir à la **triade** qui s'établit entre **le patient** (l'animal et son maître), **le prescripteur** du traitement (le thérapeute) et **le pharmacien** (celui qui fabrique le remède). Une communauté de recherche doit s'établir entre ces trois personnes dans le souci d'obtenir la meilleure harmonique thérapeutique possible afin de faire évoluer les processus vitaux de l'animal vers la Sagesse Organique qu'il témoigne à travers le rôle qu'il joue dans l'écosystème au sein duquel il vit. Cela demande, en plus des compétences nécessaires, de l'altruisme et la conscience du besoin impérieux d'évolution qu'expriment les animaux de notre époque.

La maladie de l'animal devient alors une question posée à la Nature toute entière et la **guérison obtenue** la juste réponse apportée à l'écosystème tout entier.

Le parasitisme

Le principe essentiel et incontournable est : « Il existe une communauté de vie entre le parasite et son hôte. »

La signification du terme « parasitisme » est : « Relation entre deux êtres vivants d'espèces différentes dans laquelle l'un des partenaires, le parasite, vit au détriment de l'autre, l'hôte ».

Concrètement, le parasite et l'hôte fabriquent des molécules spécifiques entre eux afin d'établir une relation biochimique privilégiée.

Or l'utilisation systématique que l'on fait aujourd'hui de **molécules chimiques** (vermifuges et vermicides) contre les œufs, les larves et les parasites adultes, installe peu à peu des **phénomènes de résistance** de la part des parasites et un cycle sans fin s'installe : vermifugation de l'animal – ré-infestation – vermifugation – ré-infestation...

Que se passe-t-il réellement ?

L'hôte (bovin, ovin, porcin, caprin, équin, volaille) n'est jamais sollicité directement en tant qu'entité vivante capable de mobiliser ses propres défenses contre le parasite, c'est-à-dire de mobiliser une véritable réaction immunitaire avec élaboration d'anticorps circulant dans le plasma sanguin en réponse aux antigènes constitués par la présence des larves des parasites.

Cette immunité vraie apparaît lentement (quatre mois) et empêche le développement d'une ré-infestation car la présence, en faible quantité, de vers et de larves dans l'organisme inhibe le développement de larves supplémentaires.

Cette capacité d'adaptation d'un animal sain aboutit à une autorégulation du parasitisme.

LA MORT DES BÊTES ET LEUR MISE À MORT (réflexion)

Toute vie sur Terre commence par une naissance et s'achève par une mort. De nombreuses plantes et animaux ont une mort naturelle après avoir pris soin d'assurer la continuité de leur espèce (graines, descendance). Beaucoup de plantes et d'animaux constituent la nourriture d'autres animaux plus évolués ou plus forts, ou pour les êtres humains. Cela constitue la « mort-sacrifice » des êtres vivants.

Rudolf Steiner indique que la mort des animaux est très différente de la mort des êtres humains. L'être humain possède une individualité (le « moi ») jusque dans la protéine de son corps physique. Lorsqu'il s'approche de la mort, il a conscience qu'il va perdre son corps physique comme quelque chose de première importance. L'animal pris individuellement ne ressent pas la perte de son corps de façon aussi évidente ; c'est le groupe de toute l'espèce qui le ressent, l'âme-groupe de l'espèce qui sent la perte de quelque chose. R. Steiner indique pour l'âme-groupe animale que la mort d'un membre de l'espèce n'est pas ressenti plus que « lorsque un être humain se fait couper les cheveux ».

Il est souvent difficile, à notre époque de justifications mécanistes à tout prix, de faire vivre à l'intérieur de soi cette notion.

Une différence majeure, liée au sacrifice de l'animal, doit pourtant être faite, une question majeure doit être posée : l'animal que l'on sacrifie est-il arrivé à un stade de maturité conforme aux lois de l'évolution de son âme-groupe, son « moi-groupe » ?

L'animal, au cours de son existence physique, ne doit-il pas accomplir un cycle (rythme) jusqu'à une maturité qui constitue la totalité de l'accomplissement d'un processus vivant. S'il n'y a pas cet accomplissement, le processus vivant n'a-t-il pas été inhibé et quelle influence cela peut-il avoir auprès du «moi-groupe » de l'espèce ? Que se passe-t-il lorsque l'on sacrifie un jeune veau, un agneau ou lorsque l'on mange des œufs de poissons, c'est-à-dire lorsque l'on sacrifie des organismes non encore suffisamment développés ? La question doit être posée.

L'animal, contrairement à la plante, possède une capacité de sensation et d'émotion (notion de corps astral).

Rudolf Steiner indiquait que la mise à mort d'un être vivant qui possède un corps astral déclenche chez celui qui exécute la mise à mort « une sensation de force, de pouvoir ». Il ajoutait qu'à travers le fait de tuer, l'homme recevait des forces astrales qui détruisaient son propre corps astral (déchéance) et que sans la méditation il pouvait aboutir à l'égoïsme le plus sauvage. Les souffrances infligées à l'animal (mauvais traitements, incarcérations, vivisections, tauromachie, combats de coqs, etc.), indiquait-il, agissent d'une manière tellement négative au niveau de l'être humain que celui-ci peut aller jusqu'à trouver un plaisir dans la cruauté.

Imaginez également ce qui peut s'exprimer au niveau du « moi-groupe » des bovins au moment de l'abattage de millions d'animaux en Grande-Bretagne il y a quelques années (par suite de l'épizootie d'Encéphalopathie Spongiforme Bovine) et de l'holocauste animal qui s'en est suivi !

Imaginez également lors de la chasse au gibier les souffrances imposées à l'animal blessé (celui-ci étant rarement touché au cœur avec une mort instantanée) et les effets sur le corps astral du chasseur au moment de sa mort. Dans une conférence intitulée *Nourriture terrestre et cosmique,* Rudolf Steiner faisait remarquer qu'avec la mort de chaque animal se manifestait la peur. Cette peur ne venait pas en tant que réaction à la mort mais comme expression d'un processus élémentaire composé de peur (expression « d'êtres élémentaires composés de peur » agissant, ainsi libérés, jusque dans l'âme de l'être humain qui consomme des parties de l'animal tué).

Dans une conférence sur ce sujet, Rudolf Steiner indiquait : *« Consciemment ou inconsciemment, intentionnellement ou non, l'être humain provoque chez les hommes et les animaux gaieté et tristesse, joies et douleurs. [...] L'être humain revivra dans sa propre âme toutes les douleurs qu'il aura provoquées chez un autre être en apprenant à connaître ce que l'autre être a vécu à cause de lui ; cela on ne peut l'éviter ! »*

Ceci ne doit pas être bien sûr accepté dogmatiquement mais doit être médité afin de ne pas déboucher sur un quelconque sectarisme. Les conditions dans lesquelles devraient être sacrifiés les animaux de rente destinés à l'alimentation humaine devraient tenir compte d'un accompagnement de l'animal qui dans les moments précédant sa mort peut ressentir un état de conscience proche de celle de l'être humain. Le développement depuis quelques dizaines d'années d'abattoirs-usines centralisés, aux normes modernes hyper-sophistiquées, dans lesquels s'organise, à la chaîne, la mort de milliers d'animaux, nous éloigne peu à peu de l'ultime reconnaissance que l'être humain consommateur de nourriture carnée peut avoir envers l'altruisme du monde animal.

L'offrande partagée

CONCLUSION

Le développement récent des biotechnologies a réduit l'approche du monde animal à une gestion analytique de son existence.

Quelques efforts avaient été faits au cours du XXe siècle par des chercheurs tels que Pavlov, von Frisch, Watson ou plus récemment Lorenz pour tenter une approche de la psychologie animale, en particulier Tinbergen dans les années 50 qui fut considéré comme le fondateur de l'éthologie, la science du comportement. Mais souvent la rationalisation de ces études aboutissait à une approche discriminative ne permettant qu'une détermination spécifique des comportements souvent d'ailleurs en relation comparative étroite avec le comportement humain.

Plus proche de la réalité animale était l'approche patrimoniale sacrée des peuples primitifs caractérisant chaque espèce par un rôle bien défini au sein de la terre-mère et du cosmos. L'animal sauvage représentait souvent le monde des esprits et l'animal domestiqué permettait par son sacrifice de relier l'être humain à ce monde magique. La domestication représentait donc un pont entre l'homme et les esprits de la nature.

Puis le développement de la notion de rentabilité dans l'agriculture isola peu à peu l'animal de sa véritable mission : être l'être intermédiaire entre le visible et l'invisible. Le concept **d'élevage** perdit alors peu à peu son sens et de nombreux sols virent disparaître la **fécondité** que la fumure rythmiquement digérée des animaux leur apportait.

Une nécessaire approche analogique du rôle de l'animal domestique (en particulier dans l'agriculture) devrait nous permettre désormais de percevoir puis de comprendre les énergies qui sont à l'œuvre dans ces existences animales profondément altruistes afin d'orienter celles-ci vers l'échange fécondant que nous pouvons partager avec elles. Retrouvant ainsi son rôle de subtil médiateur, ce monde animal domestiqué surmonterait les épizooties modernes, reflet de nos égoïsmes humains.

Apprendre à les comprendre, les nourrir, les soigner, les sélectionner redeviendrait une mission sacrée de notre évolution partagée.

INTRODUCTION À LA CONNAISSANCE DE L'ABEILLE

Bernard BERTHET
Docteur *es* science spécialisé en bromatologie
(science des aliments)

L'histoire des abeilles se confond avec l'histoire de l'humanité et aucune civilisation ancienne ne semble avoir ignoré les produits issus de l'activité de ces insectes.

Le nectar et le miellat sont ces liquides sucrés et parfumés que les abeilles récoltent sur les fleurs et les arbres avant de les transformer en miel. Le miel est avant tout un aliment riche en glucides. C'est aussi un complément thérapeutique et cosmétique intéressant. Le pollen, agent allergisant pour certains, est avant tout un fortifiant naturel. La gelée royale possède de réelles propriétés thérapeutiques comme la propolis et la cire. Récoltés ou produits par les abeilles, ces derniers produits sont utilisés pour leur activité bactériostatique mais aussi dans le traitement des bois en menuiserie.

Les abeilles sont des auxiliaires indispensables de l'agriculture par leur intervention dans la **pollinisation** des fleurs et de la production de fruits à valeur biologique élevée.

L'abeille est un insecte social vivant en colonies hiérarchisées constituées d'un nombre important d'individus interdépendants qui sont la reine, les faux bourdons et les ouvrières.

Si la reine et les faux bourdons assurent les fonctions de reproduction et de fécondation pour la survie de l'espèce, les ouvrières assurent les fonctions d'entretien, de surveillance et de nutrition indispensables à la vie de la colonie.

Son habitat, la ruche, fourni ou imposé par l'homme doit répondre aux exigences de la physiologie de la colonie et aux données de l'apiculture comme le montre la figure suivante.

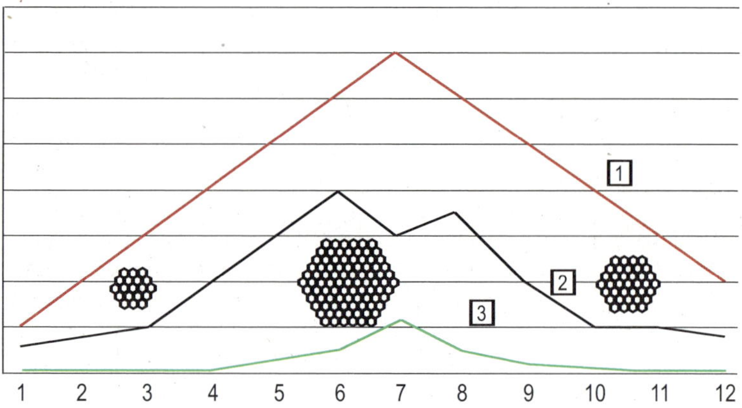

Comparaison entre les rythmes : du Soleil (1), de la ponte de la reine (2) et la miellée (3) chez *Apis mellica*

La multitude d'écotypes d'*Apis* répartis sur toute la planète, indique une symbiose de cet insecte avec un environnement spécifique.

Le climat, la situation géographique, la richesse et la variété de la flore interfèrent sur la vie de cet insecte éminemment solaire.

Genre *Apis*, 4 espèces

Espèce **florea** (Asie du Sud-Est, Inde, golfe Persique, jusqu'à 500 m, 2 fois plus petite que notre abeille)

Espèce **dorsata** (Asie du Sud-Est, Inde, Pakistan, jusqu'à 1000 m, abeille géante)

Espèce **cerana** (Asie du Sud-Est, Inde, Pakistan, Japon, Chine)

Espèce **mellifera** (Proche-Orient, Afrique, Europe), 24 races : Apis **mellifera mellifera** (France, nord et centre de l'Europe), Apis **mellifera ligustica** (Italie), Apis **mellifera iberica**, Apis **mellifera caucasica**, Apis **mellifera carnica**

L'homme, de par son action, se doit d'entretenir cette symbiose de l'insecte tout en y retirant les avantages.

Face à la diversité des assaillants, les colonies disposent de multiples mécanismes de défense tenant à la fois de l'individu et de l'organisation et du comportement social de la colonie. Face à la toute récente invasion des ruchers par un acarien rapace, *Varroa Jacobsoni*, l'homme technicien sanitaire réagit par des textes législatifs coercitifs pas toujours appliqués et l'utilisation à outrance de produits chimiques de synthèse. Une fois l'accalmie obtenue, l'homme possesseur de ruches oublie son échec jusqu'à la prochaine maladie.

Outre les bouleversements apportés dans les surfaces agraires par la disparition des prairies naturelles, des haies, des polycultures, l'abeille est devenue comme étrangère à son milieu naturel. Elle doit faire face aux pollutions de toutes natures et aux agressions des produits phytosanitaires. Depuis les années 50, le spectacle désolant de tapis d'abeilles mortes devant les ruches, voire de ruches anéanties en quelques jours, vient régulièrement rappeler que les molécules insecticides tuent sans discernement. Et l'agriculture moderne de type intensif fait un usage important de produits nocifs.

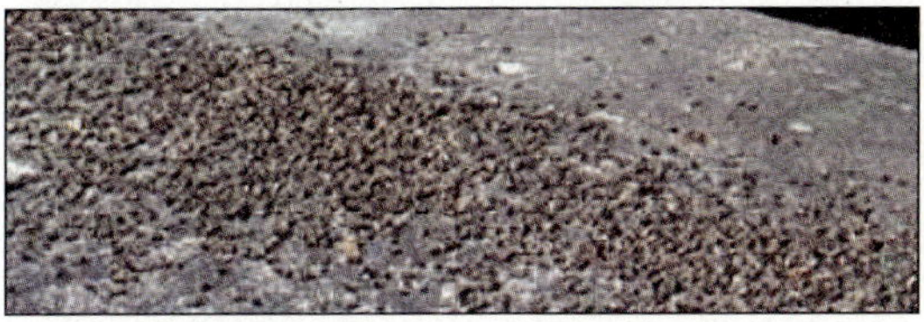

Ce modèle d'action trop constant entraîne pour l'écosystème global terrestre immanquablement des perturbations, des modifications puis des désertifications. Des facteurs pathogènes de tout type sont à l'œuvre. Parce qu'ils trouvent chez l'abeille des conditions favorables à leur apparition et à leur développement, il s'en déduit les modalités d'élevage et d'action thérapeutique.

Car quelle valeur accorder aux produits issus de l'activité de la ruche si les abeilles sont maintenues en vie par des expédients ?

LES SOLS, LES PLANTES, LA CULTURE

UNE PREMIÈRE APPROCHE DES FONDEMENTS DE L'AGRICULTURE BIO-DYNAMIQUE

Xavier FLORIN
Agronome, spécialisé en Bio-dynamie

L'ORIGINALITÉ DE L'AGRICULTURE BIO-DYNAMIQUE

À la demande pressante d'un groupe d'agriculteurs assaillis par de nombreux problèmes déjà provoqués par un productivisme forcené, cette méthode d'agriculture fut créée par Rudolf Steiner dès 1924.

Fondateur de l'université du Goethéanum, Rudolf Steiner donna évidemment à cette nouvelle forme d'agriculture une orientation qui diffère dans son esprit de toutes les autres méthodes d'agriculture contemporaines tant biologiques que chimiques.

Celle-ci réside dans le fait que la Terre, notre planète, comme le ciel avec toutes ses planètes sont perçus comme des êtres vivants. Le grand Kepler fondateur de l'astronomie moderne avec ses trois lois fondamentales n'a t-il pas écrit dans son *Harmonices mundi* que les planètes sont des animaux (des êtres animés).

Il résulte bien entendu de cette autre conception du monde une autre approche de l'agriculture comme de la manière de l'appliquer. Dans le concept, cette autre approche retrouve les Antiques. Toutefois elle a été obtenue, cette fois-ci de manière nouvelle, scientifique.

Le tournant de notre époque et sa contrepartie

Depuis le XIXe siècle accompagnant l'avènement de la démarche scientifique, une nouvelle conception du monde matérialiste-mécaniste a été impulsée par Newton, Bacon, Laplace et sa « mécanique céleste », Le Verrier, Kant et j'en passe beaucoup. Elle s'implanta solidement et comme tout ce qui est jeune, donc impulsif, nouveau, balaya, sans réflexion ce qui existait auparavant au lieu de le métamorphoser. Elle développa dans les temps nouveaux une observation et une étude de la nature (sciences naturelles) sous son aspect matériel de « nature naturée », d'œuvre accomplie, que le mode de penser contemporain a imitée.

Elle se focalisa sur ce qui « est fait », ignorant ce qui « se fait ». Elle se fixa sur l'observation des cadavres des organismes vivants et des choses sans vie du règne minéral. Cette manière d'agir à caractère « nécrologique », nullement en esprit biologique, ces répétées « autopsies », ces analyses, ne purent découvrir dans les cadavres des organismes morts que les lois du règne minéral qui est en quelque sorte mort. Il en résulta l'apparition, puis l'expansion de la physique, la physico-chimie, la chimie, la mécanique et les mathématiques appropriées, dont la géométrie d'Euclide, qui sont les disciplines propres du règne minéral.

Or, il y eut une généralisation. Les lois de ce règne mort furent projetées sur tout ce qui existe, sur les organismes vivants dont les processus obéissant à d'autres lois, sont différents. Il n'est que de se souvenir de Descartes et de sa conception entièrement mécaniste du fonctionnement du corps humain et de Harvey qui a émis l'opinion que le cœur est une pompe. Il n'en est pas moins vrai qu'une part de mort, donc des lois en question, co-habite avec les forces de vie dans tout organisme. Là où on le voit le plus nettement, même en dominante par exemple, c'est dans le squelette. Mais cet aspect de la réalité fut considéré unique, ignorant l'autre aspect.

Le « goetheanisme » que magnifia Rudolf Steiner se préoccupa de développer l'autre aspect, celui de la « nature naturante » des « forces de vie » créatrices. L'objectif ne fut donc plus d'observer les organismes vivants sous leur aspect cadavérique par d'incessantes analyses, mais de les observer dans leurs manifestations vivantes en les comparant entre eux, d'où des études instructives. Ce n'est plus la méthode analytique, mais la méthode phénoménologique analogique.

Bref, l'objectif ne fut plus d'observer tout organisme vivant avec un mental mécanisé sous son aspect de la pomme qui tombe de l'arbre (gravitation Newton), mais sous l'aspect de la pomme qui s'élabore dans l'arbre, qui

« monte » dans l'arbre (Goethe). L'observation perd alors son caractère fixiste d'observation de la chose finie pour acquérir un caractère dynamique d'attention à tout ce qui est en train de se créer.

DES FAITS FONDAMENTAUX IGNORÉS

Les nombreuses indications données par Rudolf Steiner à ses élèves ont conduit ceux-ci à rechercher dans les découvertes faites par notre science contemporaine celles qui avaient été passées sous silence faute d'explications à leur donner avec le mode de pensée mécaniste actuel. Or aucun fait ne peut être rejeté dans une démarche scientifique honnête, ils ne peuvent que demeurer en suspens attendant des jours meilleurs. Goethe quant à lui n'attendait pas des explications. D'où il a dit *« seuls les faits constituent la doctrine »*. Bref ces chercheurs goethéens ont vu que de nombreux phénomènes rejetés pouvaient être expliqués par les indications apportées par Rudolf Steiner. Beaucoup se sont même révélés être d'importance fondamentale, alors qu'ils paraissaient aberrants au regard des théories actuelles. Nous mentionnerons ici ceux qui donneront un éclairage décisif pour une meilleure compréhension de la Bio-dynamie donc des pratiques plus appropriées à la situation actuelle de l'agriculture.

Les transmutations biologiques

Aux tout débuts de l'avènement de la science, deux catégories de chercheurs se sont distinguées l'une de l'autre. La dominante qui s'est empressée d'inventer des théories dont certaines ont été au fur et à mesure remplacées, allant d'erreurs en erreurs vers la vérité. C'est celle qui a influencé la civilisation matérialiste mécaniste actuelle. L'autre, concrète, qui est restée dans l'ombre, comme l'école scientifique de Goethe sortie de son oubli et magnifiée par R. Steiner et aussi bien d'autres. Les chercheurs de la seconde catégorie ont ceci en commun : ils se sont surtout intéressés aux organismes vivants et ont pris en considération les découvertes sans chercher à tout prix à en trouver des explications s'ils n'en avaient pas la possibilité de suite. Les recherches sur les transmutations biologiques en font partie. Notons bien qu'il s'agit ici de transmutations réalisées par des êtres vivants, non de celles qui se réalisent dans le monde à caractère minéral déconnecté de la Vie, en laboratoire, en industrie.

Nous n'allons pas entrer dans la polémique de ceux qui contestent les faits de quelque manière que les expérimentations aient été faites car ils ne peuvent en comprendre le « mécanisme ». Ils n'ont pas compris qu'il n'y a pas de

« mécanisme », mais autre chose. Donc à leur manière, ils ne trouveront jamais d'explication. En reflet chimique de ce qui se passe au niveau des « processus » vivants, CR Kervran, très connaisseur de la science nucléaire physique de nos temps, a donné des explications « mécanistes » séduisantes aux transmutations, qui ne manquent pas d'intérêt au demeurant. Celles-ci aussi ont été contestées. Morale de l'histoire, nous devons rester conformes à ce que nous sommes dans le langage et les méthodes qui nous sont propres sans chercher à nous exprimer et à agir comme le font les autres car ce sont deux mondes à part. Il n'empêche que des partenariats peuvent être bénéfiques pour l'avenir de la science toute entière entre ces deux approches. Le pluralisme dans la science doit exister aussi. Le problème est de clarifier, bien mettre en valeur ce qui est justifié d'un côté comme de l'autre pour sortir de la néfaste ambiguïté.

Notre chimie actuelle, dont les lois obéissent à celles du règne minéral même lorsqu'elle s'occupe de biologie nécrologique, est surtout celle qui concerne les réactions chimiques au niveau des molécules. Les transmutations biologiques concernent les transformations qui s'opèrent entre les atomes réalisées par la nature elle même, par l'intermédiaire des organismes vivants dans leur processus de Vie. Elles se découvrent dans les bilans qui sont faits entre les entrées et les sorties. Dans la comparaison entre les deux, on constate que ce qui a disparu à la sortie ressort dans un élément nouveau.

Relatons maintenant rapidement quelques-uns des nombreux découvreurs puis chercheurs des transmutations biologiques. Dès 1789, Vauquelin et Prout ,contemporains de Lavoisier, découvrent des transmutations, suivis de Vogel en 1849, puis Lausves, Gilbert et Van Herzeele et au XXe siècle de Hauschka ; Henry Spindler, auteur d'une table des éléments chimiques ; le Pr Baranger, de Polytechnique accompagné du Dr Charruyer de Limoges et bien d'autres. Citons aussi, bien avant en 1925, Freundler et A. de Cayeux, tous deux professeurs de géologie à la Sorbonne, enfin Dougatry, Perry, Williams, Dr Charnot, le Pr Delbet, les géologues Jean Lambart, les frères Chaubert, et bien d'autres.

Mentionnons enfin les principales découvertes faites :

1. En ce qui concerne l'histoire de la géologie depuis l'époque où le règne animal avait encore un caractère de végétal, les géologues ont découvert qu'au précambrien la silice domine puis seulement apparaît l'argile au trias et plus tard le calcaire $CaCO_3$ au jurassique et au crétacé. La seule explication possible à ces grandes masses, car la mer ne suffit pas, loin de là, c'est d'après A. de Cayeux : le magnésium > calcium et silicium > calcium.

2. Les bases dites échangeables en agronomie :

Potassium ⇄ Sodium

Magnésium ⇄ Sodium

Calcium ⇄ Magnésium

Calcium ⇄ Potassium

Tout ceci a été observé sur la levure de bière, les expériences sur les soldats au Sahara, la cause de la maladie d'Addison, les iguanes et les serpents à sang froid, le sang des poissons, les gisements de sels en potasse d'Alsace entre la sylvinite jeune, la kaïnite plus vieille et la carnablite très vieille (les prix Nobel Monod et Jacob ont participé à ces recherches). Les coquilles calcaires des poules carencées qui proviennent de la potasse du mica, la formation du salpêtre par des bactéries nitrifiantes sur les murs (Ca et Mg), le magnésium manquant du sol bien pourvu en microbes provenant du calcaire, la mue des crustacés : Mg –> Ca et K –> Ca, etc.

3. Les transmutions entre la silice et le calcaire, observées dans les œufs en incubation des volailles, reptiles, batraciens et poissons, la silice de la prêle qui favorise les calcifications, les silico-bactéries autotrophes, les bactéries du système digestif de vers de terre et de compost, la transformation des grès siliceux en climat chaud et humide par des champignons microscopiques, les plantes silicoles : pâquerettes, sarrasin, trèfle, chêne, etc., la croûte siliceuse sur le calcaire des cathédrales, les actinomycès de l'humus, certaines céréales en sol argilo-calcaire au profit de la silice des pailles etc.

4. Autres transmutations intéressantes

- La silice se transforme en carbone + oxygène, d'où l'origine du graphite dans les roches siliceuses anciennes avant l'apparition de végétaux ; la silice se transforme aussi en carbone + oxygène par des silico-bactéries autotrophes au profit des crevettes des cavernes souterraines. Enfin, la question est posée concernant la houille, les forêts ne suffisant pas, loin de là, à donner les énormes couches même s'il y a eu en même temps des catastrophes d'où la découverte de fossiles.

- Le champignon lépiota transforme la silice en potassium, 200 à 300 fois plus que dans le sol ambiant.

- L'oxygène (2 fois) donne du soufre, d'où on peut comprendre la formation originelle du gypse.

- Deux atomes d'azote donnent CO d'où on peut comprendre les intoxications sur les poêles incandescents.

Einstein, dans sa célèbre équation, a décrit le passage entre la matière et l'énergie, mais de quelle énergie s'agissait-il ? Il s'agit sans doute de l'énergie physique, celle dégagée par les centrales nucléaires qui fonctionnent avec d'énormes moyens, un coût globalisé fantastique, une radioactivité dont on ne connaît pas encore l'incroyable nocivité, les déchets pour la nuit des temps etc. Dans les transmutations biologiques, tout est différent. Elles se réalisent avec de très faibles énergies. On pourrait même les imiter en se servant des mêmes organismes, comme le fait déjà d'ailleurs le Japon aujourd'hui. Les très faibles énergies nécessitées, de quelle nature sont-elles ? En tout cas, pas physiques pour la plupart. Les forces dégagées par la disparition d'une matière se dirigent dans leur domaine, la « mer de vie ». Avec l'acquis nouveau reçu, celle-ci, par réaction, impulse une nouvelle création matérielle, une invention, selon les besoins en question.

Ainsi, dans son évolution, la vie s'exprime par sauts successifs, de créations anciennes en créations nouvelles. De la matière vivante à son énergie et de celle-ci à une nouvelle matière, ainsi chemine sans cesse la Vie. Une observation judicieuse de la physiologie des organismes vivants nous le montre, comme la graine en lait avec son chaos, comme au niveau de tout bourgeon, du bouton de fleur, de la digestion intestinale au niveau du chyle de l'intestin grêle, etc. À nous d'apprendre à devenir toujours plus conscients, à coller toujours plus à la nature vivante, à acquérir la capacité de lire le livre de la nature.

Le principe de la dualité

La deuxième découverte concerne la dualité, base de l'existence de notre univers vivant. Au début du XIXe siècle, deux mathématiciens français découvrirent ce principe de la dualité. Ce furent Poncelet et Gergonne. Ce principe fut développé par la suite par Jacob Steiner, Charles von Staudt, Plucher, Cayley, Grassmann et d'autres. Ces mathématiciens mirent en valeur un autre espace appelé « l'espace projectif ». On voit là apparaître la confrontation du convexe face au concave. Dans leur livre *Entre soleil et terre, la plante* les mathématiciens anglais George Adams et Olive Whicher analysent le principe de la dualité en définissant les deux espaces, en ajoutant une deuxième géométrie à la géométrie d'Euclide seule enseignée de nos jours. Ceci fait comprendre l'origine des formes et des structures de tout être sur terre par l'intervention de forces modelantes, de forces formatrices. On peut donc observer le jeu qui existe entre deux catégories de forces vitales antagonistes, celles qui viennent du ciel, de la périphérie, et celles qui surgissent de la Terre, du centre de celle-ci.

Autrement dit dualité entre le « contre-espace » d'origine céleste et l'espace qui rayonne de la Terre, entre la géométrie projective des surfaces tangentielles modelantes (comme les mains d'un potier) et la géométrie euclidienne des points et des lignes rayonnants. L'observation d'un verre comme d'une plante peut rendre plus concrète la compréhension de cette action dualiste des forces de vue (illustrations 1 et 2).

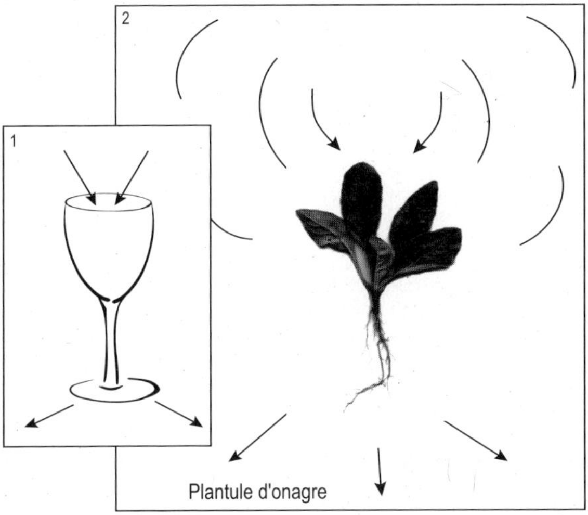

Illustrations 1 et 2 – Le verre est un récipient ouvert, un contenant, une matrice toute destinée à recevoir et envelopper le contenu. Le geste est centripète anti-spatial. Le pied pose le récipient sur la table à terre. Il s'étale sur celle-ci dans un geste rayonnant, centrifuge spatial.
Forces du centre espace périphérique. Venant du contre-espace périphérique, aspiré par lui, la plante s'ouvre vers l'atmosphère en un geste convexe. Par contre les racines impulsées par les forces spatiales d'origine centrale s'étendent en un geste convexe à toute la Terre.

La génétique de la vie

Elle s'oppose à la génétique mécaniste à l'origine des OGM. Elle met en valeur l'hérédité des caractères acquis. Ses fondateurs médiatisés sont Burbankt en Amérique, Mitchourine et Lyssenko en Russie, Lucien Danier et l'université de Poitiers en France (Pr Mathon).

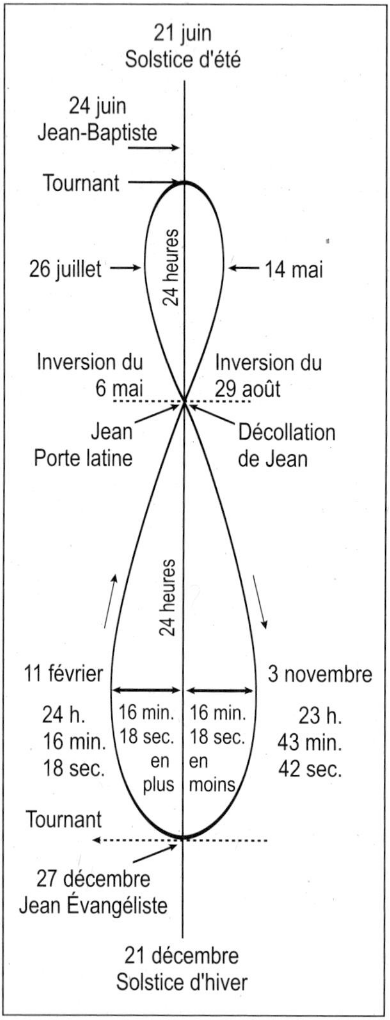

Les caractéristique étonnantes des trajectoires planétaires

La troisième découverte concerne l'astronomie étudiée non plus surtout du point de vue de l'observation géocentrique des « corps » des planètes, de leur surface (penchant matérialiste évident), mais aussi du point de vue de leur cheminement dans l'espace céleste matériel, de leurs trajectoires que les astrophysiciens ont découvertes avec succès.

Note – Pour éviter toute confusion nous signalons qu'il n'est nullement question ici d'astronomie héliocentrique de Copernic (planètes gravitant autour du Soleil), mais de ce que voient la Terre et ses règnes (plantes, animaux, homme). C'est donc le système géocentrique qui porte à conséquence sur ce que vit la Terre qui est décrit ici.

De nombreux phénomènes aberrants ont été découverts qui contredisent l'idée d'une mécanique céleste. Ceci concerne d'abord la vitesse de chaque planète qui change périodiquement comme si elle avait un conducteur invisible intérieur. Cette remarque est valable pour toutes les planètes ya compris la Terre.

Il en résulte que les trajectoires planétaires ne correspondent pas aux lois de la mécanique « cyclique » des machines, des usines et des laboratoires où tout se répète sans arrêt – où on recherche la répétitivité – mais à d'autres impulsions où tout en étant semblable, tout diffère sans arrêt.

Nous avons donc affaire à des mouvements « rythmiques » nullement « cycliques » qui ne sont pas commensurables entre eux. Il n'y a aucune commune mesure entre eux comme en mécanique par exemple, dans les engrenages. Les trajectoires qui ne reviennent donc jamais au point de départ au même moment et à la même situation exacte tracent chaque année ou millénaire des formes différentes et dissymétriques dans le ciel : tout le contraire de la mécanique.

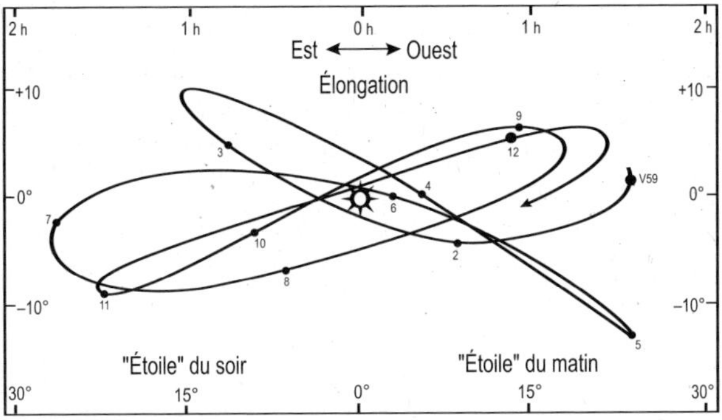

Illustrations 4 et 5
Trajectoires de Mercure autour du Soleil perçues de la Terre – différentes chaque année et asymétriques – comme les lemniscates annuelles solaires dues aux changements de vitesse de rotation de la Terre et levers et couchers du Soleil au cours de l'année.

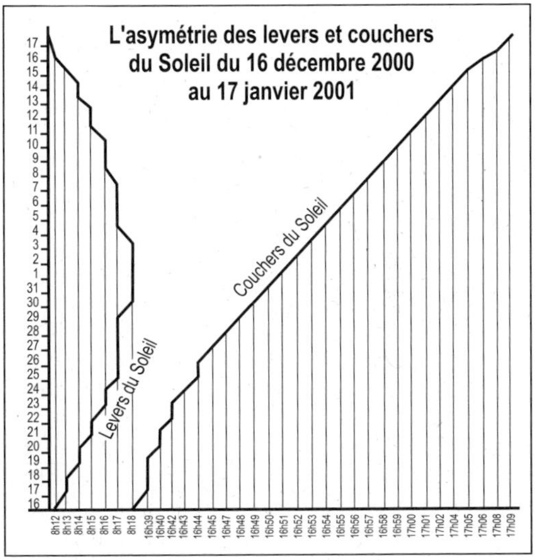

On ne peut donc calculer avec précision tous ces rythmes. C'est pourquoi les astronomes doivent toujours corriger leurs calculs.

On découvre donc en observant toutes ces trajectoires planétaires dans toute leur ampleur qu'on a réellement affaire à une manière de ballet grandiose où les danseuses sont les planètes avec le Soleil pour maître de danse. On découvre aussi que, comme dans toute danse, il y a des expansions et des contractions, des manières de respirations qui se manifestent et se reflètent dans la physiologie de toute planète voisine, et pour commencer la Terre.

Les deux respirations de la Terre

De nombreux phénomènes inexplicables pour les géographes existent au niveau de notre planète. Citons-en quelques-uns : d'abord le phénomène barométrique quotidien, puis les phases du champ électrique de la terre dans la journée ainsi que celles des vents journaliers. Il faut aussi chercher l'explication suffisante de l'origine des trois vents primordiaux réguliers à la surface du globe, les vents polaires, les vents de zones tempérées, la direction des vents dans les différentes couches atmosphériques. Il faut ajouter à ceux-ci les fameux vents alizés et contre-alizés et chercher à comprendre l'origine surprenante des cyclones, etc.

Günther Wachsmuth, ancien chef de la section des sciences naturelles du Goetheanum, a donné une explication à ces faits « inexplicables », et cela en suivant les indications de Rudolf Steiner. Son explication est à prendre en considération car elle apporte des réponses aux questions des géographes.

D'après lui, les forces de vie « éthériques » en rapport avec les liquidités, donc appelées « chimiques » s'exprimeraient à la manière de deux sphères excentrées par rapport à la Terre, d'où l'origine de tous les phénomènes découverts par les géographes.

L'une de ces sphères se manifesterait en mini rythme chaque jour, l'autre en grandiose rythme chaque année. **L'illustration 6** montre, vue du pôle la rotation de la Terre vers la gauche à l'intérieur de la sphère des forces en question dont la partie la plus expansée serait toujours dirigée vers le soleil mais avec un retard de 3 heures, ce qui correspond donc à 3 heures solaires de l'après-midi. Il en résulterait une expiration de ces forces « chimiques » le matin entre 8 et 9 heures provoquant la rosée matinale et une entrée en terre aux alentours de 21 heures provoquant le serein, la fraîcheur humide de la soirée.

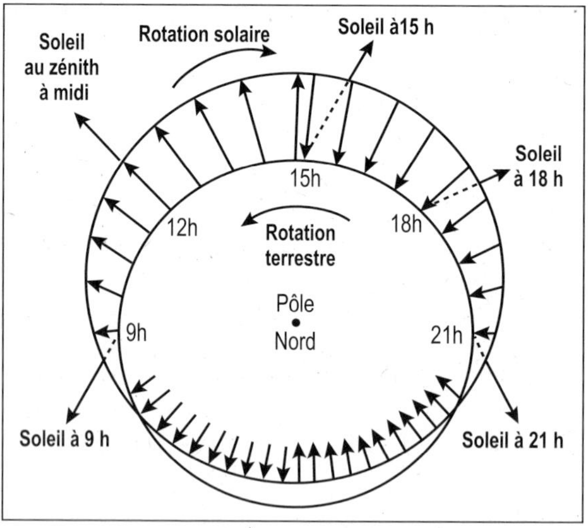

L'autre sphère de forces dans laquelle baignerait la première s'exprimerait d'une autre manière. Alternativement elle s'épandrait au nord puis inverserait son mouvement pour s'épandre ensuite au sud chaque année. Elle serait à l'origine des saisons, de la montée des sèves au printemps, de leur descente en automne et imprégnation des sols, sous-sols et racines en hiver. **L'illustration 7** nous la montre. Cette explication est séduisante car les saisons montrent leur relation avec les liquidités de la Terre.

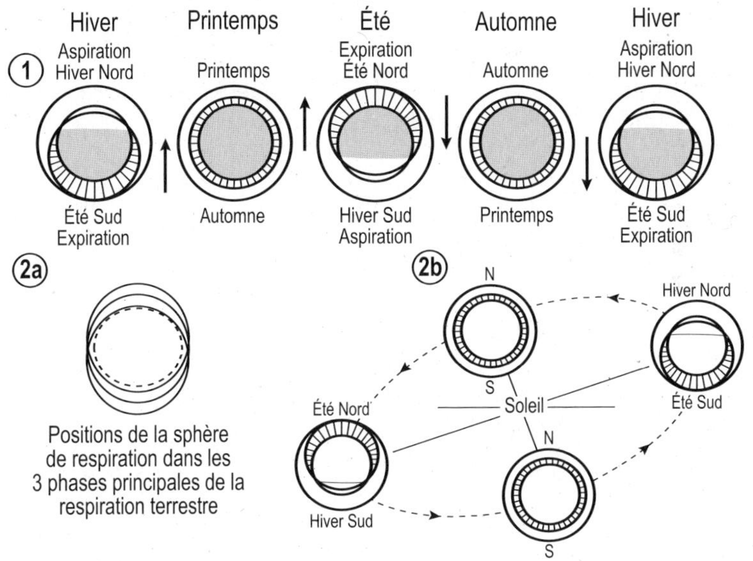

Schéma de Günther Wachsmuth

Des cristallisations sensibles obtenues par Ehrenfried Pfeffer, le préposé de Steiner à l'université pour la bio-dynamie, sont significatives de la différence qui existe dans l'activité formatrice des forces éthériques chimiques lorsqu'elles agissent sur une fleur de camomille le matin, à midi et le soir. Le matin, l'action de ces forces sur la fleur est nette, au tournant de midi, heure de la sieste de la nature, il y a inversion, le soir ces forces agissent plus faiblement sur la fleur. Dans les cristallisations des racines, c'est le contraire qui se produit. Il est donc recommandé de récolter les parties aériennes des plantes en matinée, ou mieux, à la rosée et les racines le soir pour une meilleure qualité vitale.

Les trois natures

Le tableau de la page suivante, représentant la nature « naturante », « naturée » et « dénaturée » permet d'exposer de manière suffisamment explicite l'existence, d'où la coexistence, des forces de vie « suprasensibles » et des forces physiques « infrasensibles » dont il sera de plus en plus question dans cet exposé (illustration 9) .

Le non pesable, non mesurable, non calculable	La nature Naturante (natura naturatata) du Moyen-Âge ou surnaturé	Impulsions idéelles	L'architecte La conception	Ciel étoilé, les éléments L'idée, la parole, l'écriture Les universaux du Moyen Âge		
		Forces formatrices	Maîtres d'œuvre			
		Forces vitales (éthériques) Au-delà de l'air	Mise en œuvre, ouvriers, La construction	Différentes forces vitales ou éther corps de temps	Terre : Vie Eau : Son, nombre, chimie Air : Lumière Feu : Chaleur	Gnomes, Ondines Sylphes Salamandres
	La nature naturée	Nature matérialisée, physique	Œuvre réalisée Fin de la construction	États de la matière (matrice)	Solide Liquide Gazeux Chaleureux	Symbole concret, la bougie allumée
Le pesable mesurable calculable	La nature dénaturée ou sous-naturée	Forces physiques	Résultats d'une mort des forces vitales		Forces nucléaires Magnétisme Électricité	Toutes les vibrations, ondes, (eau), réseau hertzien, rayonnement cosmiques physique du ciel, etc.

L'ESSENCE DES FORCES SUPRASENSIBLES

Il nous semble juste maintenant de soulever un peu plus le voile qui cache la nature profonde des forces de vie suprasensibles, tellement difficiles à comprendre sous leurs différents aspects, en décrivant deux phénomènes de base qui les concernent du point de vue le l'espace et du temps. Cette esquisse ouvrira notre mental à une compréhension de ces forces dans leur domaine réel, leur profonde nature. Il ne s'agit pas ici bien entendu du rayonnement cosmique, qui est du domaine de la physique.

Repérable dans l'espace céleste

Abordons d'abord le phénomène qui se montre dans l'espace céleste. Revoyons la trajectoire annuelle du Soleil tracée sous forme de lemniscate (forme de huit) dans tous les méridiens d'un lien à l'horizon sud. Comme en

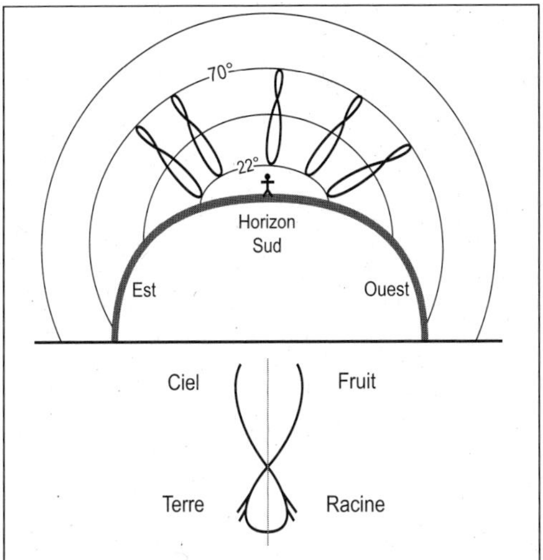

Les lemniscates annuelles du Soleil
et leur projection dans la plante

reflet, nous voyons les plantes sur terre s'exprimer de la même manière, les plantes filles du Soleil par excellence. Cela se constate dans leur constitution physique et leur biographie. La forme lemniscatique (illustration 10) est facile à repérer dans les deux parties de la plante, aérienne d'une part avec les tiges, les feuilles, les fleurs... souterraine d'autre part avec les racines. On découvre nettement le croisement, l'inversion au niveau du collet. On perçoit aussi la nature dualiste des forces vitales qui agissent dans la plante entre le « contre espace » convexe, d'où centripète dominant de sa partie aérienne, et « l'espace » concave, d'où centrifuge dominant de sa partie souterraine, ses racines. Cela se perçoit enfin dans la physiologie végétale, le mode de croissance des tiges, des branches et des troncs qui s'opère de l'extérieur vers l'intérieur (cambium, bois) donc dirigé par le « contre espace », alors que celui des racines sous terre s'opère de l'intérieur vers l'extérieur donc impulsé par les forces spatiales.

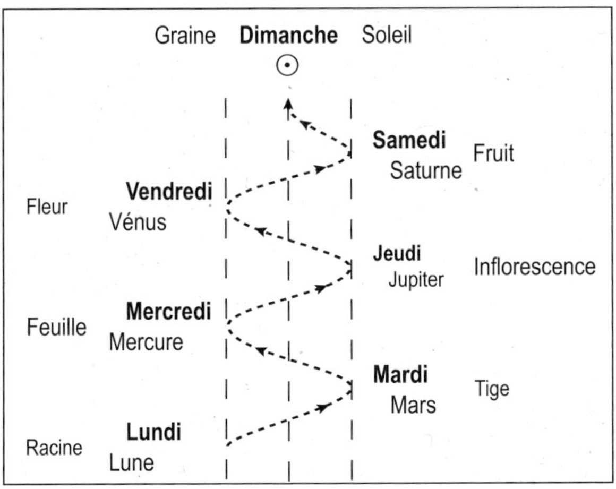

Décelable dans le temps

Étudions maintenant les phénomènes qui ne sont plus en rapport avec les trajectoires physiques planétaires comme celle du Soleil visible de la Terre, mais en ce qui concerne de plain-pied le temps. **L'illustration 11** nous en donne une représentation schématique.

Nous abordons ici une étude qui nous demande un effort mental approprié car cela n'a rien à voir avec le monde matériel. Pourtant cette recherche est basée sur une observation phénoménologique, donc tangible.

Repérable dans l'espace céleste

Cette étude concerne la vitesse de cheminement des planètes calculée à partir de la Terre, vitesse de cheminement, donc en rapport avec le temps. Ce n'est pas physiquement préhensible, mais c'est temporellement accessible. La démarche scientifique doit aussi étendre ses recherches vers ce qui n'est pas uniquement matériel.

Bref, lorsqu'on observe les planètes du point de vue de leur vitesse de parcours, on découvre qu'il est judicieux de les classer comme l'a fait le Dr Bûhler dans la représentation schématique de l'illustration 11 de la page précédente. On se trouve alors devant une image dynamique de la semaine, non seulement de la semaine de nos calendriers terrestres, mais de toutes les semaines de notre univers vivant, dans lesquelles s'exprime le temps.

La semaine de nos calendriers quant à elle, projection sur Terre des grandes semaines cosmiques est apparue à partir de la civilisation babylonienne. Et depuis, la mentalité rationnelle exclusive a cherché à la supprimer, ce qu'ont fait les révolutions française et russe, qui ont dû vite la réintroduire dans les calendriers pour éviter de graves révoltes de la sagesse populaire. Une intuition des sages profondeurs s'était opposée à cette grave erreur. Il existe en effet une faute très grave coutumière de nos temps de vouloir supprimer ce qu'on ne comprend pas. La sagesse commande pourtant d'essayer de comprendre d'abord les problèmes avant de prendre toute décision.

La semaine, organisme temporel

Bref, on pourrait définir les semaines comme des « corps de temps » qui existeraient chez tout être vivant. On saisit toujours mieux alors ce qu'est la vie dans son essence même. On apprend que la vie est temps qui coule dans l'espace matériel, métamorphosant sans cesse la matière.

L'observation attentive des quatre semaines qui cheminent années par années dans l'ossature stellaire immuable des mois nous en donne une impression saisissante. Les semaines fluctuent en effet plus vite que les mois successifs, soit de plus d'un jour le long des mois chaque année en obéissant au rythme lunaire (donc en rapport avec l'eau vive) de 4 x 7 = 28 jours, alors qu'un mois se passe en moyenne annuelle en 365 jours 2422 / 12 = 30,4368 jours.

Est soulevé ici une fois de plus le casse-tête des calendriers terrestres qui consiste à en faire les projections les plus exactes possibles de la vie temporelle céleste nullement mécaniste.

Nous approchons là toujours plus du mystère profond de l'invisible lumière, de ses forces de vie « suprasensibles » et des multiples rythmes que cette complexité génère dans les danses musicales planétaires (*Harmonices Mundi* de Kepler). Nous pouvons mieux saisir alors les arrière-fonds du *Cours aux agriculteurs* de R. Steiner, écouté par des gens préparés, lorsqu'il a mentionné la polarité entre les planètes supérieures et les planètes inférieures, la fonction de ces planètes et l'influence du ciel vivant sur tout organisme terrestre.

Note : Les planètes supérieures gravitent au-delà du Soleil par rapport à la Terre alors que les planètes inférieures gravitent entre le Soleil et la Terre.

Le Dr Bühler expose de manière détaillée la nature de la semaine en faisant apparaître son caractère bi-polaire et ternaire.

La première grande polarité oppose la Lune de la base, planète la plus rapide du début de la semaine, à Saturne la plus lente proche de l'immobilité stellaire de la fin de la semaine. À partir de là commence le repos du dimanche solaire, de l'étoile messagère du ciel stellaire dans l'univers terrestre (le système solaire), chef d'orchestre, initiateur des rythmes entre les planètes. Il est donc l'axe central, le chemin directeur du « corps de temps » de la semaine.

La deuxième polarité oppose la partie gauche de la spirale où se situe le ternaire des planètes les plus rapides – Lune très rapide, Mercure encore assez rapide et Vénus moins rapide – à la partie droite où sont assemblées les planètes lentes – Mars la moins lente, Jupiter d'une lenteur intermédiaire et Saturne d'une lenteur désespérante. Quant au Soleil, sa vitesse est intermédiaire : un peu plus lent que Vénus la moins rapide, un peu plus rapide que Mars la moins lente.

On constate donc que du bas en haut en parcourant la spirale, une planète rapide alterne toujours avec une planète lente. Exemple Lune-Mars très en rapport avec toutes liquidités toutes les deux, Mercure-Jupiter médians, feu et lumière et Vénus et Saturne, lumière et feu pour terminer.

On constate aussi que du lundi au mercredi les planètes inférieures rapides, Lune et Mercure, dominent avec, pour calmer le jeu, la planète médiane, le pourtant fougueux Mars. Du jeudi au samedi, les planètes supérieures dominent, ce sont les calmes Jupiter et Saturne activés par la lumineuse Vénus.

On constate enfin que les grands médiateurs du centre de la semaine entre les deux polarités planètes inférieures et supérieures sont Mercure le grand volubile et Jupiter le grand ordonné.

En observant le mouvement des temps successifs, on relève une succession d'accélérations et de ralentissements avec du début à la fin de la semaine des modalités différentes. Ces rythmes « respiratoires » du temps qui en résultent sont maîtrisés par le maître du ballet, le Soleil. Vu de la Terre, celui-ci paraît en effet activer la course des lentes planètes supérieures Saturne et Jupiter par des périodes synodiques brèves, alors qu'il semble ralentir la course des rapides planètes inférieures lors de leurs rencontres prolongées (synodes) avec lui.

Note : Une étude de la biographie de toute plante du point de vue de ses gestes, des temps de croissance avec ses ralentissements et ses accélérations successifs, sa précipitation au début, son ralentissement à la fin nous donne une idée saisissante de qui elle tient ce « corps de temps ».

La semaine, organisme de la lumière

Il faut en outre ajouter que ces danses planétaires aux vitesses fluctuantes s'accompagnent de variations de luminosités successives des dites planètes durant leurs marches en avant, en arrière, les rétrogradations et boucles qui en découlent. Ce « corps de temps » de la semaine est donc en rapport avec la lumière. Il peut donc être appelé aussi « corps de lumière ». Cet organisme de lumière planétaire inscrit dans la semaine est créateur de tout organisme sur terre en suivant les modalités des sept couleurs.

LE MYSTÈRE DU CHIFFRE 7

Note : « Chiffre » vient du terme « Séphiroth » en langue hébraïque. Il signifie « rayon de lumière ». Le chiffre 7 n'est pas en rapport avec l'espace, mais avec le temps. Dans la série des polygones, un heptagone, par exemple, ne peut être construit en utilisant seulement les lois de l'espace.

La semaine et la plante

La preuve de l'intervention de cet « organisme de lumière » planétaire qui est à l'origine de tous les corps de lumière des organismes ou « corps de vie », se montre nettement dans toute plante. Il est utile de le savoir pour mieux les soigner dans les champs et les jardins (voir illustration 11 précédemment).

Dans des phases successives de temps de croissance différents, de coloration, autant que de formes changeantes, de contractions et extensions qui se succèdent, nous pouvons suivre l'activité du « corps de lumière » de tout végétal dans sa biographie.

Nous voyons d'abord se développer sa racine très active aux caractères lunaires, puis la tige martiale qui fait naître et porte les feuilles mercurielles. Ensuite, la tige se divise, rayonne en plusieurs petites tiges ; l'inflorescence jupitérienne se déploie, faisant éclore à la périphérie les lumineuses fleurs vénusiennes. Celles-ci donnent enfin les chaleureux fruits saturniens à l'intérieur desquels se concentrent les graines solaires dans un ultime inspir de fin de vie.

L'arbre de vie et l'arbre de mort

L'observation attentive des « processus » physiologiques manifestés chez les êtres vivants nous révèle toutefois une alternance constante entre les phénomènes de construction et de déconstruction, bref, comme l'enseignaient les Antiques, entre l'arbre de vie et l'arbre de mort.

Note : Nous n'employons pas ici de terme de « mécanismes » que habituellement on emploie toujours en pareille circonstance, mais le terme de « processus » plus approprié, car dans tous les organismes la majeure partie des développements, métamorphoses n'obéissent pas aux lois de la mécanique.

Toute personne qui porte toute son attention peut discerner chez elle-même comme chez les autres ou tout être vivant que les moments de fatigue, faiblesse, dévitalisation correspondent à un affaiblissement momentané des forces vitales créatrices (de la pomme qui « monte ») dû à la perte excessive du potentiel de celles-ci d'où apparition de forces électriques ou magnétiques. L'excitation comme la tendance à tomber à terre, les lourdeurs ressenties sont les manifestations d'un excès de ces forces physiques (c'est la pomme qui tombe) par rapport aux forces vitales. Cela peut d'ailleurs se mesurer avec l'appareillage électrique approprié.

Dans ces cas de maladie, donc de déséquilibre ou de faiblesse vitale, le système médian cœur et poumons n'arrive plus à bien réguler, à équilibrer la relation entre les forces de vie et les forces de mort. Dans l'univers matériel, on peut voir le reflet matérialisé de cette polarité entre les deux arbres dans la flamme et la fumée.

La flamme vive et la flamme morte

La flamme jaillit naissant et mourant sans arrêt. Elle crée des formes, chantonne, se dresse à la verticale en rayonnant de la lumière et de la chaleur à l'extérieur. La fumée grise qui en provient n'a pas de force intérieure. Elle est portée par l'air dont elle révèle les mouvements incessants, puis tombe et se dépose sur les sols en suie de carbone ténébreuse. Or il est des feux très enflammés et chaleureux puissants d'activité avec peu de fumées. Il existe aussi par contre des feux étouffés qui durent longtemps dégageant surtout des fumées.

C'est la suffisance ou l'absence de l'oxygène de vie qui fait la différence. D'une manière analogue, sans être la même chose, un processus de même type se produit dans tout organisme au niveau de la respiration, cette fonction médiane de la vie.

Nous constatons donc que tout organisme vivant où les forces de vie et de mort sont équilibrées par un système organique médian est de constitution et fonctionnement ternaire. Ce n'est pas le cas de la mécanique comme de l'informatique qui sont binaires. Là, seules les forces de mort se manifestent. La comparaison entre un organisme vivant, la plante par exemple et le moteur à explosion nous en donne une concrète illustration.

La nature de la mécanique, la machine

La création de toute machine que « l'homme fabrique » demande que soient d'abord créées des « parties ». Celles-ci sont ensuite assemblées. Elles sont placées les unes à côté des autres glissant selon le cas les unes sur les autres (cames, pistons) ou tournant les unes autour des autres (engrenages), se rencontrant puis se séparant ou conservant leur position respective sans modification. Bref, lorsqu'on a construit une machine, ce moteur, les parties assemblées ont donné ce « tout ». C'est une addition de parties, une « totalité ».

Puis on veut mettre en mouvement le moteur, de « l'immobilité », l'amener à une mobilité. On lui apporte alors une énergie physique, carburant fossile, électricité ou autre, une énergie « infrasensible » de la sous-nature. En absorbant cette énergie la machine se met en mouvement. Son initiateur, l'homme, agit à « l'extérieur » de la machine. Le mouvement semblable à une idée fixe, se répète sans arrêt de manière « cadencée », ressassant les mêmes « cycles » à souhait.

Les pas cadencés d'une troupe de soldats traversant un pont font tomber ce pont. Or notre atmosphère est perturbée par de multiples cycles cadencés, des vibrations physiques et sonores, certaines musiques qui la fatiguent autant que l'eau, cette grande oreille qui les entend. On ne mentionne pas ou si peu ce genre de pollution dévitalisant.

Bref, tous les « cycles » des moteurs donnent l'impression de serpents qui se mordent la queue tournant sur eux-mêmes. Dans le même temps, sans arrêt, la pièce en mouvement revient au point de départ comme si de rien n'était, comme si rien n'avait été appris durant le parcours. C'est la manifestation typique de l'imbécillité.

Cela résulte du fait que le fonctionnement de la machine est « binaire ». Les parties mobiles toujours semblables à elles-mêmes reviennent toujours au point de départ dans le même laps de temps. Le passé est cause d'un acte présent, donne le présent ; l'explosion du moteur à explosion donne le mouvement et on en reste là. La machine, imitation d'une volonté imbécile nous rend cependant grand service en remplaçant nos forces de vitalité, de volonté affaiblies. Cependant, nous devons être suffisamment lucides pour ne pas en être asservis mais à bon escient nous en servir.

Et surtout nous devons veiller à ne pas être assaillis par sa nature pour ne pas être à notre insu conditionnés par elle dans notre mode de pensée qui devient aussi mécanisé. N'oublions jamais que nous avons affaire à une imbécile. Nous avons généré une servante imbécile.

L'ESSENCE DE LA VIE : LA PLANTE

La genèse d'un organisme vivant obéit à des lois différentes. Prenons en exemple la plante où la Vie dans son essence s'exprime de la manière la plus claire. Nullement animée, en mouvement comme l'animal ou nous même, elle caractérise la seule vie sans aucune ambiguïté. La création, ou plutôt genèse de celle-ci par la Nature elle-même commence par un point, un « centre » non la périphérie comme la machine. Ce point, la graine est une « globalité » à ne pas assimiler à une totalité.

De celle-ci ce point (infini du contre-espace) la plante germe, jaillit du sol, se développe. Apparaissent alors, provenant de la globalité du « chaos » qui ensuite en résulte (la graine en lait), des parties qui s'étirent à l'« extérieur », non rassemblées à l'intérieur comme pour la machine.

Ces parties rayonnent du sol à partir d'un axe solaire impulsé par les forces vitales du soleil extérieur de midi, alors que dans le sol cet axe reçoit l'influx du soleil intérieur (traversant la Terre) à caractère hivernal de minuit. Ce sont les organes aériens de la plante qui absorbent surtout les influx du soleil d'été alors que les racines reçoivent surtout les forces du soleil d'hiver d'où les différences fondamentales de ces organes et de leur direction. En haut, les forces montantes de l'« espace » (le contenant) sont confrontées aux forces du « contre-espace » qui les dominent, d'où la substance (de « sub-stare », ce qui se tient sous, dedans) typique des organes aériens qu'elles élaborent (le contenu). En bas c'est le contraire, ce n'est plus la forme et le reste qui dominent la matière (espace), c'est la matière qui domine la forme (contre-espace). Au niveau des deux polarités végétales les « longueurs » de Temps et les moments de croissance diffèrent avec les plantes.

Ensuite, les parties appelées « organes » modifient les unes après les autres leurs formes, donnant à penser que les dernières prennent acte de l'expérience des premières en vue d'un futur que de manière esquissée, toujours plus clarifiée, elles manifestent. En effet, les premières feuilles sont plus pleines, plus rondes, la base foliaire est plus marquée et les pétioles s'allongent au maximum de leurs possibilités, puis les feuilles supérieures s'étalent, même certaines se divisent, enfin les feuilles du sommet s'affinent toujours plus comme si elles n'esquissaient plus que la pointe de toute feuille, sa nervure. Enfin le moment est venu, un « saut » se produit. Ainsi se réalise toute évolution de sauts en sauts successifs. Rien n'est linéaire dans la vie, dans toute vie, dans toute biographie.

On voit donc apparaître dans la plante, étonnantes inventions, de nouveaux organes, les fleurs. On devine que là se sont concentrées les tiges et les feuilles métamorphosées. D'un côté ce sont les ovaires qui se gonflent et le pistil qui s'allonge, de l'autre ce sont d'autres gestes, les sépales, pétales, étamines, enfin le pollen qui toujours plus s'affinent et se subtilisent.

Et cela continue, se répète une dernière fois. Un nouvel organe, une nouvelle invention se montre, c'est le fruit.

Des inventions successives s'échelonnent tout au long du chemin de vie rythmé d'expansions et de contractions successives de la plante. La biographie de tout végétal, semaine d'une existence se manifeste dans son ensemble dans une grandiose expiration de la graine à la fleur suivie d'une inspiration qui donne le fruit et au stade ultime la graine de l'avenir. À l'opposé de la mécanique, on voit ici que la vivante « mobilité » végétale impulsée dès la germination de la graine se déploie, puis se contracte, enfin meurt dans l'« immobilité » du squelette qu'elle abandonne en hiver. C'est un immense « inspir » en attendant d'expirer de nouveau.

On voit aussi que la plante n'a pas besoin d'énergie pour se mouvoir, vivre, que tout au contraire, elle capte, mange par ses feuilles, de l'énergie. Ce qu'elle prélève au début de substance physique au sol est dans la nature sauvage de suite rendu à celui-ci.

Ce n'est pas de l'énergie physique, mais les forces de la lumière invisible céleste qui sont assimilées par elle. C'est cette lumière invisible qui allume les gaz de l'atmosphère qui crée la « substance » végétale, c'est-à-dire les formes qui se gèlent à partir des gestes, les couleurs et senteurs qui se succèdent, la structure de son corps matériel, donc sa composition chimique elle-même. Nous le constatons, le corps de la plante n'est pas créé par un être extérieur comme en mécanique, la plante se le crée elle-même. Ses mouvements, sa croissance, son développement, elle les impulse par une dynamique vitale, intérieure, capteuse de forces de vies extérieures qu'elle apporte à son environnement.

En résumant, nous écrirons que la biographie végétale extériorise – d'inventions d'organes en autres organes, de feuilles en d'autres feuilles etc., – des gestes qu'au fur et à mesure elle gèle. Ces gestes successifs et évolutifs semblent menés par une musique intérieure, d'où une danse qui les crée. Gestes vivants, ils ne sont donc pas « cadencés » ; tout au contraire leurs modulations, leurs amplitudes variées sont semblables à celles de toutes « respirations ». Cette ressemblance entre les gestes successifs n'a donc pas le caractère de cycles « répétitifs » mais de « **rythmes évolutifs** ».

On découvre là que la plante, comme tout être vivant, fonctionne selon le principe du « ternaire » ; entre un passé qui impulse et un futur qui oriente, voilà où s'insère son présent. Et ce sont les feuilles, ses organes « cordiaux » qui régulent le passé de la racine vers le futur de la fleur pressentie. Il en résulte selon les circonstances un chemin de vie sensiblement différent, d'où cette merveilleuse capacité de pouvoir sans cesse « inventer », donc s'adapter. Est donc de nature « intelligente », la plante.

Cette comparaison entre celle-ci et le moteur nous montre que c'est faire preuve de non-observation concrète des faits, de l'ignorance qui en résulte, que d'assimiler la vie à un mécanisme alors que c'est tout différent, même contraire la plupart du temps.

Note : Mais comment obtenir ce regard concret ? En suivant la méthode chère à Goethe, la méthode scientifique phénoménologique qui inclu l'analogie. Cette méthode différente de l'analyse donne lieu à de grandes découvertes et conduit à l'art qui fait contrepoids à la seule technique.

LES FORCES « SUPRASENSIBLES » ET LES « ÉLÉMENTS »

L'observation d'une flamme physique où la substance se déconstruit nous montre dans cette démolition comment la substance a été construite. Il y a d'abord la bougie qui nous révèle que la substance a été condensée jusqu'à l'état solide.

Les forces vitales qui se sont manifestées pour obtenir ce résultat ont été nommées par le Moyen-Âge, « l'élément terre » et par R. Steiner « Ether de vie », car à partir de l'hiver, de la terre, de la graine, tout recommence avec ces forces, c'est l'impulsion de l'expiration.

Note : le terme d' « élément » des alchimistes du Moyen-Âge ne doit pas être confondu avec les « éléments » de notre chimie contemporaine. Repris par R. Steiner, le terme grec « *aither* » rappelle ce sens ancien de fluide impondérable, élastique qui englobe tout. Il n'a aucun rapport avec la physique sauf qu'elle en découle.

Il y a ensuite la flamme elle-même à observer. À sa base se montre comme un bourgeon bleu verdâtre proche de la bougie qui se liquéfie. C'est l'expression de l'activité des forces vitales qui se sont manifestées précédemment dans la création, l'amenant à l'état liquide d'élaboration. Les anciens alchimistes ont appelé ces forces l'« élément eau ». Vu sa fonction et son mode d'action, R. Steiner l'a dénommé « éther de son » de nombre ou « éther chimique ».

Puis plus haut, la flamme elle-même enferme l'ovale lumineux. Il reflète l'impulsion préliminaire à toute création, tout comme la « peau » chaleureuse plus sombre qui entoure l'ovale lumineux, permettant à la flamme de conserver sa forme ovale si l'air n'est pas trop agité à côté. Les deux forces vitales en question ont été nommées par les anciens alchimistes, « élément air », « élément feu ». R. Steiner les a dénommées « Ether de lumière » et « Ether de chaleur ».

Il est très instructif maintenant d'apprendre ce qu'en disent les gens de notre époque : **Novalis**, le poète allemand, a dit que la plante est une flamme fleurissante, qu'en quelque sorte il percevait son corps de vie, son corps de « forces éthériques » comme une flamme vive, une flamme de lumière physiquement invisible. Selon leur tempérament, les impressionnistes ont été « impressionnés » par les dominantes.

Chez **Cézanne**, c'est beaucoup plus l'élément terre qui l'a marqué. La manière de peindre comme les couleurs les plus employées nous le montrent. On le verrait bien méditer dans les landes mélancoliques des bords des océans, marchant sur ces coussinets durcis de plantes pierreuses salées qui couvrent les rochers d'ondulations d'un vert glauque. Dans ces lieux a œuvré en dominante et est restée en suspens, l'œuvre de « l'éther de vie » (élément terre).

Monet vivait la plupart du temps dans une barque au milieu de la rivière. Toutes les plantes d'eau comme les nénuphars le fascinaient. Au musée d'Orsay, à Paris, on est noyé dans la féerie des bleus diversifiés. Il est évident que Monet a été subjugué par « l'élément eau » ou « éther chimique » qui domine dans toutes les plantes d'eau.

Van Gogh quant à lui a été attiré par la lumière aveuglante des champs de céréales. Les jaunes dominent là où « l'élément air » agit dans toute sa splendeur, c'est-à-dire « l'éther de lumière ».

Chez **Redon**, ce sont les rouges et les rondeurs qui le poursuivent là où règnent les fruits. C'est « l'élément feu » ou « éther de chaleur » qui a tout son intérêt. On le verrait volontiers méditer dans les garrigues ou les maquis, là où la puissante braise centrale des plantes de feu domine.

LES POLLUTIONS D'ORDRE SUBTIL

Les découvertes scientifiques décrites dans ce texte, peu enseignées, voire ignorées nous ont amenés à révéler l'existence des forces supra sensibles et à les décrire quelque peu. Cela est primordial pour bien comprendre l'agriculture.

Il est toutefois aussi important, même crucials de bien saisir ce que sont les forces « infrasensibles », pour prendre conscience de l'énorme dangerosité que ces forces font déjà subir à notre planète dans leur pollution d'ordre subtil de plus en plus catastrophique.

D'où la nécessité de les limiter au maximum, mais aussi de pallier à leurs effets nocifs. C'est ce à quoi, en toute connaissance acquise, s'applique l'agriculture Bio-dynamique en employant notamment de nouveaux procédés appropriés à notre temps.

Sans les mentionner tous car ils sont innombrables, citons les plus importants dégâts causés à notre planète. Outre l'effet de serre par accumulation de dioxyde de carbone qui agirait sur la perturbation des climats et qui est devenu le bouc émissaire de tous les maux, il ne faut pas passer sous silence les autres gaz comme le méthane, les CFC, l'ozone en particulier.

Mentionnons aussi l'impact grave, sinon plus grave, des déforestations, ainsi que celui du démantèlement programmé de nombreux paysages.

Il ne faut pas oublier non plus l'importance de l'attaque des sols par les engrais et les nombreux pesticides qui rendent d'abord de nombreux sols imperméables en les « schistisant », d'où les inondations accentuées et les sécheresses qui suivent. Ensuite, ils déconstruisent le complexe argilo-humique en tuant les macro et microflore et faune des sols, d'où désagrégation des éléments constitutifs de ceux-ci. Les eaux de ruissellement se chargent de ces éléments, les emportent vers les rivières qui prennent des colorations oranges, ocres et en remplissent les océans et les mers. C'est ainsi que se créent les déserts. Prenons bien conscience que tout sol est la « peau de la terre ». Sans peau, aucun organisme vivant ne peut subsister. Les produits employés pour la peau sont appelés cosmétiques. Une sagesse ancienne a donné ce terme qui vient de cosmos, ciel. Or cosmos signifie en grec « ordonnance », « univers organisé ». La peau est donc l'organe qui permet à l'organisme de recevoir et de capter les forces qui viennent de son environnement, du ciel, de l'« organiser ».

Il faut donc aussi citer l'agression de cet environnement au niveau de l'atmosphère ambiante, de la basse comme de la haute atmosphère jusqu'à l'ozonosphère par les nombreux gaz polluants (il en est question dans l'effet de serre), les pesticides divers pulvérisés en aérosols, etc.

Enfin, nous arrivons à ce qui est peut être plus grave, d'ordre non-matériel, non-pondérable. Ce sont l'électromagnétisme toujours plus puissant, la radioactivité toujours plus dangereuse sur les santés tant psychiques que physiques (nous l'avons constaté en Ukraine), les champs d'ondes hertziennes toujours plus encombrés, les innombrables vibrations physiques et sonores cadencées, etc.

Toutes ces pollutions subtiles qui environnent notre planète jusqu'à la stratosphère l'emprisonnent dans un filet de mort invisible au centre d'un sinistre ballet de milliers de satellites. De ce filet de mort on ne parle jamais, car le mental matérialiste n'a aucune conscience de son énorme dangerosité. On ignore tout, en effet, de ces forces de vie qui irradient du ciel, métamorphosées par l'atmosphère.

Note : Il ne faut pas assimiler les forces de vie, dont il est question ici, qui rayonnent de l'invisible lumière solaire illuminant les gaz atmosphériques au rayonnement cosmique qui est de nature physique, fumée de ces forces en quelque sorte.

LA RAISON D'ÊTRE DE L'AGRICULTURE BIO-DYNAMIQUE

Or ces forces de vie ont de plus en plus de difficultés à s'exprimer sur Terre. Nous observons toujours plus les nombreux symptômes de baisse de vitalité de notre planète même d'une sorte de pré-cancérose comme l'a diagnostiqué Rudolf Steiner. Prévoyant ce qui allait venir, le fondateur de l'université du Goetheanum a donc conçu dans la méthode bio-dynamique de nouveaux procédés qui s'ajoutent à ceux de l'agriculture biologique, permettant de percer le filet de mort qui entoure notre planète. Il en résulte que les forces « suprasensibles » peuvent de nouveau s'exprimer de juste manière sur Terre et même venant de plus loin qu'auparavant, d'au-delà des planètes, d'où la possibilité de guérir la Terre. Soixante-quinze années de nombreuses expérimentations de diverse nature l'ont démontré dans sa pratique.

Les pratiques nouvelles

Leur objectif est non seulement de revivifier la Terre mais aussi de la soigner. Ce sont donc des impulsions dans ce sens qui sont apportées. Les substances employées n'ont pas été conçues pour agir par leur apport physique, mais pour les dynamiques dont elles sont porteuses, qu'elles vont impulser. L'apport de compost, comme la régénération d'un bon humus, chair des sols, et la bonne vie microbienne chaleureuse qu'ils développent, sont donc à considérer ici dans une autre optique. C'est une nouvelle alchimie.

Le but de l'opération consiste donc à agir sur les forces de vie, celles dont nous avons esquissé la description de trois points de vue, celui de la lemniscate solaire axe de la « semaine » annuelle céleste, celui de la nature de cette « semaine temporelle » avec ses caractéristiques planétaires, enfin celui des quatre qualités alchimiques Terre, Eau, Air, Feu, des sphères planétaires qui les constituent.

Les préparations des composts

Dans la pratique, la première action consiste à soigner les sols, ces peaux de notre planète, pour augmenter leur capacité d'appeler et de recevoir les influx des forces suprasensibles des sphères planétaires, ces musiciennes de la « musique des sphères ».

Note : « La musique des sphères » génitrice des organismes vivants fut entendue par l'humanité antique. L'histoire le relate toujours aujourd'hui. Ces sphères de forces célestes étaient perçues comme entourant la Terre comme autant de boîtes emboîtées les unes dans les autres. La sphère de forces la plus vaste qui emboîte toutes les autres est celle de Saturne, la plus réduite est celle de la Lune. Le mouvement des planètes circulant à la périphérie de ces forces nous fait voir les mouvements qui les animent et les relations entre elles.

L'illustration 12, page suivante, donne la situation dans la semaine des six impulsions planétaires apportées par les préparations inoculées dans les composts en meule dans les conditions idéales de trous en trous bien distants. Ils sont épandus directement sur les sols. Dans des cas exceptionnels, de petites

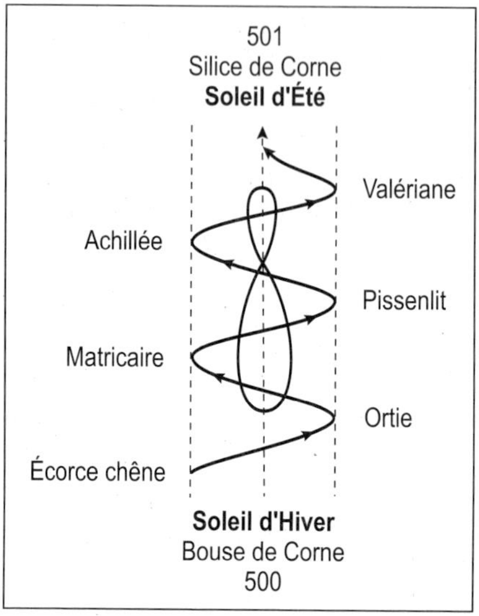

quantités de ces composts sont prélevées pour les diluer dans de l'eau et en arroser les composts qui n'ont pu recevoir ces préparations. L'élaboration de ces dits composts se réalise donc en conformité avec l'ordonnance de la vie supra-sensible planétaire. Ils seront donc mieux reliés au ciel. Les sols qui recevront ces composts se trouveront alors dans les meilleures conditions pour être mieux influencés par les forces supra-sensibles célestes.

L'illustration 13, page suivante, donne quatre points de vue qui permettent d'améliorer la compréhension de ces six préparations.

Il y a d'abord la manière employée par R. Steiner pour les présenter. Il a commencé par l'achillée avec la qualité de potasse remise à sa place qui apporte donc la maîtrise, la force, la fermeté, car elle n'est pas noyée dans l'eau de sa solution comme dans les engrais chimiques. Ensuite, vient la matricaire à la digestion calcique, créatrice des sols (pédogénèse) suivie de l'ortie qui se fortifie dans sa lutte contre une jeunesse éternelle, un azote fougueux. Vient alors le calcium de l'écorce de chêne qui lutte contre l'excès des forces terrestres à l'assaut de l'atmosphère, d'où les maladies cryptogamiques qui en proviennent. La silice du pissenlit printanier peut alors bien jouer son rôle en reliant les sols au ciel. Cela se termine par l'apothéose de la valériane qui étend un grand parapluie chaleureux au dessus des sols et des plantes. Tout cela peut bien se réaliser car toutes ces plantes sont porteuses d'un processus sulfureux extrêmement subtil. Les dominantes chimiques de la composition de ces plantes manifestent dans la matière leurs diverses vertus. Les plantes qui sont « œuvrières » des planètes inférieures sont riches en bases, alors que les autres sont riches en métalloïdes qui peuvent donner des acides. Celles-ci sont en rapport avec les « planètes supérieures ».

La comparaison avec les composants dominants des engrais chimiques est très instructive. Le NPK chimique apporté sous forme de sels solubles ne stimule que les processus de « l'élément eau » des forces suprasensibles au détriment des autres. Il en résulte des productions excessives, les gigantismes, mais

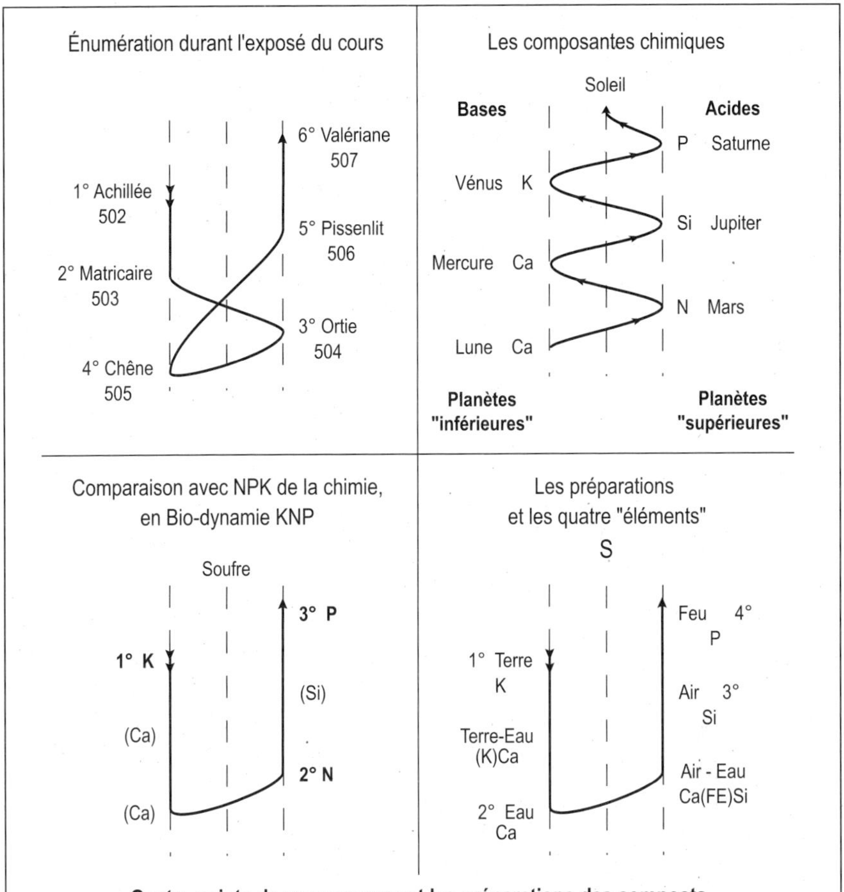

Quatre points de vue concernant les préparations des composts

aussi les genèses de substances mal élaborées, les carences, excès, amollissement et maladies qui en résultent, bref une dévitalisation végétale, en même temps qu'une pétrification, une destruction des sols.

D'autre part la science agronomique qui ignore tout du rôle alchimique des trois éléments majeurs, les a présentés dans un ordre aberrant au regard de ce qui est enseigné ici : NPK.

En Bio-dynamie, la base de l'édifice K est la première, suivie de l'élément qui met tout en mouvement, le N, entouré de deux comparses polaires Ca et Si qui le maîtrisent avec la force tranquille du Fe. Cet azote-là, de l'ortie est le cœur de l'édifice. Alors seulement, peut s'exprimer de bonne manière le ciel chaleureux avec la silice et le phosphore. Nous trouvons donc la trilogie Terre-Soleil-Ciel : KNP.

Il faut enfin considérer les quatre « éléments » de l'ancienne alchimie : Terre, Eau, Air, Feu qui sont tous les quatre impliqués dans cette dynamique de vitalisation maîtrisée, régulée. La potasse est « l'œuvrière » des forces de l'élément Terre, le calcium la maîtrise de l'élément Eau, la silice de la participation de l'élément Air et le phosphore chapeaute le tout en apportant la chaleur de l'élément Feu, indispensable pour les saines fructifications des plantes cultivées.

LES DEUX PRÉPARATIONS SOLAIRES

L'axe de l'illustration 12 montre la dynamique de l'axe solaire de la semaine céleste annuelle qui est révélée par la lemniscate tracée dans le ciel par celui-ci. Pour éviter toute confusion, nous rappelons que c'est la Terre elle-même qui suscite ce tracé par sa vitesse de rotation plus rapide ou plus lente dans le cours de l'année (illustration 10).

La lemniscate révèle nettement les deux qualités solaires opposées. D'une part celle du soleil estival qui agit de l'extérieur en impulsion « contre spatiale » des forces suprasensibles périphériques. Ce soleil estival est l'initiateur de l'absorption de la lumière invisible par les plantes avec ses multiples caractéristiques dans l'assimilation chlorophyllienne des feuilles. D'autre part, venant de l'autre coté de la Terre, agissent autrement les forces solaires absorbées par la Terre en hiver. Cette inversion de l'action transforme le dynamisme de ces forces qui s'opposent aux premières. Elles rayonnent en effet du centre de la Terre. De ce fait, ces forces centrales génèrent l'espace en s'éparpillant dans toutes les directions. Elles irradient en toute plénitude sous terre au niveau des racines, puis montent à la rencontre des forces du contre-espace dans l'atmosphère au niveau des tiges. Elles s'expriment dans la sève brute qui se transforme ensuite en diverses sèves élaborées. Deux préparations ont été conçues par R. Steiner pour magnifier ces deux impulsions durant la végétation des plantes.

La première est la **bouse de corne ou 500**. Elle stimule l'action du soleil hivernal au moment des semailles. De ce fait, les racines se développent mieux et s'allongent plus en profondeur et cela d'autant mieux si le sol a été préalablement fertilisé le plus profondément possible par le compost solide ou liquide.

D'autre part les plantes allongent beaucoup mieux leurs tiges à la rencontre du contre-espace. Un autre emploi de cette préparation concerne le climat. Un été excessivement chaud et sec est en rapport avec une haute pression atmosphérique provoquée par la dilatation des gaz de l'atmosphère (l'explication de Newton sur ce sujet est à reconsidérer). L'air dilaté avec ses forces de contre-espace fait pression sur les sols et dans les sols. Il pousse l'eau dans les profondeurs, d'où l'assèchement qui en résulte s'ajoutant à l'évaporation et à l'évapo-transpiration de la surface. L'emploi de la préparation de bouse de corne en cette circonstance et à des dates étudiées du calendrier a maintes fois rétabli la situation.

L'autre préparation est la **silice de corne ou 501**. Elle est pulvérisée dans l'air en brouillard fin pour rendre l'atmosphère plus apte à recevoir les forces du soleil estival, à mieux les intégrer en elle. Il en résulte une accentuation et une meilleure assimilation chlorophyllienne. Selon les cas, la matière première choisie est de la pure silice comme le quartz. Cette silice de corne est à préférer dans les régions septentrionales. Dans les régions méridionales où l'atmosphère est réverbérante, il faut la rendre plus apte à intégrer les forces de la lumière invisible pour susciter une meilleure et plus longue assimilation chlorophyllienne des plantes dans la journée. Les matières premières choisies seront donc des silicates, surtout les feldspaths.

En cas de temps trop humide, trop longtemps pluvieux à caractère hivernal, cette préparation de silice peut atténuer, corriger quelque peu la situation. On observe en effet en ces circonstances des pressions barométriques basses prolongées qui favorisent les forces de l'espace, qui sortent du sol en excès d'où l'atmosphère embrumée, les pluies continues, les inondations...

LE CALENDRIER BIO-DYNAMIQUE

Il s'est avéré par la suite que l'application de ces nouvelles pratiques demandait à être exercée aux meilleurs jours et aux meilleures heures de la journée pour obtenir les plus beaux résultats. Il a été constaté aussi que l'emploi de ces pratiques dont l'objectif est de mieux relier la Terre au Ciel rendait les lieux traités plus sensibles à de bons et mauvais influx, d'où l'importance d'utiliser un calendrier dit « biodynamique ». R. Steiner avait donné dans de nombreuses conférences et dans son cours d'astronomie des indications de base sur ce sujet, mais n'avait pu l'approfondir dans son application pratique.

De manière empirique et aussi traditionnelle Ernst Rulni avait ébauché la matière dans les calendriers qu'il avait publiés. Maria Thun l'a suivi ensuite en créant un centre d'expérimentation où les recherches se poursuivent en toute rigueur scientifique depuis à peu près un demi siècle.

Ce calendrier et l'enseignement qui en a été donné ont été l'objet d'un tel engouement que plusieurs imitations plus ou moins bonnes en ont été faites. Cela prouve que l'humanité a encore une conscience confuse de ces relations, comme celles de la Terre avec le Ciel.

Note : *Jardiner avec la Lune et le ciel* de Xavier FLORIN. Diffusion par le Mouvement de Culture Biodynamique.

Mais ce calendrier n'est pas le rappel d'un passé révolu et c'est là qu'on en fait des imitations déformées. C'est d'une manière nouvelle orientée vers l'avenir et résolument scientifique qu'il faut considérer ce calendrier et ses indications. Il ne s'agit d'ailleurs pas seulement de s'en servir pour agir aux meilleurs moments dans la pratique, mais aussi pour devenir plus conscient de la qualité des jours et de la relation entre le temps météorologique et le Ciel.

CONCLUSION

Recevoir les pratiques appropriées pour soigner et guérir la Terre avec les explications préliminaires pour en comprendre le fonctionnement est important. Mais nous avons constaté que de nombreuses personnes qui se sont lancées dans cette voie de rénovation ne peuvent en rester là. Elles ont besoin de clarifier et éventuellement éliminer ce qui confusément les habite, ce qui a été imprégné en elles par notre époque. Elles ont soif de vérité. Or, ce qui perturbe, ce sont les théories scientifiques prématurées, non solidement fondées, quelquefois partiellement vraies mais généralisées, théories pouvant être contredites ultérieurement par les faits.

On ne peut plus par exemple accepter sans réfléchir, telle une vérité d'évangile, la théorie scientifique matérialiste actuelle d'une prééminence de la matière. Ce socle de la science dominante de nos temps consiste à enseigner qu'à l'origine de la vie il y a la matière, que celle-ci est à l'origine de la Vie. Il en résulte qu'un blocage se fait dans le mental, tel qu'on ne peut même pas penser que la Vie puisse être physiquement invisible, qu'elle est force suprasensible, qu'elle chemine selon les circonstances agissant constamment dans l'Univers Temps-Espace jusqu'au moment où tout est acquis là ou le veut la sagesse créatrice pour que des « organismes vivants », tels que l'on peut les connaître sur Terre – et seulement sur elle – apparaîssent. En effet, la position spécifique de celle-ci dans l'espace céleste est cause de l'apparition d'organismes vivants à caractère terrestre. Ils ne peuvent donc exister tels quels sur une autre planète. La pensée contemporaine ne comprend pas cela et on confond sans cesse la Vie et les organismes vivants. Lorsqu'on a appris, avec preuves à l'appui, que le ciel est vivant et que ses forces de vie sont à l'origine des organismes vivants, de la matière qui en résulte, ce que la plante nous rappelle encore tous les jours dans son assimilation chlorophyllienne et que les Antiques ont enseigné depuis la nuit des temps, on ne peut plus accepter ce postulat de notre époque. Tout devient clair, on se libère de cette « croyance » de la science et l'on peut décrypter autrement le message des phénomènes et l'histoire de la Rerre, car le paradigme est différent.

On ne peut plus accepter la loi de Lavoisier : « Rien ne se perd, rien ne se crée, tout se transforme » alors que les découvertes sur les transmutations biologiques nous ont mis sur la voie d'une autre manière de considérer les choses. « *Tout peut au contraire matériellement se perdre pour se recréer autrement ensuite, de la matière à l'énergie et de la vivante énergie à une nouvelle matière* ». À sa manière encore matérialiste Einstein nous a préparé à une autre conception de la transformation des êtres et des choses.

À nous de réfléchir posément et de tourner plus consciemment nos regards autour de nous. Nous constaterons toujours plus alors, paradoxe, que la science matérialiste nous montrera dans ses découvertes, qu'en effet le ciel autant que la Terre sont vivants et que c'est cela qui est à l'origine de toutes les manifestations physiques, les organismes vivants, mais aussi la matière minéralisée. S'il n'y avait plus de Vie, celle-ci tomberait en poussière comme le squelette des vieillards. Il existe donc une certaine forme de Vie sur la Lune, comme sur Mars, celle de « l'élément Terre » ou Ether de Vie d'où le minéral qui en résulte, de fait, l'alpha et oméga de toute existence.

Toute personne qui a acquis ces convictions non plus en y étant plongée inconsciemment comme auparavant, ni par coup de cœur ou croyance comme cela est possible aujourd'hui, mais par la recherche des faits scientifiques probants, change de comportement. Elle considère alors l'agriculture,non plus dans le seul but de produire des aliments, mais aussi à notre époque dans celui de revivifier et guérir notre planète affaiblie. Il en va de l'avenir de l'humanité et de sa raison profonde d'exister.

LA MAIN VERTE
OU L'ART D'UTILISER LES SYNERGIES DE LA NATURE

Joseph LUCAS
Jardinage et culture biologique

« **Elle a la main verte** » une phrase que l'on attribue aux personnes obtenant régulièrement, dans leur domaine agricole, leur jardin ou leur maison, des plantes vigoureuses et saines. Des hommes et des femmes qui, parfois, n'ont reçu ni apprentissage ni formation spécifique.

La personne qui a la main verte perçoit avec finesse ce dont la plante a besoin à un moment précis. Le geste est adapté, pétri de sensibilité et juste : *plus de lumière, moins d'eau, un peu plus de chaleur...* Toute opération sur les plantes leur réussit. Ces personnes sont aux plantes ce que Mozart est à la musique et Rodin à la sculpture.

Une sorte de connaissance intuitive s'établit entre la personne et le végétal. Ils entrent en résonance, en osmose et communication intime. L'attention et le geste juste naissent de cette proximité.

L'homme observe, s'imprègne, se rapproche du végétal et entre en compagnonnage avec lui. Il ressent et perçoit de plus en plus finement les réactions de la plante, ses attentes et besoins réels. Il prend conscience de la prédominance du vivant dans la nature, des différents éléments qui forment l'environnement de la plante et des interactions qui y existent.

LA CONSCIENCE DU VIVANT

Tout dans la nature est Vie et participe de cette Vie. De la terre au cosmos en passant par le végétal, l'animal, le minéral et l'homme, les principales étapes de la vie se retrouvent : *naissance, croissance, régénérescence, reproduction, vieillissement, mort, renaissance.* Les mêmes grandes fonctions existent : *capter, absorber, digérer, transformer, émettre.* Les besoins sont identiques ou très proches. Les êtres vivants ont besoin *d'air, d'eau, de chaleur, de nourriture, de communication, d'échange.* La plupart des éléments qui « peuplent » la nature sont issus des êtres vivants, liés et transformés par eux. Il en est ainsi du calcaire, du charbon. Le vivant est là présent, il est à l'œuvre. Facile à percevoir chez le végétal, l'animal et l'homme, il est plus difficile à appréhender dans le sol et le cosmos

Et pourtant :

Le sol naît d'une rencontre, celle de l'argile et de l'humus. Il croît (s'épaissit). Il évolue (brunification). Il se régénère en permanence, des argiles et des humus sont détruites, d'autres naissent grâce à l'action des êtres vivants. Le sol meurt par absence de régénérescence, perte des liens (calcaire, fer...). Le sol capte le rayonnement solaire, stocke l'eau et les minéraux, les transforme et les redistribue. Il contient une multitude d'êtres vivants (vers, bactéries, champignons, actinomycètes...). Il est lié et transformé par eux.

Les étoiles naissent, grandissent, rayonnent, émettent des ondes, se transforment, vieillissent et meurent. Les planètes sont en perpétuel mouvement selon un rythme propre à chacune.

LES INTÉRACTIONS DANS LA NATURE

Au-delà de la prise de conscience de la proximité du vivant, il y a lieu de bien saisir les liens et interactions qui existent dans la nature. La notion de « main verte » est plus particulièrement liée au végétal.

Liens cosmos-végétal

Le végétal capte le rayonnement solaire absorbe le CO_2, rejette l'O_2 et élabore les matières organiques : *glucides, lipides, protides...* Il absorbe l'O_2 et rejette du CO_2 lors de la respiration. De celle-ci et du rayonnement solaire la plante tire une partie de l'énergie nécessaire à toutes les réactions biochimiques, qui ont lieu au sein de ce merveilleux laboratoire qu'est la plante. Il s'agit d'une véritable alchimie. Les nodosités des racines de légumineuses transforment l'N gazeux de l'air non assimilable par les plantes en azote organique puis en nitrique assimilables. À l'énergie solaire s'ajoute l'énergie liée au rayonnement et mouvement de la Lune, des planètes, des étoiles et de leurs constellations.

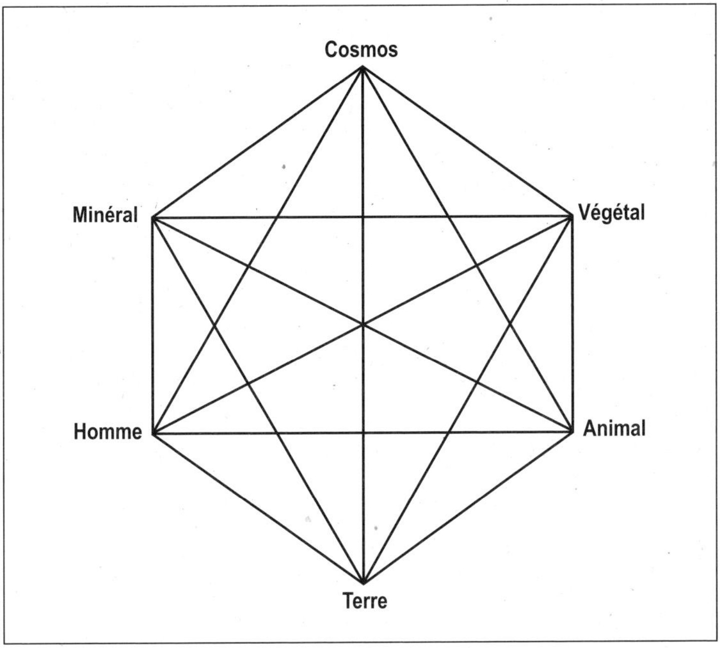

Lien minéral-végétal

Dans son lien avec le minéral le végétal trouve les éléments minéraux nécessaires aux fonctions vitales de la plante : *nutrition, respiration, transpiration, photosynthèse, etc*. Certains entrent dans la construction des cellules végétales, mais la plupart agissent comme des catalyseurs. Tel un microcircuit de transistor ils sont tous indispensables. Si l'un manque, n'est pas connecté ou n'est pas assimilable, une ou plusieurs fonctions peuvent être bloquées. La vie de la plante est compromise.

Lien animal-végétal

Dans son lien avec l'animal, le végétal bénéficiera des déjections organiques et solides sources d'azote et autres éléments nutritifs. Associés dans le processus du compostage, les résidus végétaux et animaux seront à la base de la fumure en agriculture biologique et biodynamique. Apportés au sol, ils formeront le précieux humus nécessaire à la formation du sol (complexe argilo-humique) et au renforcement de sa vitalité. Des éléments comme des hormones de croissance (auxines) contenues dans la bouse de vache favorisent le développement racinaire.

Lien terre-végétal

Dans son lien avec la terre, le végétal s'enracinera, puisera l'eau et les minéraux dissous. Les racines, grâce à leurs exsudats et à la vie microbienne qui les entoure (la rhizosphère), sont des agents de formation du sol.

Lien homme-végétal

Dans son lien avec l'homme, le végétal recevra tous les soins nécessaires à son développement.

LA PLANTE : LIEN ENTRE LE SOL ET LE COSMOS

La plante est par essence nourriture :

• **matérielle :** elle apporte les éléments qui servent à la construction de notre corps, au fonctionnement de nos organes et à leur régénérescence. Elle fournit des fibres pour les vêtements, des essences pour se soigner. Elle purifie l'air, diminue son taux de CO_2 et l'enrichit en oxygène ;

• **sensuelle :** la plante nourrit de ses parfums nos papilles olfactives et gustatives. Sa douceur, sa rugosité ou parfois son aspect piquant et urticant aiguise nos sensibilités tactiles. Le bruissement des feuilles stimule notre oreille interne. La couleur, la forme, le port des plantes et leur mouvement impressionnent nos cellules visuelles ;

• **poétique et spirituelle :** la plante à travers la diversité de formes, couleurs odeurs, parfums, son port, sa souplesse ou sa rigidité est source d'inspiration pour les artistes et de contemplation pour les mystiques. Elle est parole et fait circuler la parole.

Par ses feuilles la plante est baignée dans l'atmosphère et le cosmos. Elle y puise le C, l'O, nécessaires avec l'H, (issu de la cassure d'une molécule d'eau), à l'élaboration des glucides, des lipides. Les protides nécessitent en plus de l'N nitrique pour leur élaboration. Le cosmos avec les énergies solaires, lunaires, stellaires et constellaires participe de cette alchimie et de la qualité des produits élaborés (richesse en sucre, en acides aminés, en huile...).

Les racines façonnent le sol, dont la structure devient grumeleuse, meuble, aérée, humide sans excès et se réchauffant facilement. Les racines s'y enfoncent de plus en plus profondément à la recherche des éléments vitaux que sont les minéraux et les oligo-éléments. Des racines dont la rhizosphère est, tel un essaim, entouré d'une myriade de bactéries, champignons microscopiques, actinomycètes. Cette rhizosphère par oxydation et chélation rend absorbables les éléments nutritifs. Cette vie, de par le milieu acide qu'elle crée, provoque l'hydrolyse des roches silicatées et la formation des argiles. Elle dégrade les matières organiques en éléments de plus en plus simples et élabore par synthèse les molécules humiques. De nouveaux argiles et humus naissent, issus de roche-mère et de plantes différentes. Ces argiles et humus ont des qualités spécifiques.

Le complexe argilo-humique sera plus ou moins pourvu en tel ou tels minéraux. De là se développeront des plantes aux qualités propres : arôme, saveur, consistance. Elles ont des caractéristiques spécifiques et typées. Ce seront des produits de terroir.

Ce lien au sol (obligatoire si l'on veut parler d'agriculture biologique) renforce la typicité des produits. Cette typicité renforcée est le résultat du travail de ces myriades d'êtres vivants contenus dans le sol. Ces travailleurs de l'ombre, tels des mineurs de fond, extraient de la roche-mère les minéraux nécessaires à la vie.

LES PRATIQUES AGROBIOLOGIQUES QUI EN DÉCOULENT

Le lien que la plante exerce entre le cosmos et la Terre la rend profondément dépendante de ces deux milieux. En production végétale biologique, on apportera une attention toute particulière au maintien et à l'amélioration de la vitalité du sol ainsi qu'à la prise en compte des influences cosmiques et atmosphériques. Un travail de sélection végétale est indispensable. Les bases et techniques des productions végétales en agriculture biologique concerneront :

1. La fumure essentiellement à base de fumure organique compostée, d'engrais verts et de roches minérales naturelles plus ou moins finement broyées.

2. Le travail du sol : le travail sans retournement par griffage ou passage de la roto-bêche sera privilégié. Le taux d'humidité du sol sera déterminant. De lui dépendra la qualité structurale du sol. Le sol doit se déliter sans effritement excessif.

3. Les associations : elles sont basées sur l'effet de synergie (stimulation, protection, régulation...) qui existe entre certaines plantes qui se développent ensemble. On associera des plantes qui ont des effets bénéfiques entre elles.

4. Les rotations ont pour but d'éviter la fatigue et l'épuisement des sols. Elles consistent à faire se succéder sur une même parcelle des plantes qui permettront au sol de conserver toute sa vitalité. Il faut veiller dans la succession des plantes à ce que la précédente soit favorable au développement de la suivante.Une plante donnée ne reviendra sur une même parcelle qu'après plusieurs années.

5. L'engrais vert permet une couverture quasi-permanente du sol, protège des excès climatiques, améliore sa structure, évite le lessivage et est un complément de fumure plus ou moins humifiant ou minéralisant suivant le stade de son broyage et de son enfouissement.

6. L'irrigation minimum : toutes les techniques de diminution de la transpiration des végétaux et d'évaporation de l'eau du sol seront mises en œuvre: binage*, mulching,* brise-vent, etc. Il y aura lieu d'augmenter les capacités de réserves en eau du sol par le compostage et un travail du sol grossier avant l'hiver.

7. Un drainage non desséchant, il s'agit de retirer l'eau en excès et non de rendre le terrain desséchant.

8. Des amendements calcaires et sableux à dose modérée. L'humus est l'améliorateur essentiel.

9. La plantation de haies sur talus pour la rétention de l'eau, le ralentissement de l'érosion pluviale et éolienne, la protection du vent et le développement d'une faune auxiliaire prédatrice.

10. L'attention aux rythmes cosmiques : solaire, lunaire, planétaire et constellaire. Exemple : les repiquages, plantations et transplantations seront effectués de préférence en lune descendante et le soir (soleil descendant).

11. L'utilisation judicieuse des « préparats biodynamiques » dont les buts sont de stimuler l'activité vitale des sols, de la plante. En de nombreux points ils s'apparentent à l'homéopathie. Il s'agit de soigner le terrain c'est-à-dire les causes profondes et non seulement les conséquences.

12. La régulation du parasitisme et des adventices par des méthodes et moyens naturels : mécanique (binage, buttage, piégeage...), manuelle (sarclage, désherbage, cueillette...), thermique (vapeur, brûlage...), apports de prédateurs (*Encarsia formosa* contre l'aleurodes...), phytothérapie (purin, tisanes ou décoction de prêle, ortie, fougère...), utilisations de produits d'origine naturelle autorisés : roténone, pyrêthre, sulfate de cuivre, soufre, permanganate de potasse.

13. La sélection et la production de ses propres graines ou l'achat de graines issues du mode de production biologique.

14. Le choix d'espèces et de variétés adaptées à son terroir (sol, conditions climatiques...).

CONCLUSION

Si la main verte est un don reçu avec plus ou moins d'intensité, elle est aussi le fruit de tout un travail d'observations, d'expériences et de confrontations réelles dans une pratique régulière. On y découvre alors que *l'agriculture est l'art d'utiliser les synergies qui existent dans la nature* entre :

Les végétaux : rotation, association, tisane, décoction, purin, essence...

Les végétaux et animaux : nutrition, transformation, déjections animales...

Les végétaux et le sol : rotation, association, engrais verts, compost végétal...

Les végétaux, le sol, les animaux : compost végétal + animal, pâturage, traction animale.

Les végétaux, le sol, les animaux et le cosmos : calendrier planétaire, préparats bio-dynamiques.

Les fruits de tous ces travaux de recherches fondamentales et appliquées, l'échange des observations, des expériences et des réflexions de tous : praticiens, chercheurs, techniciens et conseillers sont autant de données pour des journées de formation et d'échanges. Les talents reçus ne sont que l'ébauche de capacités plus grandes. Ils sont appelés à fructifier.

CETTE TERRE QUE NOUS EMPRUNTONS À NOS ENFANTS

Joseph LUCAS
Jardinage et culture biologique

Un orage d'une grande violence éclate sur le Beaujolais. Dans ce vignoble escarpé et pentu, c'est l'érosion. Un constat affligeant s'impose : plusieurs centimètres de terre dans les rues de Beaujeu, une rivière l'Ardière, dont l'eau est habituellement claire, charrie limon et argile, les fossés sont remplis des éléments les plus grossiers (sables...), des rigoles de plusieurs centimètres sont visibles, des ceps sont déchaussés, parfois déracinés.

La bonne terre, la terre source de vie coule vers la mer, se dépose dans le lit des fleuves. La terre qui s'en va, c'est la vie qui s'en va. C'est la nourriture de tous les êtres vivants et de nous les humains qui part « en fumée » plus précisément au fond des océans. L'érosion : un phénomène naturel aggravé par l'agriculture intensive.

L'ÉROSION : UN PHÉNOMÈNE NATUREL AGGRAVÉ PAR L'AGRICULTURE INTENSIVE

L'érosion des sols a toujours existé. Elle résulte d'un certain nombre de phénomènes contre lesquels l'homme ne peut pas toujours agir. Cette érosion a d'ailleurs donné lieu à la naissance de nombreux sols alluvionnaires, limoneux voire argileux.

C'est un cri d'alarme, car aujourd'hui ce phénomène prend une ampleur considérable dans de nombreuses régions du monde. L'Europe et la France n'y échappent pas : 500 000 ha en France sont sujets à l'érosion éolienne.

L'agriculture intensive actuelle accentue dangereusement ce phénomène. La destruction des haies, fossés et talus, le désherbage chimique systématique, l'emploi d'engrais solubles, les travaux de retournement de plus en plus profonds, l'emploi de nombreux pesticides, la monoculture, la non-restitution des matières organiques provoquent la baisse du taux d'humus et la désagrégation du complexe argilo-humique. La structure devient de plus en plus compacte et de moins en moins aérée. La quasi-totalité de la vie microbienne et biologique disparaît par asphyxie.

L'érosion s'accentue car :

- plus rien n'existe pour ralentir la vitesse de ruissellement de l'eau ;
- l'absence d'une bonne structure grumeleuse et de galeries des vers de terre ne permet pas à l'eau de pénétrer dans le sol ;
- le sol en l'absence d'humus et des êtres vivants actifs (bactéries, champignons, actinomycètes, vers...) n'a plus aucune cohésion. L'humus ne protège plus les argiles, les argiles ne protègent plus les humus. À la moindre pluie, les petites mottes et agrégats se désagrègent et sont entraînés par le ruissellement (érosion hydrique) et le lessivage (podzolisation) ;
- le sol qui subit la monoculture se déstructure et perd de sa résistance à l'érosion.

Les pratiques des agricultures biologiques et biodynamiques visent à renforcer la cohésion des sols. La formation d'une structure grumeleuse stable et une vie biologique intense sont les meilleurs garants de la conservation des sols vivants fertiles et féconds c'est-à-dire capables de produire et de se régénérer eux-mêmes en permanence (naissance de nouveaux argiles et humus). Ces pratiques souvent exigeantes sont d'autant mieux menées à terme si le sol est considéré comme une « entité vivante » et un lieu de vie extraordinaire. Un lieu dont il faut conserver la vitalité.

LE SOL : « ORGANISME VIVANT » ET LIEU DE VIE EXTRAORDINAIRE

Comme tout être vivant, le sol naît d'une rencontre. Celle de l'argile et de l'humus qui s'associent grâce au lien créé notamment par le calcium et le fer. Il est le fruit du travail d'une multitude d'êtres vivants qui préparent cette rencontre, et provoquent la naissance du CAH (complexe argilo-humique). C'est un travail permanent de déconstruction et de reconstruction que ces entités font grâce à de multiples réactions d'ordre biochimiques comme le montre le schéma page 217.

« Organisme vivant » car comme tout être vivant le sol :
- naît d'un processus de reconstitution, synthèse et polymérisation, qui avait été précédé d'un processus de désagrégation (simplification de la structure des matières organiques, usure de la roche-mère et libération des éléments de liaison (Ca, Fe, Al...) ;
- grandit, s'épaissit, évolue, et devient de mieux en mieux structuré (structure grumeleuse) ;
- vieillit, se déstructure et meurt si les éléments de liaison disparaissent, les argiles et humus sont lessivés (podzolisation) ne laissant en surface que des sables et limons sensibles à l'érosion hydrique et éolienne.

UN LIEU DE VIE EXTRAORDINAIRE

La vie biologique des sols en chiffres

• **Les vers de terre** : 250 000 à 2 500 000 vers pour 30 à 300 tonnes de terre remuées par an, pour 40 à 120 tonnes de tortillons par an, pour 4 500 à 45 000 km de galeries à l'hectare.

• Au mètre carré, notons la présence de 180 à 200 **araignées**, 200 à 500 **fourmis**, 900 à 1 700 **myriapodes**, 20 000 à 120 000 **acariens**, 10 000 à 40 000 **collemboles**, 150 000 à 20 000 000 de **nématodes**.

• Un gramme de sol, soit la valeur d'une cuiller à café, contient de 10 000 000 à 1 000 000 000 de **bactéries**, 1 000 000 à 100 000 000 d'**actinomycètes**, 1 000 000 à 1 500 000 de **protozoaires** et 100 à 1 000 mètres d'hyphes de **champignons** véritables estomacs de la plante.

Ils broient, malaxent, digèrent, transforment, extraient, libèrent, oxydent, chélatent. Ils préparent les éléments nutritifs et les rendent assimilables par les racines de la plante.

Près de la racine une intense activité biologique se développe. Près de 50 % du carbone absorbé et transformé en substance organique est exsudé par les racines. Ces exsudats sont très riches en glucides et autres éléments nutritifs pour les êtres vivants du sol (bactéries, actinomycètes, champignons). Ils donnent naissance à la **rhizosphère**. Les bactéries streptocoques lactiques et lactobacilles dont on connaît les propriétés indispensables à la vie y sont nombreuses. Des analyses développées par Bernard Berthet permettent d'évaluer l'état de santé du sol, son équilibre biologique, sa vitalité à partir de la présence plus ou moins importante de ces bactéries en concurrence avec les bactéries pathogènes.

Tous les phénomènes qui caractérisent les rapports des êtres vivants se retrouvent dans le sol. La **symbiose** dans laquelle deux individus ne peuvent vivre l'un sans l'autre (légumineuses + rhizobium, racines = mycorhizes). Le **parasitisme** où un seul vit au détriment de l'autre (bactéries sur nématodes, protozoaires sur bactéries, champignons sur nématodes). Le **saprophytisme** ou la nutrition a lieu sur des matières organiques mortes. La **prédation** qui se rapproche du parasitisme mais se traduit par la mort et l'absorption de la proie. L'**antagonisme** où il y a inhibition sans destruction. La **compétition** se caractérise essentiellement par une concurrence au niveau de la nourriture (rhizobium sauvage et rhizobium d'inoculation sur les légumineuses). La **lyse** ou dégradation cellulaire. **L'antibiose** est provoquée par l'émission d'antibiotiques par les champignons et actinomycères. Le **mutualisme** ou les individus qui peuvent vivre l'un sans l'autre se stimulent s'ils sont en présence l'un de l'autre, (association des plantes...).

Toutes ces activités sont à la fois génératrices et résultantes des nombreuses réactions biochimiques provoquées par ces bactéries et autres êtres vivants. Ce sont :

- la chélation et l'oxydation qui permettent à la plante d'absorber sa nourriture ;
- la transformation par les rhizobiums et les azotobacters de l'azote gazeux en azote nitrique absorbable ;
- le phosphore rendu assimilable par les mycorhizes des racines ;
- la transformation des éléments nutritifs dans les intestins des vers et autres êtres vivants animaux ;
- l'acidification des sols en période d'intense activité biologique.

STIMULATION DE L'ACTIVITÉ BIOLOGIQUE

En réalité une grande partie des actions et du temps de l'agriculteur devrait être consacrée à la stimulation de l'activité biologique. Il s'agira de faire du sol un lieu habitable. Un lieu où les êtres vivants du sol trouveront : oxygène, eau, nourriture et chaleur nécessaires à leur développement. L'agriculteur recherchera la structure « grumeleuse » favorable à cette vie. Il mettra tout en œuvre pour l'obtenir. Le compostage, les rotations, les associations, les engrais verts, le travail du sol, l'apport de poudres de roches calcaires, argilo-calcaires (marnes) ou siliceuses l'utilisation des préparats biodynamiques favoriseront cette structure du sol. L'activité biologique accrue la consolidera. En effet les filaments de champignons et les bactéries sont les artisans de cet assemblage fragile. Par enrobage de la surface externe des agrégats, les filaments du mycélium des champignons microscopiques contribuent à leur stabilité. Les bactéries sécrètent des polysaccharides, sorte de colle qui assure à l'ensemble une cohérence très forte et lie entre eux, argiles, limons, humus. Cette colle n'est pas persistante. Il faut la renouveler en apportant de la nourriture aux bactéries. L'apport régulier de matières organiques : compost, mulch, engrais verts y pourvoira.

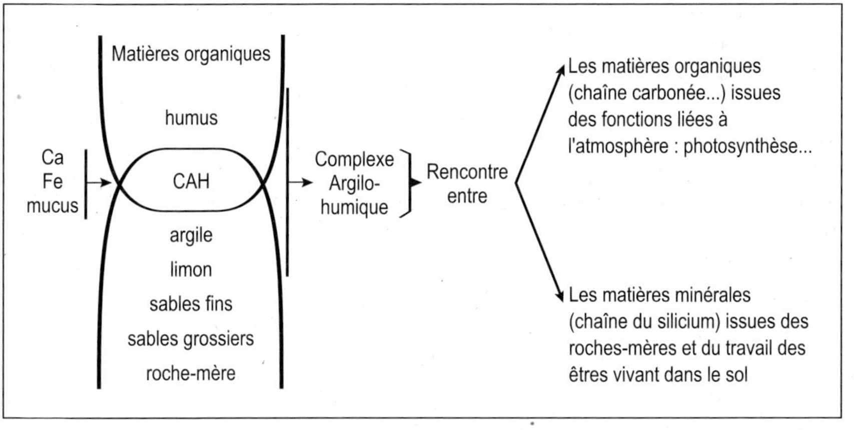

IL S'AGIT EN FAIT DE NOURRIR LES MICROBES DU SOL

La population microbienne liée à la rhizosphère sera stimulée par une rotation la plus variée possible, des associations judicieuses et des engrais verts adaptés. L'apport de fumier, compost et la pratique d'engrais verts stimuleront les microbes liés à la matière organique. Pour stimuler les populations liées à la fraction minérale il faudra apporter des argiles à grande surface interne (smectiques) et les minéraux manquants (calcium, fer, silice...).

Dans les sols jeunes, comme les sols alluviaux, érodés de montagne et volcaniques il faudra stimuler la pédogenèse et la maturation de ces sols par marnage et compostage. Un apport de fer contribuera à leur maturation.

Dans les sols mûrs et bien évolués, un simple apport d'humus sans excès suffira.

Dans les sols dégradés, le complexe argilo-humique se déstructure, les éléments constitutifs se séparent, se dégradent et sont lessivés. Des techniques permettront d'arrêter ou de ralentir ces processus de dégradation. Celles-ci se regroupent en deux types :

- stimulation de la pédogenèse par apport d'humus, d'argile et de calcium ;
- lutte contre l'érosion : couverture permanente par *mulching* ou enherbement.

Être conscient :

- de la multitude et de la diversité des êtres vivant dans un sol ;
- du rôle primordial des êtres vivants dans la structuration des sols et la préparation de la nourriture pour la plante ;
- que l'érosion et le lessivage augmentent de façon dramatique et provoquent la disparition de milliers d'hectares de terre cultivable chaque année ;
- que c'est la vie de tous les êtres vivants qui est en jeu ;
- qu'il s'agit de notre propre survie.

Réagissons et faisons le choix de pratiques agricoles qui vivifient les sols et permettent leur conservation. Les agriculteurs pratiquant les méthodes de culture et d'élevage biologique et bio-dynamique ont fait ce choix.

Ainsi nous rendrons à nos enfants une Terre habitable et habitée, une Terre capable de nourrir les générations futures.

L'ARBORICULTURE FRUITIÈRE BIO-DYNAMIQUE

Gérard AUDIO
Arboriculteur

Les manipulations, les mauvaises façons culturales, les multiples traitements chimiques fragilisent les arbres fruitiers. Il nous faut revenir à une meilleure rusticité des végétaux pour obtenir des fruits sains et substantiels. Il nous faut revenir à de bonnes pratiques culturales, appliquer des « préparats bio-dynamiques ». Il faut une « ambiance » dans les jardins, les petits vergers en créant ou favorisant au maximum l'environnement, les haies, la faune, la flore, la vie microbienne des sols, leur structure dans leur relation avec le cosmos. La présence des oiseaux est indispensable, également celle des volailles, des mammifères, vaches et moutons quand cela est possible comme dans les « prés-vergers ».

Dans trois quarts du territoire français, suivant les latitudes, l'altitude, les climats, il existe plusieurs centaines de variétés et plus de vingt espèces fruitières en France. Les variétés locales sont les mieux adaptées, mais, souvent, les sujets sont trop âgés, mal soignés et n'ont plus de force. Il est très difficile de trouver de bonnes semences (pépins, noyaux, boutures) ou de bons greffons. En semant pépins et noyaux, nous pouvons obtenir d'excellents porte-greffes, pivotant au mieux dans la roche mère, résistant aux aléas climatiques (tempête, sécheresse). C'est donc l'opposé des « clones » actuels dont les racines sont superficielles, qui ne fructifient qu'à force de fertilisants, arrosages et tailles excessives... Certes leur « mises à fruit » est rapide. Dans la méthode biodynamique, l'irrigation n'est pas nécessaire et les apports d'eau tout à fait exceptionnels. L'implantation d'un verger demande beaucoup de « préparation » (semis de plantes pionnières, jachères, engrais verts, « préparats », composts, « compo de bouse selon Maria Thun », bouse de corne 500, labours en surface, désherbage). Les plantations de haies sont prioritaires, elles permettent de gagner du temps et de protéger au mieux les cultures contre les vents dominants, excessifs et froids.

Il est nécessaire de tenir compte de la nature et de l'orientation du terroir. Il est également nécessaire d'observer l'évolution de l'environnement, de « l'ambiance » qui permettra, parfois sur plusieurs années, d'implanter une nouvelle espèce. Beaucoup d'observation donc... La patience est la qualité principale du praticien du verger. Le choix des variétés fruitières à planter est délicat, difficile. Heureusement, il existe en France des pépinières proposant des plants de bonne qualité.

Nous essayons de respecter l'architecture de l'arbre avec des tailles faites à bon escient, donc taille adaptée à chaque espèce fruitière. À signaler l'affinité de la bio-dynamie avec la méthode Bouché-Thomas qui a pour avantage de provoquer des « mises à fruit » rapide, des cueillettes faciles, de donner une grande vigueur aux sujets (sauf pour les arbres à noyaux).

Après plantations ou semis, au fur et à mesure du développement, nous soignons les sols avec des façons culturales appropriées (apports de composts, de « compo de bouse Maria Thun », amendements légers (basalte), culture conjointe de fleurs, de plantes médicinales et aromatiques, engrais verts. À signaler la bonne compagnie des framboisiers, groseillers, cassissiers avec les arbres à pépins. Nous apportons une grande attention aux arbres avec des nettoyages, enduits des troncs, préparations de tisanes, tailles légères des feuillages. De même pour les fruits grâce aux préparations de tisanes.

Nous utilisons le calendrier des semis. Les actions demandent beaucoup d'observations : position du soleil, de la lune, des planètes. Tout ceci semble complexe, mais, sans chercher l'impossible, il faut un peu de pratique, un esprit de simplification, de l'intuition... Le résultat est étonnant. Les « mises à fruit » sont rapides pour les petits fruits et certains arbres fruitiers à noyaux, les figuiers et arbres à pépins, mais elles sont plus longues pour les demi-tiges, longues sur porte-greffes francs (pommiers, poiriers, cerisiers, noyers, châtaigniers), voire très longues pour certaines espèces (cormiers, oliviers, châtaigniers).

Nous tenons beaucoup à la présence des abeilles, des insectes pollinisateurs pour, bien sûr, la « fécondation », mais aussi pour la « chaleur ».

SANTÉ ET ALIMENTATION

LES PLANTES MÉDICINALES

Jean-Yves HENRY
Docteur en médecine

« Le Très-Haut a placé sur Terre les médicaments,
l'homme prudent ne s'en éloignera pas »
L'Écclésiaste (chapitre 38, verset 15)

Chaque plante réalise par ses formes, ses couleurs, ses parfums, une adaptation réussie à un biotope particulier, riche ou pauvre en soleil, en eau, en sels minéraux, en bactéries du sol... elle sera donc adaptée au traitement du patient dont les fonctions correspondantes sont défaillantes. Les principes de l'étude et quelques importantes familles botaniques vous sont ainsi détaillées. Vous trouverez le texte intégral de ce parcours botanique dans l'ouvrage *Les plantes*, collection *Mémento de médecine naturelle* disponible chez l'auteur.

Si j'ai, depuis plus de vingt ans, accumulé les ouvrages de botanique et les données cliniques sur l'action thérapeutique des plantes, c'est parce que la botanique m'est progressivement apparue essentielle à la pratique de la médecine. De plus, j'étais assez déçu par les ouvrages classiques traitant de la phytothérapie, car beaucoup ne voient dans les plantes que des « principes actifs » à extraire, comme une sorte d'aboutissement de la pharmacopée moderne...

Ma quête du monde végétal a été, il est vrai, celle d'un « amateur » (au sens étymologique du terme, c'est-à-dire « qui aime »), car la botanique est la seule matière fondamentale qui ne soit pas enseignée aux médecins en faculté, alors que, même si on a un peu tendance à l'oublier, la presque totalité des médicaments « modernes » ont une origine végétale. Jeune médecin désirant apporter des solutions à mes malades que les thérapeutiques classiques ne soulageaient guère, j'ai recherché d'autres approches médicales dans lesquelles l'étude de la botanique était essentielle. La rencontre avec des scientifiques d'exception tels le professeur **Aline Raynal-Roques** (du Muséum d'histoire naturelle de Paris) et monsieur **Gérard Ducerf** (botaniste et cueilleur pour les laboratoires homéopathiques), la lecture des ouvrages du professeur **Jean-Marie Pelt**, mais aussi les résultats remarquables obtenus chez certains patients avec quelques gouttes de telle ou telle « petite plante », tout ceci allait alimenter mes réflexions sur le sujet pendant des années.

Il m'est rapidement apparu évident que pour comprendre le rôle de chaque végétal dans le monde et le parti thérapeutique que nous pouvons en tirer, il fallait le replacer dans son contexte :

• **historique** : chaque espèce est apparue sur Terre à un moment particulier, développant des structures et des fonctions adaptées, en symbiose avec le sol, le climat et les animaux de cette époque ;

• **écologique** : chaque plante réalise par ses formes, ses couleurs, ses parfums, une adaptation réussie à un biotope particulier, riche ou pauvre en soleil, eau, sels, bactéries du sol... Elle sera donc adaptée à traiter un patient dont les fonctions correspondantes sont défaillantes ;

• **pharmacologique** : les différents constituants végétaux sont les homologues parfaits des substances actives de nos organismes (l'alimentation végétale est d'ailleurs la base de toute vie animale) ;

• **immuno-biologique** : l'action de chaque plante peut à présent être objectivée par rapport à ses effets quantifiés sur l'équilibre des colloïdes sériques. La pratique de milliers de bilans biologiques allait conforter mon opinion de la méconnaissance qu'ont la plupart des praticiens de la botanique en général, comme du rôle essentiel que nous pouvons tirer en thérapeutique du *totum* végétal, dans le cadre psychosomatique qui sera sans doute celui de la médecine de demain.

La chimiothérapie avait, jusqu'à ces dernières années, relégué au rang d'accessoires les plantes médicinales (si ce n'est pour en extraire certains principes actifs). Les plus récentes études leur rendent un rôle fondamental et ce pour deux raisons essentielles :

1. Leur adaptation au vivant est idéale, car il faut tenir compte des phénomènes de non-linéarité des réponses physiologiques : lorsqu'une certaine dose est atteinte, la réponse organique au remède plafonne.

2. Les extraits totaux ont des propriétés supérieures à la somme de leurs constituants : ceci s'explique par des phénomènes de synergie et de potentialisation.

Cet article se veut une sorte de pont entre la botanique et la phytothérapie, pour vous faire découvrir et aimer le monde des plantes qui présente tant d'individus passionnants et susceptibles de soulager parfois, comme par miracle, nos souffrances les plus anciennes. Ce petit texte est bien sûr très incomplet, tant les sujets abordés sont vastes et complexes. Je vous conseille donc de vous reporter aux ouvrages cités en référence afin d'y approfondir les aspects fondamentaux qui n'ont pu être développés ici.

LE REFÉRENTIEL D'ACTION THÉRAPEUTIQUE

« *Une civilisation nouvelle naît toujours sur les marges de celle qui la précède, à partir de groupes humains mal assimilés, ayant conservé, soit par leur situation géographique, soit par leur culture, une certaine capacité créatrice* » (Jean-Marie Pelt).

L'épine dorsale des ouvrages de phytothérapie est constituée par la méthode employée par l'auteur pour mettre en évidence et codifier l'action de chaque plante. Les divergences sont complètes en ce qui concerne le **référentiel** des possibilités thérapeutiques de chaque spécimen.

La démarche de la **médecine traditionnelle chinoise** (MTC, surtout connue en occident par son versant acupunctural) est sans conteste la plus ancienne. Elle met en avant les « **saveurs** » contenues dans chaque végétal. Chacune (acide, amer, sucré, piquante et salée) stimulant un des cinq pôles organiques, tels que la MTC en défini les fonctions et régulations réciproques.

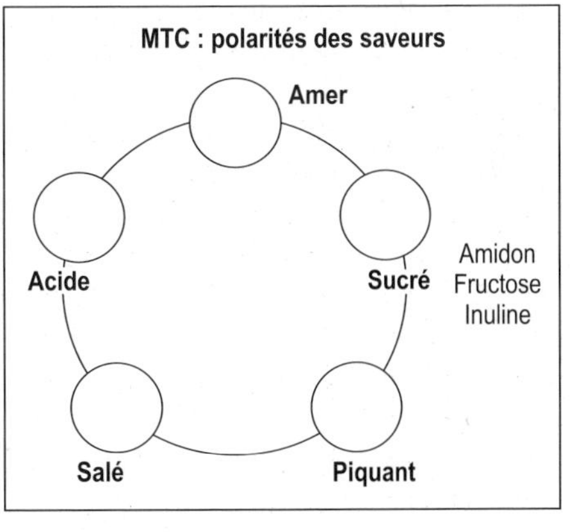

L'Inde développe aussi ce type d'approche avec la **médecine ayurvédique**, classant en « feu », « eau » et « air » les forces occultes de la nature, les maladies et leurs remèdes végétaux.

En Occident, la méthode empirique a longtemps été la seule employée. Les connaissances remontent à l'Antiquité, c'est en Égypte (-1700 avant J.-C.) que furent écrits les premiers répertoires (400 plantes) et les premières classifications connues en fonction des parties végétales (feuilles, fleurs, fruits, racines...). En 1735, « la grande classification » de **Linné** met un peu d'ordre dans les 300 000 espèces connues du monde végétal. Ce fut un travail de titan basé essentiellement sur les stades du développement de l'appareil reproducteur. Sur le plan médical, la bibliographie phytothérapique est malheureusement souvent décevante. Une centaine de plantes sont assez bien connues, mais, à la lecture des ouvrages spécialisés, on s'aperçoit que la plupart des auteurs ont copié les uns sur les autres. Depuis le début du siècle, beaucoup s'appuient sur **l'analyse chimique** des constituants principaux de ces végétaux, qui est un guide assez fidèle pour définir leurs actions sur certaines fonctions organiques. Une école récente de phytothérapie a ainsi proposé une classification des végétaux selon leur potentiel ortho ou para sympathique dominant.

L'**homéopathie**, développée au début du XIXe par **S. Hahnemann**, est basée sur une méthodologie expérimentale d'administration de la plante chez l'homme sain. Nombreux sont les auteurs qui utilisent les pathogénésies homéopathiques (environ 800 plantes). L'étude clinique en est très complète, mais surtout orientée en fonction de leurs actions sous une forme diluée et dynamisée. Le travail le plus complet a été celui de **P. Kollitsch**, qui classa les remèdes végétaux dans 25 grandes « familles thérapeutiques », en relation avec les principales régulations du corps humain.

La méthode anthroposophique a été proposée au début du siècle par **R. Steiner**, à la suite de l'œuvre de Goethe et de travaux personnels. Selon cette approche, en observant l'aspect **dysmorphique** de tel ou tel organe d'une plante, on pourra se faire une idée, par un raisonnement analogique, de sa polarité thérapeutique chez l'être humain. Exemples :

- dysmorphie de feuilles = inflammation de la peau et des muqueuses (cas de la drosère, du choux...) ;

- dysmorphie de tige = trouble du conjonctif et des os (cas de la prèle, du pin, du bambou...).

Edward Bach, médecin homéopathe anglais, consacra sa vie à la compréhension de la personnalité du malade. Il découvrit ainsi une trentaine de plantes correspondant aux états d'esprit négatifs qu'il estimait courants chez l'Homme, à la fois causes premières de la maladie et obstacle au rétablissement de la santé. La méthode thérapeutique du Dr E. Bach, décédé en 1936, tient en quelques lignes et a reçu un tel accueil de la part du public que les **« élixirs floraux »** sont à présent connus à travers le monde entier. Par expérience, je peux confirmer que de nombreuses plantes sont à même de débloquer un conflit affectif, en modifiant subtilement certains aspects du vécu du patient.

Les approches sérologiques en phytothérapie sont des méthodes récentes et originales. Ainsi, celle de **Pol Henry**, médecin belge, qui développa, à partir des années 1960, une technique d'aide au choix thérapeutique de divers bourgeons, basée sur des tests de laboratoire. Cette méthode, baptisée « gemmothérapie informatique », fut élaborée grâce à la réalisation expérimentale de pathogénésies biologiques des remèdes à étudier. Pour ce faire, il effectuait un premier bilan biologique sur un lot de lapins. Puis, les animaux étaient traités pendant six semaines avec le remède à étudier. Au terme de la prise du médicament, un second bilan était réalisé et les résultats comparés avec le premier. On déterminait ainsi pour chaque remède un profil moyen d'action sur les paramètres choisis comme points de repère biologiques.

Bilan biologique 1 + 6 semaines du remède à tester = bilan biologique 2

Cette méthode, s'adressant à des animaux supposés sains, est à rapprocher de la constitution de la « matière médicale pure » homéopathique. La moyenne des différences obtenues (bilan 2 – bilan 1) constituant l'effet biologique objectif du remède. Les tests du bilan biologique utilisés dans cette approche sont des réactions de turbidimétrie. Amélioration de celle-ci, la méthode des **« Profils de Réactivité Sérique »** (PRS) qui comporte 33 tests quantitatifs très sensibles, est actuellement la plus performante dès qu'il s'agit de mettre en évidence des troubles fonctionnels au stade pré-clinique.

Lorsqu'un profil biologique est pratiqué, les résultats du patient sont calculés en écart-types et comparés automatiquement aux « profils thérapeutiques » des plantes que l'ordinateur possède en mémoire. Les remèdes proposés sont ainsi choisis pour avoir l'effet optimum sur un maximum de paramètres hors-normes (sortes de similimums biologiques). Cette « phytothérapie biospécifique » micro dosée (environ 30 gouttes/jour en 1 DH) modifie profondément les régulations du milieu intérieur du patient (ce qui explique qu'un délai d'action de 3 semaines environ est à prévoir). L'utilisation d'une plante sous forme d'essence permet de faire face à des situations plus urgentes. La méthode des PRS étonne par la profondeur et la douceur de son action pour un coût (analyse + thérapeutique) extrêmement réduit. De plus, elle vous permettra de vous familiariser avec les principales plantes de la phytothérapie occidentale.

Un autre intérêt de cette approche est son organisation autour d'un « modèle mathématique » de fonctionnement du vivant, qui rend compte des régulations de l'être humain. Cette modélisation de la physiopathologie humaine est développée dans les ouvrages d'**homéopathie diathésique**. Les 25 physiostats (et leurs remèdes) sont nos meilleurs guides pour comprendre l'organisation du vivant, grâce aux processus d'excitation-inhibition mis en œuvre visant au redressement de l'espace biologique perturbé.

Cette modélisation explique aussi les alternances morbides si souvent observées en clinique. Nous utiliserons cette méthode pour classer chaque plante par rapport aux pôles organiques. Prenons un exemple : *Curcuma xanthorrhiza* est une épice rentrant dans la composition du Curry. Le groupe auquel il est rattaché est l'arsenic, donc sur l'axe Poumon > Foie. C'est en effet une « plante digestive » (action sur la vésicule biliaire, entraille du foie) et le colon (le gros intestin est l'entraille du poumon). Moins connue est son action remarquable dans de nombreux cas de rhume des foins, action découverte par le calcul informatique, sur les données biologiques de nombreux malades et depuis constamment vérifiée en clinique. Cette action s'explique par le mécanisme qui sous-tend le rhume des foins (cf. MTC) : pénétration d'une plénitude du pôle « foie » (au printemps) dans le territoire du pôle « poumon » par voie méridienne (le méridien profond du foie va jusqu'à la gorge, le nez et les yeux) !

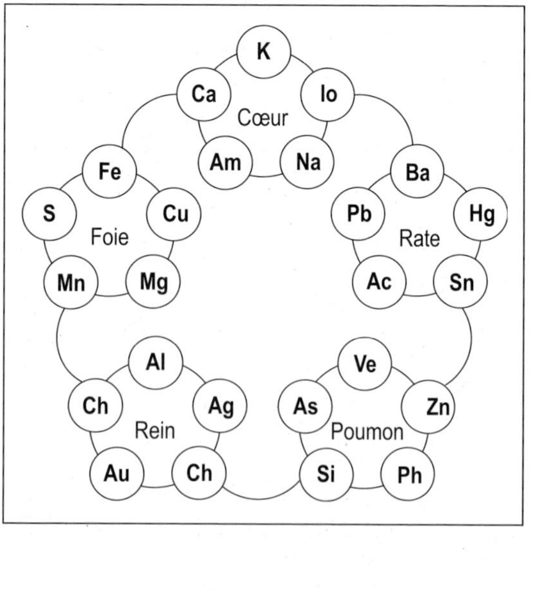

En examinant des bilans biologiques dont le calcul informatique indique la même prescription, vous serez peut-être étonnés de découvrir des aspects biologiques parfois différents. Deux phénomènes concourent à cette apparente hétérogénéité du choix informatique :

1. La somme des déviations vectorielles des profils de deux malades peut être identique, dans un espace multidimensionnel, bien que chacun ait emprunté des chemins très différents. Pour le choix d'une plante, c'est la combinaison de l'ensemble qui s'exprime.

2. Les plantes ont des principes d'action opposés, à la fois anti-hyper et anti-hypo : l'effet est agoniste et antagoniste (elles normalisent et compensent). On ne peut parler que de « prépondérance d'action ».

La phytothérapie est un traitement d'ensembles organiques complexes par des ensembles végétaux complexes. Seul l'ordinateur est capable d'intégrer l'ensemble des valeurs biologiques et thérapeutiques pour fournir une résultante significative fiable !

N.B. Dans les chapitres suivants, les plantes seront suivis par les initiales de leur groupe thérapeutique, lorsqu'il est connu, p. ex. *Curcuma xanthorrhiza* (**as**). De même, chaque grande famille botanique verra préciser sa polarité d'action thérapeutique dans les cinq éléments. Le paragraphe « Indications » concerne soit les actions (ex. diurétique), soit les maladies cibles (ex. eczéma).

PHARMACOPÉE

Les plantes sont essentiellement constituées des mêmes glucides, lipides, hormones, vitamines et acides aminés que nous, mais dans des proportions différentes. On connaît bien actuellement trois grands types d'actions des *totum* végétaux :

a) Les activateurs du cycle de Krebs

Le coenzyme A, les vitamines du groupe B, les oligo-éléments (phosphore, magnésium et manganèse) concourent à la **production d'énergie**, dans les mitochondries sous forme d'ATP, à partir de la combustion des sucres alimentaires.

b) Les acteurs de la voie des Quinones

Le coenzyme Q, les vitamines A + C + E, les oligo-éléments (Cuivre, Sélénium et Zinc) participent à la **détoxication des cellules**, dans l'appareil de Golgi en particulier, en piégeant les radicaux H+.

c) Les constituants de la structure des cellules

Les acides gras essentiels (oméga 3 + 6 + 9), outre leur rôle digestif, assurent le **renouvellement des membranes cellulaires**, des endothéliums vasculaires et la synthèse des prostaglandines.

Certaines structures végétales sont plus particulièrement recherchées.

Les Terpènes

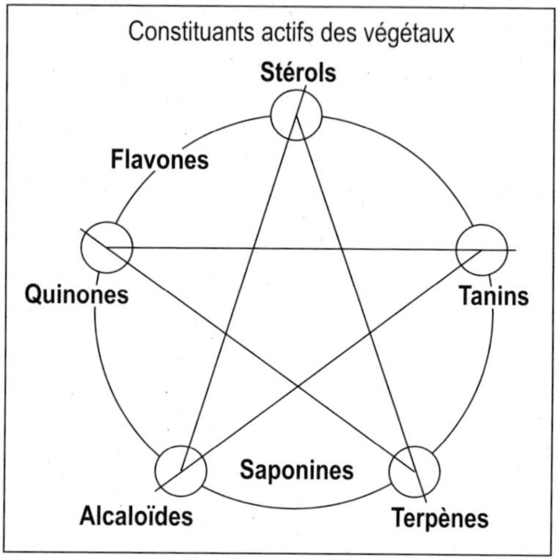

L'histoire des aromates et des parfums débute en Occident environ 4500 ans avant J.-C., en Égypte, berceau de la médecine et de la pharmacie occidentale, sciences placées sous la protection du dieu Horus. On utilisait largement les huiles balsamiques, les onguents parfumés, les résines aromatiques, que ce soit en médecine, en liturgie, dans la vie courante ou dans la pratique de l'embaumement des corps. Un peu plus tard, Hippocrate combattit la grande épidémie de peste d'Athènes en faisant placer un peu partout dans les rues de larges cassolettes pour répandre à profusion les fumigations aromatiques. L'avènement du christianisme et la chute de l'Empire romain furent suivis d'une longue période d'obscurantisme médical où l'on enregistre le déclin de toutes les connaissances. Ce sont les arabes qui reprirent l'usage thérapeutique des aromates et des huiles parfumées. Ils perfectionnèrent les techniques de la distillation, de la sublimation, de la cristallisation et inventèrent le serpentin réfrigérant. Les croisés importèrent en Europe occidentale la plupart des connaissances scientifiques du monde arabe.

Communément appelées « essences » (HE), les terpènes sont des substances de consistance huileuse, plus ou moins fluides, voire résinoïdes, très odorantes, volatiles, souvent colorées et plus légères que l'eau (densité de 0,75 à 0,98). Si de nombreuses plantes renferment des essences, une centaine de plantes seulement en contiennent des quantités notables. Elles appartiennent pour la plupart aux familles suivantes : conifères, labiées, lauracées, myrtacées, ombellifères, rutacées.

Selon le cas, les HE sont extraites des fleurs, des semences, des feuilles, des fruits, des racines, des écorces ou du bois. L'extraction s'effectue le plus généralement par distillation, c'est-à-dire concentration de principes actifs par la chaleur. Pour certaines essences, on procède par expression (agrumes) ou par lixiviation (distillation fractionnée à l'aide de solvants organiques). Certaines HE comportent un seul composant (ex. Bouleau : salicylate de méthyl, Estragon : méthyl-chavicol), d'autres au contraire en possèdent des quantités (ex. Géranium rosa : 250 molécules actives différentes !). Les terpènes sont des substances hydrogénées non saturées (huiles essentielles et résines), constituées par la répétition d'unités à six atomes de carbone :

- terpinènes (C10), ex. les HE de Rose, de Citronnelle (carbures), de Citron, d'Eucalyptus (aldéhydes) ou Terpinéols, ex. les HE de Camphre, de Menthol (cétones) ;
- terpènes bicycliques (C20), ex. les HE de Bornéol, de Camphre ou T. tricycliques (C30), ex. cucurbitacées, quinquina, glycyrrhizine ;
- terpènes tétracycliques, ex. caroténoïdes et Polyterpènes (macromolécules) ex. le caoutchouc.

Les HE possèdent différents types d'action :

• **Antiseptique**, avec pour certaines un pouvoir cicatrisant élevé. L'on peut distinguer trois classes d'HE :

- les « antiseptiques majeurs », au nombre de sept, d'action puissante et polyvalente : HE d'Origan, Thym, Cannelle, Sarriette, Girofle, Pin et Cajeput ;
- les « antiseptiques médium », d'action plus spécifique : HE de Lavande, Eucalyptus, Niaouli, Romarin, Cyprès, Serpolet, Estragon, Citron et Menthe ;
- les essences qui présentent inopinément une action antiseptique, c'est-à-dire qu'elles se révèlent bactériostatiques de façon imprévisible selon la localisation de l'infection.

Depuis une vingtaine d'années « l'aromatogramme » s'est développé afin d'étudier le comportement des HE vis-à-vis des souches microbiennes prélevées sur le malade. La mise en œuvre de cette technique est à la fois délicate (problème de l'extrême diffusibilité des essences dans les milieux ensemencés) et décevante : l'appréciation du pouvoir bactériostatique d'une grande quantité de souches n'a fait que confirmer la classification ci-dessus. De plus, cette méthode nous a démontré qu'il n'existait pas de synergie d'action antiseptique entre les HE, au contraire, dans de nombreux cas, l'interaction *in vitro* de deux essences facilite la pousse microbienne !

• **Hormonale et eupeptique**

Certaines ont une polarité affirmée, ainsi :

- surrénales : Sarriette, Pin, Epinette noire ;
- uro-génitale : Cyprès, Santal, Thuya ;

- ovarienne : Girofle, Sauge ;
- vésiculaire : Serpolet, Thym ;
- thyroïdienne : Fenouil ;
- pancréatique : Eucalyptus, Genièvre...

D'autres ont un effet organique plus global, qui est révélé par leurs propriétés stimulantes et diurétiques. Nombreuses sont les plantes aromatiques actives sur l'appareil digestif (estomac, vésicule biliaire, foie, intestins), ainsi : l'Anis, le Citron, le Coriandre, le Céleri, le Romarin, etc. Quelques-unes sont spécifiques des fermentations intestinales, ainsi : l'Ail, le Genièvre, la Girofle, l'Oignon, le Thym, le Sassafras, etc.

• Psycho-tonique ou relaxante

Si de nombreuses HE sont connues pour leurs propriétés excitantes (cf. les parfums féminins), d'autres sont sédatives (cf. l'Oranger, la Lavande, la Marjolaine, le clou de Girofle). Citons aussi la remarquable action anti-épileptique de l'Estragon.

Lors de la prescription des huiles essentielles, il faut souligner la nécessité de toujours utiliser, en thérapeutique et tout spécialement pour l'usage interne, des HE **naturelles**. Les essences falsifiées, impures ou synthétiques sont toxiques (irritantes ou pouvant entraîner des troubles vasculaires et nerveux importants).

Vous pouvez prescrire les HE :

- *loco-dolenti*, c'est pour moi leur « voie royale » d'administration ;
- *per os*, pures, à la dose de 1 à 12 gouttes par jour, elles ne doivent pas être absorbées dans un verre d'eau, car, hydrophobes, elles restent collées aux parois du verre. Directement en bouche, elles brûlent les muqueuses ! Il est préférable d'en conseiller la prise sur un sucre, dans un peu d'huile, sur une biscotte ou un bout de mie de pain. Votre pharmacien peut les mettre en gélules : l'excipient pouvant être du lactose, un gel de silice ou même un nébulisât végétal (ex. la poudre de Prêle). Il peut aussi les préparer en solution dans l'élixir de papaïne ou une huile végétale (pépins de raisins par exemple) ;
- en ovules, dans de l'argile blanche (AlSi) ou de la gélatine ;
- en aérosols, (surtout pas dans l'alcool), diffuse environ 10 gouttes en 1/2 heure ;
- en collyre, jamais d'huile essentielle. On utilise dans ce cas une « eau florale », résidu de distillation de la plante (2 % d'HE soluble). Si l'on se renverse un HE dans l'œil, mettre localement une huile végétale (jamais d'eau !).

Les Alcaloïdes (AL)

Substances azotées, de réaction alcaline :
- Alcaloïdes non-hétérocycliques : éphédra ;
- AL hétérocycliques pyrolés : coca ;
- AL hétérocycliques pipéridinés : noix d'arec, grenade, tabac ;
- AL h.p.-pyrroles : belladone, cocaïne ;
- AL hétéro-quinolèines : écorce des cinchona ;
- AL h.isoquinoléines : opium, curare, boldo ;
- AL h.norlupinanes : genêt à balais, cytise ;
- AL hétéro-indolés : rauwolfia, Pervenche ;
- AL h.imidazoles : laborandi (pilocarpine) ;
- AL hétéro-purines : cola, thé, café, cacao.

Les alcaloïdes sont répartis différemment dans les divers organes d'une même plante et leur localisation n'implique d'ailleurs pas qu'ils soient formés sur place. On les rencontre surtout chez les dicotylédones : papavéracées, rutacées, fabacées, solanées, rubiacées, apocynées... L'action physiologique des alcaloïdes est très importante. Beaucoup sont responsables de la toxicité des plantes qui les renferment, encore qu'un alcaloïde pur, isolé, a souvent une action différente de celle de la plante totale :
- dépresseurs SNC : morphine, codéine ;
- excitants SNC : strychnine (*nux vo.*), caféine ;
- paralysants sympathiques : ergotamine ;
- excitants sympathiques : éphédrine ;
- paralysants para-sympathiques : hyoscyamine ;
- excitants para-sympathiques : pilocarpine ;
- ganglioplégiques : nicotine ;
- hypotenseurs : réserpine (rauwolfia) ;
- anesthésiques locaux : cocaïne ;
- anti-spasmodiques : papavérine ;
- autres : tabac, quinine, yohimbine, émétine.

Les Saponines (mucilages)

Hétérosides résultant de la combinaison d'un ose (sucre) avec une génine non glucidique qui peut être stéroïdique (ex. scrofulariacées, liliacées, dioscoréacées) ou tri-terpéniques (ex. caryophyllacées, araliacées). Ces substances, très répandues dans le règne végétal, sont caractérisées par un ensemble de propriétés physiques et physiologiques :

- tensio-activité (propriété de mousser fortement) qui leur donne un pouvoir diurétique, donc dépuratif ;
- immuno-stimulantes.

Les Stérols

Alcools à noyaux cyclopentoperhydro-phénanthréniques. On les trouve chez les végétaux, sous forme d'esters : les stérides, ou combinés à des sucres sous forme d'hétérosides :

- stérols libres : comme ergostérol de l'ergot de seigle et de la levure de bière ;
- hétérosides : digitales, scilles (à l'activité cardiotonique ++) ;
- stéroïdes : dioscoréa, agave...

Les monocotylédones semblent plus riches en stérols que les dicotylédones : on les trouve dans la fraction lipidique que l'on peut extraire des végétaux par les solvants organiques non polaires. Actions importantes :

- l'ergostérol est la provitamine D2 ;
- le sitostérol des céréales est employé contre l'artériosclérose ;
- le stigmastérol sert de matière première pour la synthèse des corticostéroïdes (= hémi-synthèse à partir du jus d'agave !).

Les Flavonoïdes

Les pigments flavoniques (flavonones, xanthones ou coumarinones) sont répandus dans tout le règne végétal, cependant, ils sont rares chez les végétaux inférieurs. Ils sont particulièrement abondants dans certaines familles : polygonacées (bisorte, oseille...), rutacées, fabacées (haricot, lentille, mélilot...), mimosacées, pmbellifères, composées. Ils se trouvent surtout dans les organes jeunes : feuilles et boutons floraux (cependant, leur présence peut être détectée dans le bois, les écorces et les racines de ces plantes).

Les flavonoïdes sont dépourvus de toxicité et ont des propriétés tinctoriales et vitaminiques P (diminution de la perméabilité capillaire) : les plantes qui en contiennent sont fréquemment des diurétiques ou des antispasmodiques, certaines ont des propriétés œstrogéniques.

Les Quinones (ou Amers)

Cétones aromatiques provenant de l'oxydation de diphénols. Les quinones constituent un groupe de substances biologiquement très actives. Beaucoup sont antimicrobiennes, c'est-à-dire antibiotiques naturels agissant surtout sur les Gram+, ce sont aussi des fongicides, parfois des vermifuges. La vitamine K1 (méthyl2-naphtoquinone) est abondante dans la luzerne, on trouve également dans ce groupe des plantes tinctoriales. Enfin, la majorité des anthraquinones est apéritive, mais aussi purgative, agissant directement sur la musculature lisse au niveau du côlon et entravant la résorption de l'eau.

Les Tanins

Substances non azotées polyphénoliques ayant la propriété de tanner la peau, c'est-à-dire de la rendre imputrescible en se fixant sur les protéines. Les tanins sont très répandus dans le monde végétal. En sont particulièrement riches les abiétacées, cupressacées, fagacées, éricacées, labiées, myrtacées, polygonacées, rosacées, rubiacées, salicinées, verbénacées et fabacées.

Toutes les parties du végétal peuvent en contenir, cependant, les plus hautes teneurs en tanins se rencontrent dans les organes âgés qui semblent les accumuler. Les tanins sont solubles dans l'eau et l'alcool. Ils sont précipités par les sels métalliques (Cu, Fe, Hg, Pb, Zn).

- usage externe : tannage > diminue la perméabilité de la peau et des muqueuses, action vasoconstrictive des petits vaisseaux (hémorroïdes et brûlures superficielles) ;
- usage interne : anti-diarrhéiques et antiseptiques intestinaux. Enfin, l'acide gallique est cholagogue.

Les tanins ont l'effet principal de **mettre l'eau sous contrôle**, jusqu'à tendre à la rigidité (écorces), comme l'acide salicylique qui, au contraire, sera dans certaines espèces éliminé sous forme d'essences.

N.B.: les phénols produisent par condensation des tanins, par oxydation des quinones.

L'acide salicylique

Les composés salicyliques (fébrifuges) qui se trouvent dans certaines plantes (ulmaire, bouleau, saule, primevère...) sont assez proches des tanins (contrôle de l'eau), mais, alors que ceux-ci tendent à la rigidité, se déposent dans le bois et les écorces, l'acide salicylique se trouve surtout au niveau des fleurs et des essences.

Les vitamines

Les vitamines, bio-catalyseurs indispensables à la vie (car non synthétisables par l'homme), ont une origine et des polarités organiques particulières :

- vitamines A et B : téguments et écorces... action sur SNC et organes des sens ;
- vitamine C : sucs... action sur le SRE ;
- vitamines D et E : noyaux et germes... polarité métabolique et génitale.

Les vitamines A, D et E sont liposolubles (foie). A, B15, B17, C, E et F sont anti-oxydantes. B6 et B12 sont des facteurs de croissance (donc à éviter dans les cas de cancer). Certaines sont utilisées sous leurs noms chimiques, ainsi la B5 (acide pentothénique), B9 (acide folique), C (acide ascorbique), H (biotine)... Elles ont en commun avec les oligo-éléments le fait d'agir à des doses incroyablement faibles (de l'ordre du millionième de gramme).

Les formes galéniques

À part la prescription d'HE, vue plus haut, on peut absorber une plante de différentes façons...

a) En **infusion** (fleurs et feuilles), c'est-à-dire sans les faire bouillir, ou en **décoction** (écorces et racines) c'est-à-dire en les portant à ébullition pendant quelques minutes.

b) En **teinture-mère** homéopathique (et leurs dilutions), c'est-à-dire après une succession d'opérations : broyage + macération (21 jours) dans l'eau et l'alcool + filtration, qui produit une alcoolature buvable. Intérêt : peu chère et de bonne conservation. Inconvénient : contient peu de sels minéraux.

c) En **gélules** (poudre micronisée ou extraits secs), par broyage après séchage. Intérêt : bonne conservation et facile à absorber. Inconvénient : contient peu de vitamines et plus d'essences.

d) En **soluté intégral** (plante fraîche traitée par cryogénie et pressage hyperbare), plus rarement.

Le choix du prescripteur devra varier selon la plante choisie (teneur en minéraux ou HE), la concentration désirée (cf. chapitre suivant) et sa disponibilité (saison).

Posologie

Les avis divergent beaucoup selon les auteurs, certains préconisant des quantités importantes de teinture-mère, d'autres ne prescrivant que de rares doses très diluées. En pratique, l'action thérapeutique d'une plante varie selon la présence dans ses tissus de constituants actifs (parfois toxiques), en plus ou moins grande quantité. On peut donc observer qu'il existe aux deux extrêmes du spectre végétal :

- des plantes atoxiques, utilisées pour leurs propriétés alimentaires, ex. l'avoine, le blé, la carotte, la laitue ...
- des plantes toxiques, comme l'aconit, la belladone, la ciguë, la digitale...

L'homéopathie diathésique propose la stratégie thérapeutique la plus cohérente : « Le traitement idéal consiste en l'association d'un remède (toxique) en haute dilution, qui dispersera les symptômes de plénitude (hyperfonction pathologique) du patient, avec un remède (atoxique) en basse dilution qui corrigera les phénomènes d'insuffisance sous-jacente (hypo-structure). Les pathologies chroniques graves (ou « état de vide » en MTC) étant du ressort des Nosodes ».

La règle de prescription des remèdes apparaît alors évidente :

* Remèdes physiologiques > nourrissent > basses dilutions
* Remèdes toxiques > dispersent > hautes dilutions

L'ÈRE PRIMAIRE

La phylogenèse est l'histoire du développement des espèces au cours de l'évolution. La Terre n'a pas toujours été telle que nous la connaissons, couverte de sols arables et de verdure, environnée d'air, baignée d'eau pure et de mers pleines de vie. Nous voyons là le fruit de l'action longuement poursuivie, d'un nombre incalculable de formes végétales sur une planète initialement inhabitable. Le végétal a fait la terre vivable et l'atmosphère respirable. Sans son œuvre préliminaire colossale, les animaux ne seraient jamais apparus, notre Terre serait restée sans vie.

À ses débuts, voici 6 milliards d'années, la croûte terrestre s'est refroidie graduellement et se faisant s'est solidifiée jusqu'à avoir une consistance proche de celle que nous connaissons. C'était un monde minéral brûlant, bouleversé de volcanisme, entouré d'une atmosphère irrespirable, réductrice. À cette époque, l'atmosphère était essentiellement composée d'azote et de vapeur d'eau, qui se condensait en océans au fur et à mesure du refroidissement. D'autres gaz existaient, liés directement au volcanisme intense de cette période, ainsi l'hydrogène (H_2), l'ammoniaque (NH_3), le méthane (CH_4), le gaz carbonique (CO_2) et l'oxyde de carbone (CO), mais pas d'oxygène et l'ozone manquait totalement. Cette atmosphère interdisait toute possibilité de vie aérienne.

La vie, cependant, apparut discrètement voici environ 3,5 milliards d'années. Les traces fossiles les plus anciennes que l'on connaisse sont celles de bactéries, formes classées aujourd'hui parmi les **procaryotes** en raison de leur organisation très simple. Ces êtres étaient anaérobies et obligatoirement aquatiques :

faute d'écran d'ozone atmosphérique, l'eau seule pouvait les protéger des radiations solaires nocives. Cette vie initiale a permis l'éclosion progressive de la diversité végétale qui devait, au cours des temps, changer la face du monde.

Voici 3 milliards d'années, des bactéries et des algues bleues (toujours des procaryotes !) pratiquent la photosynthèse dans les eaux peu profondes. Grâce à l'énergie lumineuse, elles synthétisent leurs glucides directement à partir du gaz carbonique : la réaction libère un sous-produit : l'oxygène. La chlorophylle (avec le magnésium comme élément central de la molécule) ressemble dans sa structure moléculaire à l'hème de l'hémoglobine (pour les poissons avec le cuivre au centre ou à celle des animaux supérieurs, avec le fer au centre). La photo-autotrophie végétale devient le processus central autour duquel gravite toute la vie terrestre. Le taux de ce gaz dans l'atmosphère s'accroît ainsi très lentement. Un demi-milliard d'années plus tard la quantité d'oxygène est suffisante pour que l'atmosphère devienne oxydante. Mais la vie est encore limitée à ces formes très simples, qui ne peuvent toujours pas approcher de la surface des eaux.

Vers –1,5 milliard d'années, la cellule apparaît, avec un noyau organisé (ADN), un réticulum endoplasmique, des ribosomes... et une reproduction sexuée. Cette sexualité se définit par l'existence d'êtres diploïdes (2n chromosomes) qui produisent par **méiose** des gamètes haploïdes (n) qui fusionnent pour redonner un être diploïde, mais de composition génétique différente. À partir de cette invention, la vie s'est multipliée de façon extraordinaire. Ces êtres minuscules sont strictement aquatiques, beaucoup pratiquent la photosynthèse, ce sont des algues vertes, qui produisent activement de l'oxygène. Grâce à la recombinaison des chromosomes pris au hasard dans deux génomes différents, ces algues se sont diversifiées en formes éloignées les unes des autres. Ce mécanisme très souple permet une adaptation rapide à chaque modification de l'écosystème, car ce ne sont pas les individus eux-mêmes qui sont appelés à le faire, mais les meilleures combinaisons de leurs descendants, toujours génétiquement nouveaux : **la sexualité, c'est l'aspect inventif de la vie** !

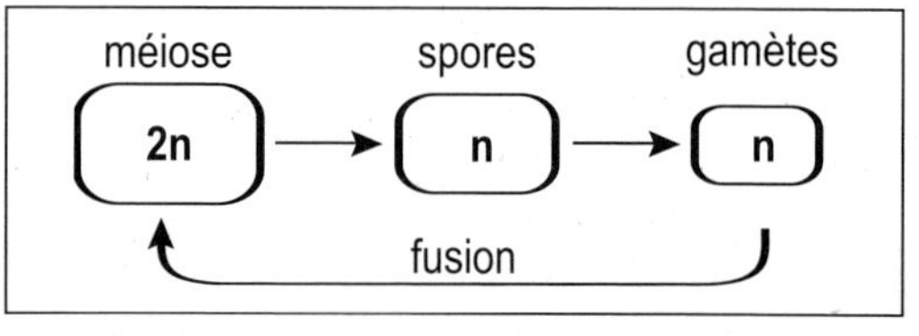

Cinq cent millions d'années plus tard, l'oxygène atmosphérique représente 1 % du taux actuel. Un faible écran d'ozone se forme alors : la vie primordiale peut préparer sa différenciation. Pendant longtemps, prolifèrent des êtres aquatiques unicellulaires isolés ou en petits amas. Ils représentent l'unité fondamentale à partir de laquelle s'élaborent les deux grandes options de la vie : les végétaux et les animaux. Si l'on s'accorde maintenant à reconnaître que l'ADN conserve presque indéfiniment les informations qui s'y enregistrent, il nous faut admettre que dans le mètre et demi de ruban d'ADN contenu dans chacune des cellules de ce moustique, de cette rose ou de cette girolle, il y a tout un patrimoine commun, inscrit depuis plus d'un milliard d'années, une mémoire commune qui continue à vivre au plus intime de tous les êtres modernes.

L'essentiel de l'évolution à ce stade est dû à l'action des végétaux submergés. Beaucoup de ces cellules sont chlorophylliennes : la photosynthèse est active, le taux d'oxygène croît dans l'atmosphère, l'écran d'ozone se renforce. La vie va enfin pouvoir gagner la surface des eaux. La composition de l'atmosphère est alors bien différente de ce qu'elle était à l'origine, elle approche peu à peu de celle que nous connaissons. La différenciation entre animaux et végétaux commence à s'élaborer. Cette vision binaire de la diversité vivante est peut-être malgré tout un peu simpliste. On tend actuellement à considérer que, sur une base cellulaire commune, la vie s'est déployée selon plusieurs directions, animaux, végétaux, mais aussi vers d'autres voies, par exemple celle des **champignons**. Ceux-ci sont des êtres classés avec gêne parmi les végétaux, en raison de certains comportements chimiques et biologiques typiquement animaux, ainsi que d'une sexualité à modalités curieuses : l'appareil végétatif du champignon est constitué de filaments minuscules circulant dans les végétaux en décomposition. Ce sont des filaments haploïdes (n), potentiellement sexués (on dit + et -). Quand deux filaments de polarité opposée se rencontrent et que les conditions sont favorables, les cellules fusionnent, mais pas les noyaux : un nouveau filament se constitue, avec des cellules bi-nucléées (n + n) qui élaborent une structure géante : le champignon. Dans les cellules épidermiques de cette structure se constituent des noyaux diploïdes (zygotes) par fusion nucléaire. C'est alors qu'ils subissent une méiose d'où résultent des spores haploïdes qui produiront de nouveaux filaments haploïdes.

Le cas des **mousses** est subtil : ce sont des êtres haploïdes (n) sur les tiges desquels apparaissent des gamètes femelles (encastrées) et des spermatozoïdes qui nagent (nécessité d'un milieu humide) pour aller les féconder. La fécondation se fait dans la tige et l'individu diploïde se développe immédiatement aux dépens du parent qui l'a produit. Cet être diploïde porté par son père haploïde constitue la « fructification ». L'aboutissement de cette fructification est une ampoule contenant des spores (n) qui en germant donneront de nouveaux pieds de mousse, haploïdes bien sûr. Les mousses ont opté pour une formule haploïde prédominante, mais les végétaux haploïdes ne présentent pas une différenciation organique poussée et sont donc impropres à la spécialisation.

Les **fougères** et les **prêles** illustrent l'autre possibilité. La prêle diploïde est un individu feuillé qui donne des tiges assimilatrices pratiquant la photosynthèse *(Equisetum arvense)* et au printemps des tiges fructifères sans chlorophylle *(Equisetum hiemale)*. L'ensemble est diploïde, sous les écailles sont produits des spores haploïdes. Les spores tombent au sol, vont germer et donner un petit individu haploïde : le prothalle... sorte de « fleur » qui engendre ce que l'on peut comparer aux étamines et aux ovaires des plantes supérieures : à sa surface, les cellules femelles sont enchâssées et les spermatozoïdes nagent vers elles pour les féconder (la présence d'eau est indispensable). Le gamète, une fois fécondé se développe sans latence : si les conditions sont mauvaises, l'embryon est détruit, sinon il s'enracine et donne naissance à une prêle verte. Si les fougères et les prêles sont mieux armées que les mousses pour leur développement (cf. leur extension à l'ère carbonifère), leur sexualité est encore liée à l'eau, ce qui explique qu'elles ne sont abondantes que dans les régions au moins saisonnièrement humides.

Dans chacune de ces voies, les êtres se sont diversifiés au fil d'évolutions multiples, vouées les unes à l'échec, les autres au succès biologique. Ils exploraient les adaptations possibles au plus grand nombre de conditions, les spécialisations susceptibles d'assurer leur survie, leur implantation sur de nouveaux territoires, leur résistance dans les milieux divers. Ils tentaient

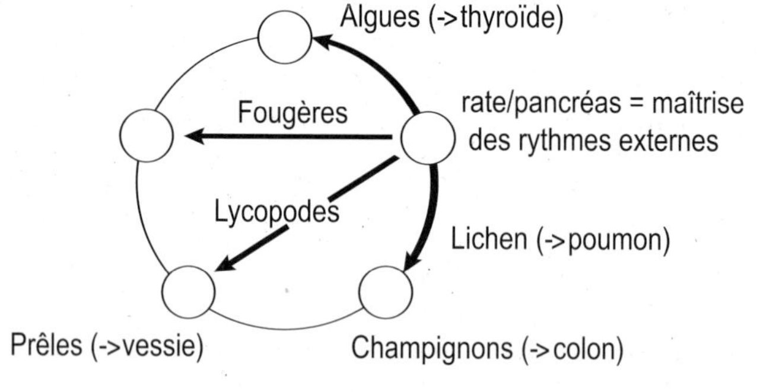

Polarité d'action principale = rate-pancréas

simultanément une sophistication de leur adaptation et une prolifération vers des régions non occupées. Les formes vivantes se sont multipliées, de plus en plus complexes, tandis que persistaient, avec succès, des formes simples. Certaines ont quitté l'eau originelle, au prix de bouleversements organiques et fonctionnels. Elles se sont adaptées à vivre à l'air et ont progressivement peuplé les terres émergées, grâce à des adaptations spécifiques. Chez les formes aquatiques primitives, l'eau ambiante assurait le transport des substances, l'apport nutritif à chaque cellule, son alimentation en oxygène et en gaz carbonique (pour la photosynthèse), l'élimination des produits émis (de l'oxygène en excès en particulier). La conquête du milieu aérien s'est donc accompagnée de profondes modifications.

Les algues (8000 espèces) sont des *« végétaux feuilles »*, baignées dans *« une eau traversée de lumière »* (R. Steiner). On les rencontre partout dans les ruisseaux et les mares, même dans les champs de neige des hautes montagnes et des régions polaires.

• ***Fucus vesiculosus*** (io) : le Varech vésiculeux.
Indications : obésité, cellulite, goitre.
Composition : Iode, Fer, Cuivre, Mn, Mg, Zn et alginates (gonflants).
• ***Laminaria digitale*** (io) : la Laminaire.
Indication : le goitre exophtalmique.

Les champignons (10 000 espèces) sont des êtres non chlorophylliens, déconstructeurs, vivant dans *« une eau traversée d'ombres »*. Leurs formes évoluées s'organisent en un réseau de cellules filamenteuses (le mycélium) qui se ramifie sur le sol à la façon d'une racine. Celui-ci produit finalement un « chapeau » fructifère d'où naissent les spores.

Chaque espèce végétale a ses champignons parasites spécifiques qui anéantissent la forme de toute vie révolue. Les intoxications qu'ils provoquent donnent les symptômes d'un empoisonnement au phosphore, donc de beaux syndromes psychiatriques et vasculaires.

• ***Agaricus muscarius*** (pb) : la fausse Oronge (hallucinogène, car contient du LSD !).
• ***Boletus satanas*** (pb) : le Bolet Satan.
• ***Secale cornutum*** (pb) : l'Ergot de seigle.
• ***Ustilago maïdis*** (pb) : le Champignon du maïs.

Les lichens représentent la symbiose parfaite d'une algue et d'un champignon : les deux êtres peuvent vivre séparés, mais leur rencontre donne un végétal nouveau, capable de résister à des conditions extrêmes et de coloniser la roche nue.

• ***Cetraria islandica*** (sn) : le Lichen d'Islande.
Composition : mucilages, acides à effet antibiotique.
Indications : tonique (apéritif) et sédatif. Affections pulmonaires.

• ***Sticta pulmonaria*** (s) : la Pulmonaire.
Indications : sinusite et toux.

Les mousses, colonies d'individus simples haploïdes (voir plus haut) :

• ***Polytricum commune :*** la Mousse commune.
Composition : tanins, acides organiques (antibiotiques).
Indications : allergies chroniques. Diurétique. Antihémorragique. Astringent. Sédatif.

Les fougères

À l'aube de l'ère primaire sont apparues conjointement de nombreuse plantes aériennes et les premiers poissons. Les uns et les autres étaient porteurs d'une révolution technologique, la structuration d'un mésoderme fonctionnel : bois et sève chez les végétaux ; colonne vertébrale et système vasculaire chez les animaux. Les fougères furent les premiers végétaux présentant cette organisation. L'appareil vasculaire parcourt toute la plante, de l'extrémité des racines à celle des feuilles, et permet une circulation de la sève dans les sens ascendant et descendant. Les substances sont ainsi acheminées de l'organe qui les absorbe ou les produit vers celui qui les utilise ou les élimine. La nutrition de chaque cellule de l'organisme ne dépend plus du milieu externe, les plantes peuvent vivre hors de l'eau et y atteindre de grandes tailles : tous leurs organes sont irrigués, même à plusieurs dizaines de mètres des racines.

Une partie des terres émergées se peupla donc de ptéridophytes très divers, de toutes tailles. Des plantes proches de nos prêles, de nos lycopodes, des fougères arborescentes, formaient de hautes forêts peuplées d'insectes primitifs (sorte de libellules). À leurs pieds, les eaux abritaient poissons, mollusques et crustacés. Ces premières forêts n'étaient jamais éloignées de l'élément eau : les ptéridophytes en effet, restaient liés à l'eau originelle par leur sexualité.

• ***Aspidium filix mas*** (ca) : la Fougère mâle, « végétal feuille » (à l'aspect presque floral !).
Composition : silice et acides organiques.
Indication : troubles nerveux des verminoses.

• ***Osmonda regalis*** *:* Fougère royale, Osmonde
Indications : dépurative, hypolipémiante.

Les prêles, sorte de « végétal tige »
• ***Equisetum arvense :*** la Prêle des champs
Composition : Soufre, silice, ac. salicylique, mucilages, Ca, Mg, Mn, Li, Fe, Ph, Cu, Co, Zn.
Indications : Hémostatique. Astringente et reminéralisante. Diurétique. Immunomodulante (vitiligo, psoriasis ...).
• ***Equisetum hiemale*** (si) : la Prêle d'hiver, plante à sexes séparés.
Indication : cystite, urétrite.

Les lycopodes
• ***Lycopodium clavatum*** (al) : le Lycopode, *drying powder*, à la riche pathogénésie.
Composition : huile grasse et trois alcaloïdes toxiques.

Les ptéridophytes ont fait le premier pas décisif dans la colonisation des terres fermes par le végétal, pourtant ces plantes ne sont pas parvenues à s'affranchir vraiment du milieu aquatique où les retenait leur sexualité. De nos jours encore leurs représentants : fougères, sélaginelles, lycopodes ou prêles, restent, pour la même raison, liés à des biotopes humides (au moins saisonnièrement).

L'ÈRE SECONDAIRE

Quand les catastrophes écologiques de la fin de l'ère primaire (-400 millions d'années) eurent balayé les forêts de fougères et de prêles géantes, ce fut l'aube de l'ère secondaire, qui vit s'installer sur les terres un autre peuplement végétal. Les nouvelles forêts qui apparaissent sont constituées essentiellement de **gymnospermes**, c'est-à-dire de cyprès, ifs, gingkos et autres conifères. Cette explosion consacre le succès d'une nouvelle « trouvaille technologique » : toutes les étapes de la reproduction, depuis la fécondation jusqu'à l'édification d'un embryon organisé, protégé et apte à devenir autonome, s'effectuent au sein d'organes spécialisés portés par la plante-mère. Les phases de la sexualité se situent dans le milieu aérien et l'embryon est contenu dans une **graine**, produite et chargée d'éléments nutritifs par l'arbre-mère.

À partir de ce moment, la différenciation sexuelle progresse pour répondre à des exigences d'efficacité :

- les **gamètes femelles** doivent accumuler des réserves pour subvenir aux premiers besoins de l'œuf, elles tendent donc à devenir volumineuses, donc peu mobiles et à être produites en petit nombre ;

- les **gamètes mâles**, inversement, seront petits, produits en grand nombre et iront au devant des gamètes femelles.

Les conifères marquent une étape importante de l'évolution. On dit que les conifères sont « ovipares », c'est-à-dire que les ovules prennent l'aspect et le volume de graine avant que la fécondation ait lieu, de même l'embryogenèse se produit seulement quand les ovules se sont détachés de la plante-mère. Prenant le relais des fougères, les conifères furent l'élément dominant de la flore à l'ère secondaire (400 espèces). Sur ces arbres apparaissent des écailles groupées en cônes. Ces écailles portent les éléments qui produiront ultérieurement les gamètes : l'élément mâle (grain de pollen), précurseur du gamète mâle, est transporté par le vent jusqu'à l'élément femelle. Bien après cette rencontre, les gamètes se différencient côte à côte, puis fusionnent dans les cônes, créant un embryon. Au cours de cette lente préparation des gamètes (elle peut durer plus d'un an), la future graine se construit. Quand elle est édifiée, elle contient un jeune embryon entouré de substances de réserve.

Tandis que les gymnospermes, premiers arbres totalement terrestres et aériens, envahissaient les terres émergées, couvrant des territoires que les forêts de fougères n'avaient pu occuper faute d'eau libre, des reptiles proliféraient dans les eaux, sur les terres et même dans les airs, puisque certains volaient. Pratiquant une fécondation interne et pondant des œufs à terre, ces animaux se dégageaient des animaux aquatiques qui les avaient précédés. Ils avaient toutefois des comportements stéréotypés entraînant ce qu'on pourrait appeler un gâchis biologique : bien des jeunes naissaient sans soins, sans nourriture, exposés aux prédateurs, et peu survivaient. L'œuf était une première étape, encore insuffisante, vers la protection des jeunes. Il est curieux de constater ici le gaspillage d'énergie que représente la production massive de graines qui ne contiennent pas nécessairement des embryons : les gymnospermes, comme les reptiles, présentent un grand progrès dans la conquête du monde émergé par la vie, mais leur « efficacité biologique » est encore médiocre.

Chez les conifères, la priorité est donnée à la verticalité, au tronc, à la formation du bois, tout le reste y est subordonné. Le tronc est entouré de branches qui semblent de petits troncs obliques (jamais on ne retrouve la forme fondamentale de la ramification, c'est pourquoi ces arbres n'ont pas, comme les « feuillus », des cimes élargies occupant tout l'espace). Le principe linéaire domine, ce qui permet de scier dans ces troncs les planches les plus rectilignes. Ce principe se retrouve aussi dans les feuilles qui sont des aiguilles disposées en spirales, parfois elles se détachent à peine de la branche, sont fondues partiellement en elle, ou bien elles se réduisent à des écailles vertes qui recouvrent la tige et lui donnent une fausse apparence foliaire (thuyas). La longévité des conifères nous vaut des arbres très élevés et les plus vieux du monde... Les aiguilles elles-mêmes peuvent vivre dix ans (araucarias). Ce sont des arbres débordants de résines (HE) qui remplissent les aiguilles (le bois, les cônes ou les fausses baies, selon les espèces), remarquable stockage de la chaleur chez ces plantes des climats froids. Vieux de 150 millions d'années, ils sont encore nombreux dans la flore actuelle, grâce à leur bonne résistance à la sécheresse et au froid. Même les tropiques engendrent des forêts de conifères dans leurs hautes montagnes.

Les conifères primitifs

• ***Araucaria :*** les plus anciens et les plus primitifs (37 espèces), surtout répandus dans l'hémisphère sud. Feuilles : écailles larges.
Polarité d'action principale : Rein-Vessie.

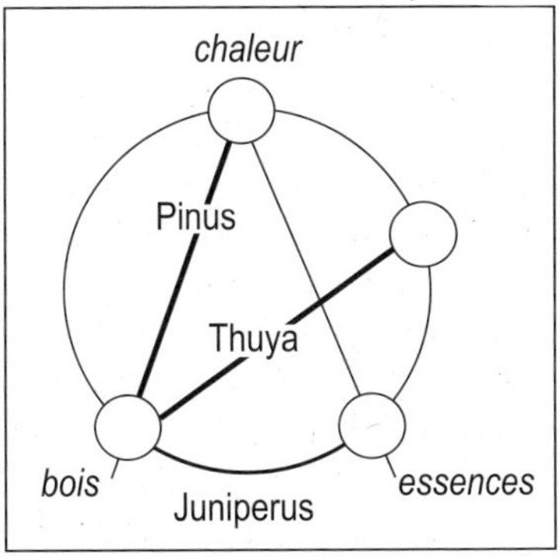

• ***Gingko biloba*** (na) : « Arbre aux cent écus ».Véritable fossile vivant, qui doit son existence actuelle aux soins des moines boudhistes qui en entouraient leurs monastères. Pieds mâles et femelles, feuilles larges qui servent de base à la préparation de remèdes vasculaires : Tanakan®, Ginkgor®.
• ***Taxus baccata*** (hg) : l'If.
Indications : cytostatique (Taxol) pour le sein et l'ovaire.

Les Pinacées : conifères où règne la ligne verticale, la formation du bois.
• ***Abies nigra*** (na) : le Sapin, bel arbre à cônes dressés, essence d'ombre : ne peut se développer que sous le couvert ; ce n'est pas une espèce pionnière.
Composition : HE = le « baume du Canada ».
Indications : antiseptique, reminéralisante.
• ***Cedrus libani :*** le Cèdre du Liban.
Indications : draineur cutané (eczéma, psoriasis...). Antirhumatismal.
• ***Larix :*** le Mélèze.
• ***Picea :*** l'Epicéa.
• ***Pinus sylvestris*** (ca) : le Pin sylvestre.
Composition : HE, résines, vit. C, Ph, Silice.

Indications : antirhumatismal (stimulant corticosurrénalien). Balsamique. Régénère les tissus durs (os/cartilages). Fleurs du Dr Bach : *Pine*... « autocritique et culpabilisation ».

• ***Sequoia gigantea :*** le Séquoia géant.

Indications : scléroses tissulaires précoces (ex. hypertrophie prostatique...).

Les Cupressinées : conifères où apparaît une tendance « charnue ».

• ***Cupressus lawsoniana*** (na) : le Cyprès de Lawson (américain).

Indications : anti-inflammatoire et tonique veineux. Antiseptique. Vasoconstricteur et anti-mitotique du rhinopharynx.

• ***Cupressus sempervirens*** : Cyprès méditerranéen.

Indications : antiseptique et décongestionnant génito-urinaire : énurésie, stase du petit bassin, prostatite, hémorroïdes...

• ***Juniperus communis*** (ch) : le Genévrier.

Composition : HE, résines, tanins, Mg, K, Ph, Lithium, Iode, amers, glucosides, flavones.

Indications : rein (diurétique, calculs...). Hypoglycémiante. Rhumatismes (HE en applications locales). Peau (eczéma ++, psoriasis) et muqueuses (leucorrhées...).

• ***Juniperus sabina*** (na) : la Sabine. Pathogénésie homéopathique de fausse-couche.

• ***Thuya occidentalis*** (na) : Thuya occidental, bouquet d'arbres envahissants

Composition : HE à thuyone = neurotoxique (attention !).

Indications : polarité génito-urinaire / peau (cicatrisant, verrucide).

Les Chlamidospermes sont proches des gymnospermes :

• ***Ephedra vulgaris*** (io) : l'Ephédra

Composition : alcaloïdes (Ephédrine), vitamine C

Indications : l'Ephédrine (sympathico-mimétique) à 3 niveaux d'actions :

- l'Isoprénaline : vasoconstricteur nasal, calmant, antitussif (dyspnée)
- la Néosynéphrine : hypertensive
- le Maxiton® : psycho-stimulante.

L'ÈRE TERTIAIRE

Au cours de l'ère secondaire, alors que dominaient gymnospermes et reptiles, apparurent timidement les **angiospermes**. Chez ces plantes, le siège de la sexualité est un édifice complexe et hautement performant : la fleur. Elle se transforme en un fruit, produit par la plante-mère, qui contient les graines enfermées : l'embryon est doublement protégé. Dans le même temps, apparaissent les premiers mammifères, dont les jeunes étaient pris en charge et nourris par la mère. La fin de l'ère secondaire fut brutale, marquée par une phase de cataclysmes : les forêts de conifères géants et le peuplement reptilien furent anéantis par la sécheresse et le froid (peut-être à la suite de l'impact d'une grosse météorite) auxquels ne réchappèrent que quelques survivants dont la descendance nous est parvenue.

Les plantes à fleurs (elles sont à présent partout dominantes) introduisent une organisation différente : elles sont constituées d'une **succession d'articles**, qui comportent chacun une tige, une feuille, et un bourgeon, à l'aisselle des deux autres. Les feuilles peuvent être alternes, opposées ou verticilées (à partir de trois au même niveau). Dans les plantes à fleurs, l'article terminal se transforme, les organes reproducteurs se groupent en fleurs. Les feuilles sous la fleur s'appellent les **bractées**, puis les **sépales**, puis les **pétales**. Enfin, l'une d'elle se retourne pour donner le **pistil**, qui conduira à l'ovaire, d'autres se différencient en **étamines**, sacs à pollen (grains inertes).

Les étamines sont les organes mâles au sein desquelles s'opère la méiose. De cette méiose vont résulter les grains de pollen, éléments mâles fécondants haploïdes, cellules non cloisonnées (sincytium) qui contiennent deux noyaux qui sont libérés et quand ils atteignent l'ovule, il y a une nouvelle division : des deux spermatozoïdes, l'un fécondera l'ovule (comme pour les groupes précédants), l'autre s'unit avec deux des noyaux polaires du prothalle femelle, pour donner un massif cellulaire à 3n chromosomes, **l'alumen** qui envahit la cavité de l'ovule et se substitue au prothalle femelle dans son rôle nourricier. Cette « double fécondation » (découverte en 1899) permet une économie, car ce riche tissu de réserve (polyploïde) n'est mis en place que si la fécondation a eu lieu.

Après la fécondation (fusion des gamètes à l'intérieur de l'ovaire), les graines se développent et donnent des embryons en vie latente. Ils sont organisés, mais leur développement est stoppé jusqu'à ce que les conditions soient favorables. Ceci constitue aussi un progrès considérable, car tous les végétaux inférieurs gaspillent leurs embryons. Pour toutes ces raisons, les plantes à fleurs sont dites « vivipares ». L'évolution vers une meilleure protection des embryons a poussé ces plantes à les enfouir toujours plus profond : on distingue ainsi les ovaires supères (archaïques) et infères (évolués). Cette sophistication est à comparer avec la meilleure protection assurée aux embryons des mammifères chez les placentaires que chez les marsupiaux (qui furent rapidement dominés, sauf dans quelques régions isolées du monde : Madagascar, Australie...).

L'ovaire se transforme donc en un **fruit** qui peut être :
- **déhiscent** (ou sec), les plus primitifs, libération de nombreuses graines souvent pourvues d'un dispositif favorisant le transport par l'air (aigrette plumeuse) ou les animaux (crochets) ;
- une **baie**, fruit secondairement charnu, dans un but de dissémination par les animaux (ex. le gui) ;
- indéhiscent (les graines restent dans le fruit), **akènes** (secs) ou **drupes** > fruit charnu à noyau (ex. la cerise, l'olive).

Les plantes à fleurs sont essentiellement hermaphrodites, car pistil et étamines sont réunis dans la même fleur. Certaines au contraire sont **dioïques** (ex. saules, kiwi, mercuriale, orties), c'est-à-dire qu'il existe des pieds mâles et des pieds femelles, bien évidemment, seuls les individus femelles donnent des fruits, ou **monoïques**, c'est-à-dire que des fleurs des deux sexes se développent sur le même arbre mais séparément (cas des arbres à chatons : chênes, peupliers, châtaigniers...). Certaines (comme le houx) avortent, au moment de la floraison, une partie de leurs fleurs : elles sont mâle ou femelle selon les saisons ! Dans le cas du papayer, les deux arbres sont assez différents, mais l'ambiguïté persiste car à partir d'un papayer mâle, on peut obtenir un papayer femelle en augmentant notablement les apports en eau et en engrais azoté.

Lorsque le pollen d'une fleur féconde la graine de la même fleur, il y a brassage génétique (deux méioses distinctes), même si le stock reste le même. Dans le cas où le pollen provient d'un individu et féconde un autre individu végétal, le fonctionnement de la sexualité est optimal, le renouvellement génétique plus complet d'une génération à l'autre. C'est pourquoi la plupart des plantes à fleurs utilisent des modalités de rencontre pollen/graine permettant une fécondation croisée. Dans le cas des campanulacées (ex. *Lobelia*), la jeune fleur montre d'abord des étamines mûres libérant leur pollen, puis 48 heures après, le pistil s'épanouit et devient réceptif. Il y a disjonction des sexes dans le temps. Dans d'autres cas, il y a disjonction dans l'espace : le même individu porte des fleurs mâles et femelles séparées (arbres à chatons).

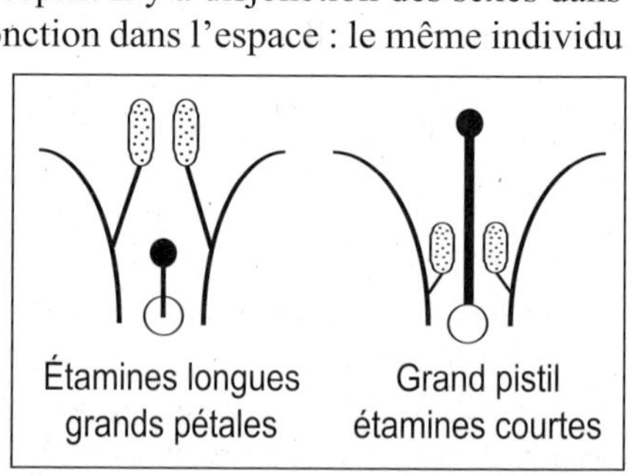

On observe aussi d'autres types de différenciation sexuelle chez les végétaux, la différenciation morphologique. C'est une découverte de Darwin sur la fleur de Primevère *(Primula)* : les deux types d'individus, fonctionnellement hermaphrodites, ne peuvent se féconder que sur l'autre type de fleur, ce n'est pas un sexe gamétique (génotypique), mais au niveau des individus dans une même population (sorte de sexe phénotypique). Chaque pied de primevère donnera 50 % de descendance de chacune des deux formes ! Ce phénomène s'est révélé assez répandu.

La notion de sexe s'élargit encore avec des labiées (comme le romarin et la lavande) et certaines fabacées. Toutes les fleurs sont hermaphrodites, mais la fécondation n'est possible qu'entre deux individus différents. Il y a toujours deux sexes gamétiques, mais autant de sexes phénotypiques (dont la rencontre est fertile) que d'individus. Le support de ce phénomène d'exclusion est lié à la reconnaissance de protéines incluses dans le grain de pollen par la zone réceptrice du pistil. Malgré l'hermaphrodisme, le brassage génétique est optimal car la fécondation croisée est obligatoire.

Modalités de rencontre des sexes

Les grains de pollen émis par les étamines ont besoin d'être transportés jusqu'aux organes femelles récepteurs afin que la fécondation puisse se faire. Bien qu'immobiles, les plantes utilisent des stratégies pour assurer les déplacements nécessaires :

• Le **transport par le vent** caractérisait tous les gymnospermes (pinus, gingko, juniperus...). Le pollen doit être particulièrement abondant (forme de gaspillage). C'est aussi le cas des arbres à chatons (ex. *Alnus glutinosa, Quercus...*), qui ont des structures qui pendent dans le vent et recueillent les grains de pollen. Idem pour les graminées aux grandes étamines souples (ex. *Avena sat.*). On peut aussi citer le cas plus complexe de la Vallisnerie, plante aquatique. Pour se rencontrer, les pieds femelles produisent une longue tige souple et une fleur qui arrive au ras de la surface, les pieds mâles libèrent des petits sacs de pollens qui montent en surface et dérivent jusqu'aux fleurs femelles qui dès que fécondées s'enroulent au fond pour mûrir (c'est-à-dire qu'on observe un retour à une vie aquatique chez un végétal aérien, un peu comme pour les dauphins, mammifères marins).

• Le **transport par les insectes** s'est répandu et spécialisé avec l'évolution, au point que la vie animale et végétale sont souvent intriquées. Les fleurs s'adressent aux insectes par des appels liés à des contrastes de couleurs qui tranchent sur le vert ambiant et indiquent une direction à suivre (le centre en général) où se trouvent le nectar, le pollen et les organes à féconder. La disposition des organes reproducteurs de la fleur est souvent particulièrement judicieuse par rapport à la zone nutritive (ex. les labiées comme *Lamium alb.*, *Salvia off.*). Chez certaines plantes, on observe que la longueur du tube nectarifère correspond à la longueur de la trompe de tel papillon. Si un insecticide détruit ce papillon dans un secteur donné, la plante ne pourra plus se reproduire par graine.

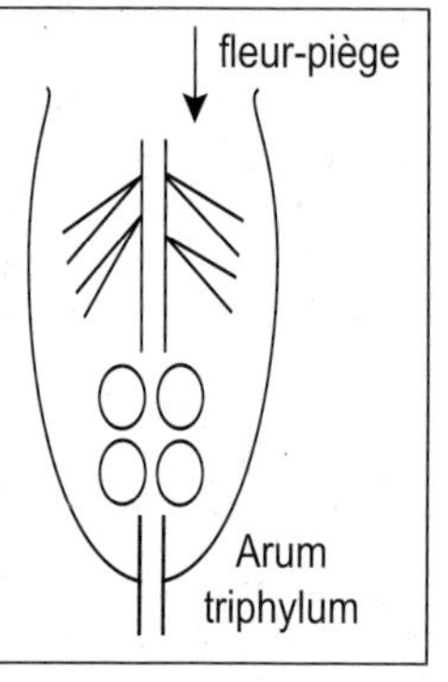

Le rapport à l'insecte est parfois cruel, ainsi *Aristolochia clemat.* et *Arum triphylum* dont les fleurs forment un tube coudé qui se termine par un renflement contenant les organes sexuels. Dans ce tube il y a des poils turgescents, raides et orientés vers le bas : les mouches qui rentrent dans la fleur passent sans encombres parmi les poils, mais elles ne peuvent ressortir ! Celles-ci se couvrent de pollen et dès que la fleur est fécondée, les poils se fanent et les insectes peuvent ressortir.

Les orchidées (ex. la vanille) ont établi avec les insectes des relations plutôt violentes : leurs fleurs sécrètent une substance odoriférante semblable à celle dégagée par les hormones sexuelles (phéromones) de certains insectes (guêpes...). Lorsque l'insecte mâle, attiré par l'odeur se rapproche de l'orchidée, il confond ses fleurs avec ses partenaires : tête, thorax, abdomen, poils, rayures de couleur, antennes, ailes, tout est parfaitement imité. Il se pose alors et cherche à copuler. Le pollen est concentré sur une seule étamine, aggloméré en deux petites masses, les pollinies. La fleur mâle possède un mécanisme qui, au moindre attouchement, catapulte les pollinies qui se collent sur la tête de l'insecte. Dépité devant le peu de réaction de cette femelle végétale, il s'en écarte et tente sa chance avec une autre femelle... qui n'est qu'une autre orchidée qu'il féconde. La perfection de ce système est confondante, d'autant que chaque espèce dégage un parfum qui n'attire qu'une seule catégorie d'insecte, et que l'émission de cette phéromone végétale est programmée quelques jours avant celle de l'insecte femelle, afin que les mâles ne soient pas enclins à leur préférer leurs partenaires naturelles.

Le **transport par les oiseaux** nectarivores (colibris) a nécessité une adaptation de forme et de couleur : la couronne est réduite, les organes récepteurs de pollen sont hauts, les étamines un peu au dessous (ex. la passiflore, l'avocatier).

Le **transport par les chauves-souris** intéresse des plantes (ex. le baobab) à fleurs nocturnes, à nectar abondant et à odeur atroce (pour nous !).

Dès le début de l'ère tertiaire, le monde se couvre donc de plantes à fleurs dont se nourrissent des mammifères. Angiospermes et mammifères se diversifient, s'adaptent même à des milieux où la vie est très menacée. Ils s'y implantent et y créent des biotopes plus accueillants. Leur efficacité biologique, plus grande que celle de leurs prédécesseurs, leur permet d'aller plus loin dans la conquête de la planète. Il y a 50 millions d'années, le visage du monde ressemblait déjà à celui que nous connaissons. Ce visage résultait essentiellement du travail du monde végétal, poursuivi pendant plus de trois milliards d'années. C'est ainsi que fut peu à peu créée la biosphère, cette mince couche de sols arables, d'eau douce et d'air respirable dans laquelle prolifèrent les êtres vivants à la surface de la planète. Œuvre de la vie, elle est nécessaire à l'entretien de la vie.

Il y a 200 000 ans apparaissait l'Homme... Malgré les agressions constantes de notre civilisation envers son environnement, il existe encore sur notre planète plus de 300 000 espèces différentes de plantes. Ces végétaux, non centralisés, ni limités dans le temps (la reproduction végétative est presque toujours possible), s'offrent le luxe de « payer » les services qu'ils demandent au monde animal :

- au niveau de la fourniture d'humus (aliments contre azote assimilable) ;
- au niveau du transport du pollen (nectar) ;
- au niveau du transport des graines (fruits sucrés).

Si les liens entre le monde animal et le végétal sont évidents (ils arrivent même à produire les mêmes phéromones !), la sexualité animale paraît relativement monomorphe, comparée à celle du monde végétal qui a exploré toutes les solutions possibles d'une façon assez délirante.

Le médecin doit toujours prendre en compte le fait de cette évolution conjointe du monde végétal et du monde animal. Ce d'autant que « l'ontogenèse rappelle la phylogenèse ». C'est-à-dire que le développement embryonnaire humain récapitule toute l'histoire des espèces vivantes.

Nous n'étudierons dans cet article que le premier des quatre grands groupes d'angiospermes :

- les monocotylédones, de formule 3 ;
- les dicotyléones, de formule 5 (plus rarement de formule 4 ou 6) :
    * apétales (les pétales manquent), groupe des arbres à feuilles caduques,
    * dialypétales (les pétales sont libres),
    * gamopétales (aux pétales soudés).

SOCIO-ÉCOLOGIE VÉGÉTALE

Nous avons évoqué l'évolution des espèces (végétales et animales) dans l'histoire de la Terre, mais une autre échelle doit être prise en compte pour comprendre le rôle et la dynamique du monde végétal en un lieu particulier, il s'agit de **l'adaptation au biotope**, conséquence d'un ensemble de choix permettant un bon fonctionnement de **l'écosystème** colonisant un espace.

Si la plante prélève dans son environnement des photons (ensoleillement) et du CO_2 (air) par ses feuilles, de l'eau, de l'azote et des sels minéraux par ses racines, elle sécrète des **exsudats racinaires**, qui sont des déchets dont le rôle toxique va permettre de limiter la compétition avec d'autres espèces. Pour certaines espèces au contraire, des sécrétions vont s'avérer favorables : c'est le cas pour les **plantes adventives** (signifie « poussent avec »), ex. le bouleau qui est un auxiliaire de croissance du Sapin, les chardons et les rumex, les hépatiques et le buis...

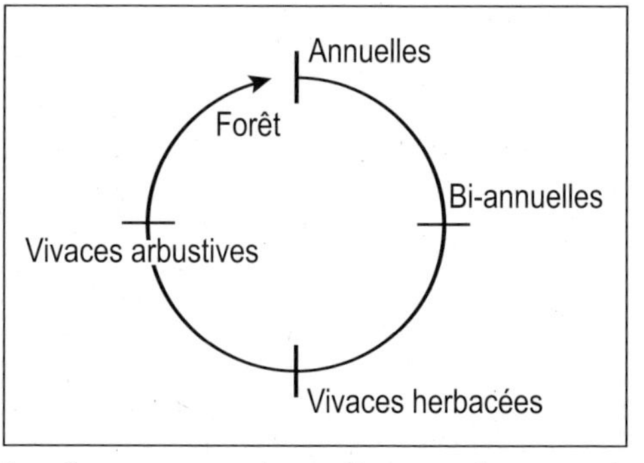

La dynamique des événements est alors à prendre en compte : après la mise à nue d'une terre (incendie, labour des troupeaux ou charrue, fleuve qui divague...), on assiste à une explosion de **plantes annuelles** (ex. le bouillon blanc, le souci, l'ortie royale...) qui sont des pionnières. Il s'agit d'une espèce unique qui fait le vide autour d'elle par ses exsudats racinaires qui inhibent la germination des autres espèces. Ces exsudats vont à la longue intoxiquer la plante elle-même : la seconde année vont apparaître des trous dans les tapis de plantes annuelles, dans lesquelles vont se développer les **plantes bisannuelles** (1re année > rosette de feuilles, puis seconde année > fleurs, ex. la digitale, l'onagre). Après s'installent les **plantes vivaces** herbacées (qui repartent tous les ans de leur racines, entre 3 et 10 ans, ex. l'arnica, les chiendents, les fougères, le millepertuis...), puis les **arbustives** (qui vivent entre 10 et 100 ans, ex. les ronces, les bruyères, l'églantier, le fusain...), enfin les **arborescentes** (qui vivent entre 100 et 500 ans).

Ce schéma global doit être précisé, car susceptible d'adaptations propres aux conditions locales :

- pionnières des sables humides et limons : premières plantes rampantes, ex. *Lindernia gratioloides*, *Limosella aquatica* (scrofulariacée)... seconde végétation dressée, ex. *Mentha pulegium*, *Gratiola off.*, *Pulicaria vulgaris*...

- pionnières des milieux dégradés par l'homme (lisiers, poulaillers, engrais (matière organique non compostée) : les « nitrophiles », ex. *Convolvulus arv.*, *Polypodium aviculare*, *Rumex obtusi-folius*, *Stellaria media* (le mouron blanc)...

- plantes pionnières en forêt : *Alnus glutinosa* (aulne) si le milieu est humide ou *Salix purpurea* (saule) si le milieu est inondé. Après apparaît *Fraxinus exelsior* (frêne) ou *Fagus sylvatica* (hêtre) en altitude, puis *Ulmus glutinosa* (orme), enfin *Carpinus* (charme) ou *Quercus* (chêne) qui peuvent être associés.

- pionnières en zone méditerranéenne (sols squelettiques > forêt basse) : *Thymus vulgar.*, *Satureia mont.*, *Rosmarinus off...* après : *Arbutus unedo*, *Phyllirea latifolia...* puis *Quercus ilex* ou *suber* (chêne liège), *Smilax aspera* (salsepareille)...

- pionnières en milieu aquatique : *Lemna minor* (lentille d'eau > flottante), puis : *Nuphar lut.*, *Nymphea alba* (nénuphars), enfin *Phragnites communis*, *Arundo donax* (roseaux).

L'agriculteur défriche la forêt et maintient le sol au stade annuel par ses labours. Au bout de quelques années, il observera l'apparition de plantes bisannuelles, puis vivaces herbacées qui gêneront ses cultures. Un labour trop régulier brûle les sols (trop d'oxygène), l'usage intensif des engrais pousse au « feutrage », accumulation de matières organiques en surface qui évoluera vers la tourbière. La solution consiste à ne pas cultiver un sol plus de cinq ans, puis à le laisser reposer dix ans. Cette mise en « prairie multiflore » (sorte de forêt sans arbre) régénérera la biodiversité.

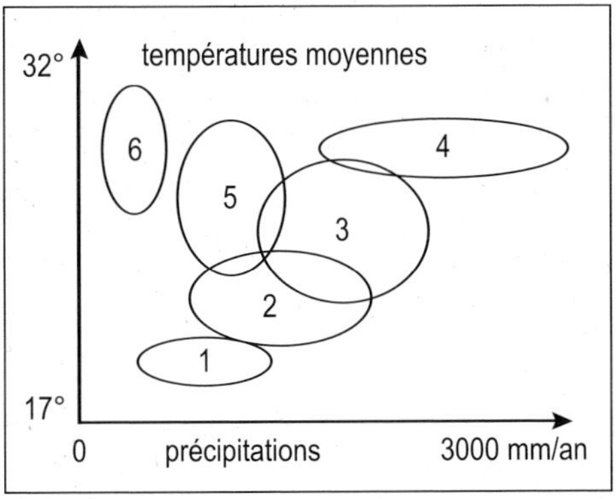

La phyto-géographie est l'étude de la répartition des végétaux sur le globe. Ces notions sont intéressantes, car la végétation se développe en fonction des différentes aptitudes des végétaux à supporter le froid, la lumière, l'humidité et les variations de la qualité de l'humus :

1. Toundra arctique/alpine (hivers rigoureux) > lichens, mousses.

2. Taïga > forêts de conifères.

3. Forêt tempérée (alternance chaud/froid) > feuilles caduques.

4. Forêt tropicale (humidité) > longueur des tiges selon la strate.

5. Savanes (pluies intermittentes et feux fréquents) > herbages (grand nombre d'espèces) + arbustes à feuilles larges.

6. Déserts (sécheresse + chaleur) > feuilles en pointes.

L'étude du cycle des substances minérales (cendres) et de l'azote dans les principaux types de végétations de l'hémisphère nord montre que la **biomasse** varie considérablement :

- de la toundra : 0,6 kg de matière sèche au m^2 par an (pH = 3) ;
- à la taïga : 20 kg (pH = 4) ;
- dans les chênaies : 30 kg (pH = 5) ;
- pour avoir son maximum dans la forêt tropicale : 40 kg (pH = 6) ;
- et retomber à 4 kg dans les savanes plus sèches (pH = 7).

En règle générale, plus une plante est adaptée à un climat rigoureux, plus son milieu intérieur sera porteur d'un effet thérapeutique important.

Les plantes des milieux acides

Les **tourbières** sont des marécages dont les eaux sont acides. Elles constituent encore un milieu fréquent en régions montagneuses. Les valeurs du pH (entre 4 et 5) font que cette eau n'est pas minéralisée et n'abrite que des micro-organismes non pathogènes, qui contribuent au maintient d'un pH acide.

Les plantes de ces milieux semblent toujours sèches, durcies, resserrées. Bien que poussant dans de l'eau pure, l'herbe des tourbières offre toujours un aspect jaune. Les feuilles sont petites et coriaces, les tiges très fermes. On ne trouve pas de grands organes végétaux mous et étendus. Les plantes des milieux acides sont souvent des graminées et des cypéracées (*Carex*, sphaignes). Elles sont riches en silice qui se trouve cristallisée dans les cellules épidermiques ou sous forme soluble dans leurs tissus. Ces plantes sont extrêmement sensibles à la pollution. C'est dans ce milieu très particulier que vivent les drosera, plantes carnivores à feuilles grasses, élargies, pourvues de poils glanduleux, aqueux et collants. Elles compensent l'oligotrophie du milieu par la digestion de proies animales. Leurs poils ne sont autres que des tentacules comportant un piège constitué d'une gouttelette terminale de mucilage riche en acides et en enzymes protéolytiques. Si on applique fortement sur la peau une feuille fraîche de drosera, on voit apparaître une brûlure, bientôt suivie d'une cloque.

Les plantes des milieux salés

Végétation poussant dans une vase mouillée, à la limite de la cristallisation saline. L'équilibre des pressions osmotiques du sol et des racines permet le passage de l'eau du sol vers les racines et non l'inverse. En effet, la pression osmotique à l'intérieur des racines est considérable, conférant à la plante des tissus très juteux et très salés. On ne trouve pas de cristaux de silice, alors que cet élément est très abondant dans l'environnement. Par exemple, les salicornes qui sont des végétaux gorgés d'une eau très salée, leurs tissus sont tendres, étalés.

Les plantes des milieux désertiques

La végétation discontinue et rare des étendues désertiques est constituée de petits buissons très espacés. Cet espacement est dû à une compétition au niveau des racines. Les eaux de pluies étant très rares (il pleut environ une fois tous les deux ans), les plantes récupèrent les eaux de condensation au moyen de racines superficielles qui circulent à quelques centimètres sous la surface du sol, dans un rayon de plusieurs dizaines de mètres autour de la plante. Au moment des pluies, l'eau est absorbée par ces racines en attente.

Dans les buissons de cactées, les feuilles sont très réduites, voire inexistantes. Leurs épines sont plus ou moins développées, les tiges charnues, juteuses, formées de cellules hypertrophiées, qui sont d'énormes réservoirs d'eau. Les cactées sont très odorantes, colorées, et nectarifères. Dans ces milieux hostiles, ces plantes parviennent quand même à fleurir et à fructifier. Les fleurs ne durent qu'une nuit et ont souvent une taille disproportionnée par rapport à celle du cactus qui les porte.

Les **épines** constituent une arme essentielle dans la lutte contre la sécheresse. En effet, le problème de la transpiration est très important au niveau des feuilles. Les épines au contraire, qui sont en réalité des feuilles extrêmement dures, offrent une surface « transpirante » très faible. La croissance de ces végétaux est très lente, les épines constituent en outre une protection contre des prédateurs comme les herbivores.

Les plantes alimentaires (selon leurs origines géographiques)

• La pomme de terre Chili
(les Espagnols l'importèrent en 1580, deux siècles avant que M. de Parmentier la fasse admettre comestible pour l'homme)

• La tomate	Pérou
• Le maïs	Mexique
• Le salsifis	Grèce
• La betterave	Iran (Perse)
• L'aubergine, la chicorée, le concombre	Inde
• Le Potiron	Guinée
• Le Riz, l'Epinard, l'Oseille	Chine
• L'Artichaut, le Millet	Maghreb
• L'Orge	Europe du nord
• Le Blé	Bassin méditerranéen

Les monocotylédones

C'est au XVIIIe siècle (B. et A. de Jussieu) qu'est faite en Occident la distinction entre monocotylédones et dicotylédones. On pense à l'heure actuelle que les monocotylédones se sont individualisés très tôt à partir d'une souche commune des angiospermes (aujourd'hui disparue), ce qui explique la présence de caractères :

- **archaïques** : cycle trimère moins perfectionné, graine à albumen persistant, grain de pollen à un seul pore de germination ;

- **simplificateurs**, adaptés à l'habitat aquatique, mais ne leur permettant plus une évolution ultérieure aussi poussée que celle des dicotylédones (espèces moins diversifiées, moins perfectionnées) :

* un seul cotylédon : sa croissance va rejeter la tige en position latérale,
* feuilles simples, réduites au pétiole,
* pas de formations secondaires > pas de formes arborescentes vraies.

Les monocotylédones, sont cependant une indiscutable réussite de l'évolution, car nous y trouvons les familles les plus spécialisées et les plus cosmopolites des angiospermes.

L'appareil végétatif est puissant (intense activité d'enracinement et de propagation souterraine) :

- la racine principale est remplacée par de nombreuses racines adventices qui naissent à la base de la tige (cas du poireau par exemple) ;

- les tiges sont de type herbacé, sans épaississement secondaire. Quelques espèces tropicales ont un port arborescent (ex. palmiers), mais le volume est obtenu par l'accroissement du méristème apical, leurs tiges sont rendues rigides par sclérification du parenchyme, les tiges feuillées ne se ramifient pas (pas de formes buissonnantes) ;

- les feuilles sont toujours simples, à nervure parallèles (chez les palmiers, il y a déchirure du limbe), par compensation, le pétiole s'aplatit en un faux limbe tandis que la base devient importante et constitue une gaine qui enveloppe la tige (ex. les graminées) ou les jeunes feuilles (ex. le poireau).

Les fleurs sont trimères (organisées pour la plupart comme la tulipe) sur la formule florale suivante : (3 + 3) T + (3 + 3) E + 3 C.

Où T = **tépales** (car sépales et pétales ne sont pas différenciés et alternent... aspect de 6 pétales !), E = étamines, C = carpelles (soudées entre eux, ils forment un ovaire composé dont le fruit est une baie ou une capsule).

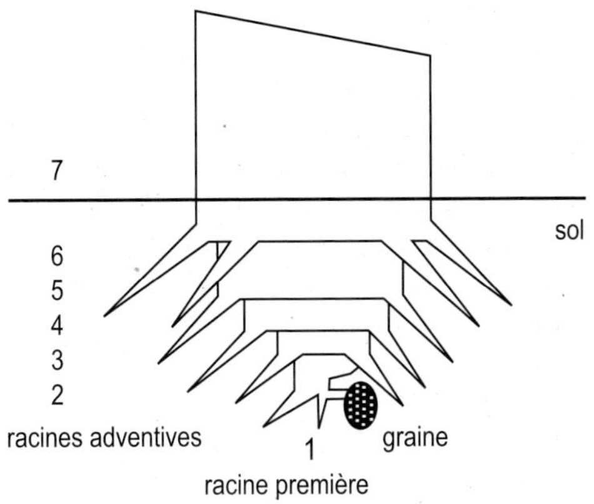

Les premiers entre-nœuds de la tige (6 sur ce schéma) sont enfouis dans le sol et portent de nombreuses racines adventives.
À chaque entre-nœud, la tige s'élargit jusqu'à ce que son diamètre maximum soit atteint.

Ces fleurs assez monotones sont parfois isolées (ex. tulipe), mais plus souvent groupées en inflorescence (grappe ou cime). L'ovaire est supère, les fleurs sont voyantes, riches en nectar. Les fruits sont secs ou charnus (capsules : colchique, lis... ou baies : asperge, muguet...).

Les monocotylédones archaïques

Arums, palmiers, sagittaire et végétaux aquatiques : ***Arum maculatum*** (si) l'Arum tacheté, proche de ***Arum dracunculus*** (si) et ***Arum triphyllum*** (si).
Composition : essence (toxique), acides oxalique et cyanydrique.
Indications : polype du nez, asthme, rhinite, stomatite et laryngite.

*** Le port arborescent**

Palmiers, dragonniers, yuccas. Aux Canaries, certains dragonniers, vieux de plusieurs centaines d'années, ont des troncs larges de 15 m.

• **Coprah** : le Palmier. C'est un arbre dioïque, il en existe 3 400 espèces (palmiers à pain, à vin, à dattes...), de répartition tropicale et en bord de mer : sorte de « fruit vaisseau » qui traverse les océans.

Indications : eczéma, vermifuge...
• ***Elaeis guincensis*** (au) : le Palmiste épineux.
Indications : du prurit à la sclérodermie.
• ***Sabal serrulata*** (na) : le Palmier nain d'Amérique.
Indications : hypertrophie prostatique.
• ***Yucca filamentosa*** (hg) : la « Bayonnette ».
Indications : sirops antitussifs, tisanes diurétiques.

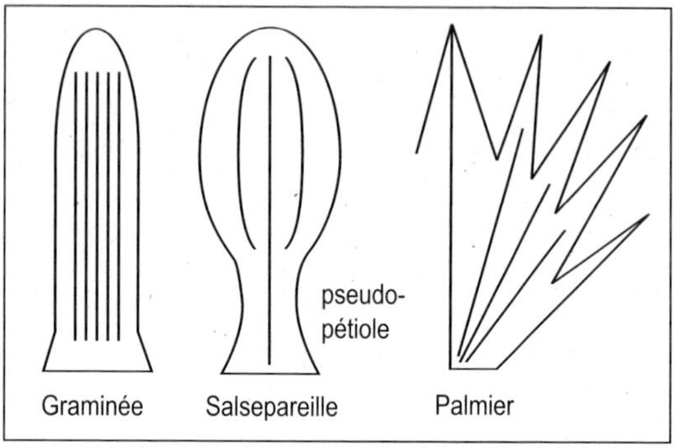

Les monocotylédones à caractères typiques

Les liliacées, famille cosmopolite de 3 500 espèces. La tige herbacée s'enterre pour résister aux intempéries et aux périodes de sécheresse, tandis que chaque année la pousse aérienne est détruite (plantes à bulbes). Cette organisation constitue une parade évolutive à la perte des structures ligneuses. Les bulbes ou rhizomes se chargent de substances nutritives soufrées ou d'essences, parfois même d'alcaloïdes extrêmement toxiques.

a) Liliacées rhizomateuses (la tige souterraine chemine parallèlement à la surface du sol).
• ***Convallaria maialis*** (ph) : le Muguet.
Indications : tonicardiaque.
• ***Polygonatum vulgare :*** Sceau de Salomon.
Indications : tonicardiaque, hypoglycémiant, adoucissant.

b) Liliacées bulbeuses (tige verticale courte, en plateau, recouverte de feuilles souterraines charnues) : ail, colchique, lis, jacinthe... certaines, comme le Lis béguin *(Gloriosa rothschildiana)* sont utilisées pour l'extrême toxicité de sa racine bulbeuse, riche en alcaloïdes, qui sert à préparer le poison des flèches de tribus africaines.
• ***Allium sativum*** (as) : l'Ail (à bulbe annuel).
Composition : HE sulfurée, vitamines A, B1, B2.
Indications : tonique général. Antiseptique (intestinal et pulmonaire). Vermifuge, hypolipémiant, hypoglycémiant. Cancer de la vessie.
• ***Allium cepa*** (s) : l'Oignon (bulbe bisannuel).
Indications : le rhume des foins.

• ***Asparagus off.*** (ca) : l'Asperge (feuilles restent collées à la pousse comestible, c'est une plante dioïque).
Composition : saponine, tanins, silice ++, potassium, fluor, vitamines A, B1, B2.
Indication : diurétique (calculs, acide urique).
• ***Colchicum autumnale*** (as) : la Colchique.
Indication : très toxique, remède clef de la crise de goutte.
• ***Crocus sativus*** (na) : le Safran.
Indications : troubles nerveux hystériformes (proche d'Ignatia amara).
• ***Dioscorea*** (mg) : le Pain des Hottentots, à l'énorme tubercule (jusqu'à 300 kg !).
Indication (YAM) : bouffées de chaleur de la ménopause.
• ***Helonias dioica*** (mg) : Hélonias.
Indications : dépression et hyperménorrhée (cf. sa pathogénésie homéopathique).
• ***Iris florentiana*** (ph) : l'Iris de Florence.
Indications : vomitif, purgatif et expectorant.
• ***Lilium tigrinum*** (mg) : le Lis tigré.
Indications : anti-spasmodique (migraines, oppressions cardiaques). Problèmes génitaux hysérisés (cf. sa riche pathogénésie).
• ***Paris quadrifolia*** (ve): la Parisette.
Composition : soufre, mucilages et alcaloïde toxique.
Indications : purgatif, émétique, céphalées ou migraines, névralgies...
• ***Ornithogalum umbellatum*** (ag) : Ornithogale.
Indications : Lésions ulcéreuses (ou néoplasiques) du tube digestif.
Fleur de Bach : *Star of Bethleem*... « Dépression nerveuse, choc causé par de graves nouvelles ».
• ***Ruscus aculeatus*** : le Petit houx, Fragon.
Fréquent dans les sous-bois, le fragon réduit ses feuilles à de minuscules écailles et transforme ses tiges, qui, couvertes de chlorophylle, assurent la photosynthèse. Sur ces « semblants de feuilles » (cladoles) vont naître des fleurs puis des fruits. Fécondées par le vent, les fleurs femelles donnent un fruit rouge vif de la grosseur d'une petite cerise, baies ayant servi d'ersatz de café pendant la Seconde Guerre mondiale.
Indications : diurétique et veinotonique (hémorroïdes, œdème...).
• ***Sarsaparilla*** (am) : la Salsepareille, liliacée tropicale américaine volubile, qui donne des baies rouges.
Composition : saponines, glucosides, sitostérol, stigmastérine, traces d'HE, sucres.

Indications : diurétique (sudorifique, dépurative). Antirhumatismale. Eczéma (sec et/ou fissuraire) et cystalgies (cf. pathogénésie).
• ***Veratrum album*** (as) : le Vératre blanc qui ressemble à la Gentiane.
Toxique (cf. matière médicale homéopathique).

Les zingiberacées, qui sont avant tout des condiments, les fleurs sont zygomorphes (de symétrie bilatérale) très colorées.
• ***Curcuma xanthoriza*** (as) : le Curcuma.
Composition : HE (rhizome), un des quatre condiments du curry.
Indications : allergie (asthme ou rhume des foins). Antiseptique intestinal, cholérétique.
• ***Ebettaria cardamomum :*** la Cardamome.
Indications : HE digestive (œsophagite, ulcus) et rhumatismale.
• ***Zingiber off.*** (am) : le Gingembre.
Indications : flatulences avec dyspnée et névralgies diverses.

Les espèces tropicales
• ***Agave americana*** (ve) l'*Aloê* d'Amérique. Liliacée à ovaire infère, l'oignon est surélevé et apparaît comme un tronc plus ou moins bref. Les feuilles sont charnues et se dentent d'aiguillons sur leur bords. De la rosette foliaire jaillit une svelte inflorescence riche en sucre (fructose) et en stéroïdes utilisés pour hémisynthèse des corticoïdes.
Composition : fructose, saponines, vitamine E.
Indications : « cortisone-like » (allergie ++). Anti-oxydant. Antidiarrhéique, diurétique. Tonique veineux (engelures).
• ***Aloê socotrina*** (s) : l'Aloès
Les feuilles sont charnues et épineuses, haute hampe sexuée une fois par an.
Indications : suc purgatif, émollient des brûlures et affections cutanées.
N.B. : le suc fermenté d'une espèce voisine *Agave tequilana* sert à faire la « Téquila » (alcool national mexicain).

Ce groupe comprend aussi :
- les **Musacées**, ex. le bananier, alimentaire ;
- les **Strelitziacées**, ex. le strelizia, ornementale ;
- les **Broméliacées :** il s'agit d'une famille presque exclusivement américaine. La plupart sont **épiphytes** (poussent sur les arbres), d'autres sont terrestres, c'est le cas de l'ananas ***(Ananassa sativa)*** dont le fruit juteux est com-

posé des ovaires infères et des bractées. Ce fruit curieux (à rapprocher de la Fraise chez les rosacées) est riche en enzymes protéolytiques et en substances « oestrogènes-likes ».

Les monocotylédones évoluées

Les graminées (ou poacées), 7 000 espèces qui constituent sur des zones entières du globe l'élément dominant de la flore, fournissant les éléments indispensables à l'alimentation des hommes et de leur bétail. Plantes herbacées annuelles, fasciculées en faisceaux (blé), elles présentent un rhizome et une tige creuse et cylindrique (chaumes importants chez les bambous, pleins d'un tissu sucré chez la canne à sucre). L'inflorescence est un **épillet** (épi) où les « fleurs communautaires » de dimensions très réduites sont disposées en nombre variable sur un axe. La pollinisation est anémophile, se prêtant bien à la fécondation sur de vastes prairies. La graine contient un albumen amylacé très abondant, qui broyé donne la farine.

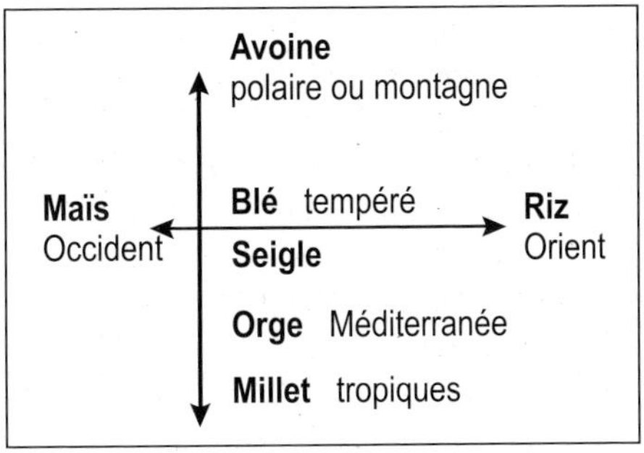

Céréales alimentaires

• ***Avena sativa*** (zn) : l'Avoine cultivée.
Composition : saponine, mucilage, acide silicique, glucide, Ph, vitamines A, B1, B2, D, PP, Fer, Coumarine.
Indications : sédatif. Anti-diarrhéique.

• ***Hordeum vulgare*** (zn) : l'Orge germée.
Indications : hypoglycémiant, émollient (angine, ulcère d'estomac, diarrhée).

• ***Oryza sativa*** (zn) : le Riz.
Indications : tonique, « endocrine-like », astringent (diarrhée).

• ***Triticum vulgare*** (zn) : le Blé.
Composition : huile de germe de blé > vit. E, lécithine, acides gras essentiels.
Indications : asthénie (fortifiant ++). Peau (impétigo, furoncles...).

• ***Zea mais*** (na) : le Maïs.
Composition : acides gras, flavonoïdes, saponines, acide salicylique, vit. K.
Indications : hypocholestérolémiant (artérite distale), diurétique (calculs).

Céréales utiles : Joncs...

• ***Arundo donax*** (si) : la Canne de Provence

Indications : anti-laiteux, diurétique.
• ***Bambusa :*** le Bambou, variété tropicale à croissance rapide, reminéralisant très utilisé par les anthroposophes, car riche en silice (comme la Prêle).
• ***Caladium seguinum*** (am) : la Canne des Antilles.
• ***Juncus effusus*** (al) : le Jonc, grande graminée des prairies humides.

Autres céréales
• ***Triticum repens*** (al) : le Chiendent.
Indications : diurétique et cholagogue.
Attention : d'autres graminées sont aussi dénommées « Chiendent » (*Agropyrum repens*, Cynodon dactylon...).

Trois graminées donnent des huiles essentielles, il s'agit de :
• ***Cymbopogon nardus :*** l'HE de Citronnelle.
Indications : anti-inflammatoire, anti-amibienne et fongicide (pour le *candida*).
Attention : c'est le Géranium citronnelle *(Pelargonium)* qui est insecticide.
• ***Cymbopogon flexuosus :*** le Lemongrass.
Indications : vasculaire, spécifique de la micro-angiopathie diabétique. Diurétique (sudorifique). Fébrifuge (anti-inflammatoire). Anti-mycosique.
• ***Anantherum muricatum*** (hg) : le Vétiver, très prisé en parfumerie.

Les Orchidées sont la plus vaste famille de plantes à fleurs, car elle comprend 20 000 espèces. On la trouve sur tous les continents, dans toutes les zones climatiques. Cette famille est épiphyte (le plus souvent, surtout sur les arbres des forêts équatoriales), grâce à une symbiose avec des micro-champignons. Son principal organe est une fleur, vraie merveille de formes, de couleurs et de parfums, en grappes, entomophiles. L'ovaire est infère et les petits fruits sont secs. Les orchidées ont établi avec les insectes des relations particulières (comme décrit précédemment).

• ***Cypripedium pubescens*** (na) : le Sabot de Vénus. Sédative.
• ***Spiranthes automnalis*** (ca) : le Spiranthe d'automne. Remède de vaginose.
• ***Vanilla planifolia*** (mg) : la Vanille.
À l'aspect de liane atteignant 15 m de long, aux fleurs jaunes verdâtres. Découverte par Cortez au Mexique où elle servait de boisson. Elle fut introduite en France au XVIIIe siècle et cultivée à la Réunion au XIXe siècle.
Composition : mucilages, esters odorants (2 %), aldéhydes.
Indications : anti-inflammatoire rhumatismal (ex. polyarthrite rhumatoïde, spondylarthrite ankylosante). Cholérétique.

En résumé, les monocotylédones constituent un grand groupe botanique, où la simplification structurelle est la règle (hypo-structure > poumon), car tous les efforts sont consacrés à la « productivité » (hyperfonction orientée vers l'alimentaire > rate-pancréas), lui sacrifiant souvent couleurs et parfums. La sexualité y est occasionnelle (reproduction à dominante végétative des liliacées), oubliées (auto-fécondation des céréales) ou dévoyée (relation animale égoïste des orchidées).

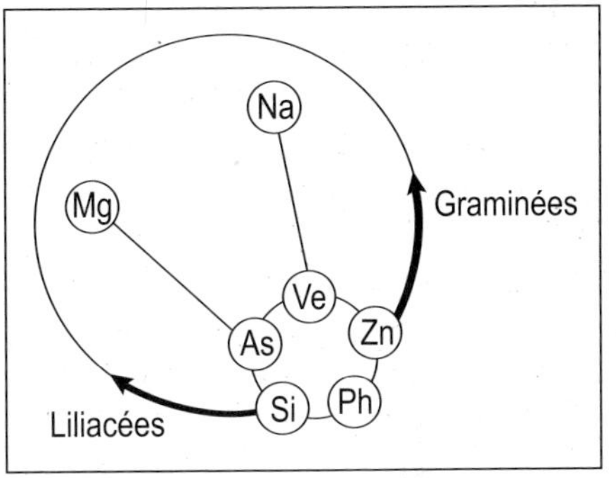

Polarité d'action principale = Poumon-côlon

Nous considérons donc que leur polarité thérapeutique dominante est le renforcement de l'ensemble des fonctions du pôle poumon, avec deux tendances objectives pour les deux groupes principaux qui composent les monocotylédones.

BIBLIOGRAPHIE

Les grands classiques

Plantes médicinales et vénéneuses de France, P. FOURNIER, Éditions Lechevalier, 1948.
Secrets et vertues des plantes médicinales, Sélection du Reader's digest, 1979.
Le macroscope, vers une vision globale, J. de ROSNAY, Éditions Points, 1984.
Guide des arbres et des arbustes, Sélection du Reader's digest, 1986.
Plantes extraordinaires du monde entier, Michel VIARD, Éditions Milan.
La botanique redécouverte, A. RAYNAL-ROQUES, Éditions Belin - INRA.
Botanique, J.L. GUIGNARD, Éditions Masson.
La médecine par les plantes, Jean-Marie PELT, Éditions Fayard, 1982.
Les plantes, amours et civilisations végétales, Jean-Marie PELT, Marabout université.
Drogues et plantes magiques, Jean-Marie PELT, Éditions Fayard, 1983.
«Des Légumes, Jean-Marie PELT, Éditions Fayard, 1993.
La plante médicinale, de la tradition à la science, C. DURAFFOURD et J.C.LAPRAZ, Éditions Grancher.

L'école homéopathique

Matière médicale thérapeutique, P. KOLLITSCH, Éditions Maloine, 1955.
Les plantes médicinales en homéopathie, G. HODIAMONT, Éditions Debrus-Tensi, 1983.
Le Test de réactivité sérique, une approche scientifique de l'homéopathie E. HENSHAW, Éditions Hélios, 1990.
Vade-mecum d'homéopathie systémiste, F. et J.Y. HENRY, Éditions Hermès, 1995.

L'école anthroposophique

La métamorphose des plantes, GOETHE, Éditions Triades.
La plante, une approche de sa vraie nature, G. GROHMANN, Éditions Triades.
L'homme et les plantes médicinales, W. PELIKAN, Éditions Triades, 3 tomes 1978.
Traitement au Viscum album fermenté, Laboratoire Weleda, 1986.
Dictionnaire affectif des plantes, B. MANDRANT et B. VIAL, PMSA, 1988.

Pol Henry et coll.

La gemmothérapie, P. HENRY, 125 pages, 1983.
Traité de phytothérapie cyclique, S. DEWIT et J.C. LEUNIS, Editions Jollois, 1995.

Aromathérapie

La médecine aromatique, F. BARDEAU et M. FESNEAU, Éditions Laffont.
Aromathérapie, P. FRANCHOME, Phytomédecine, 1987.

L'école de Bach

La guérison par les fleurs, E. BACH, Éditions Le Courrier du livre.

Plantes d'outre-mers

La pharmacopée sénégalaise traditionnelle, J. KERHARO et J.G. ADAM, Vigot frères, 1974.
La médecine tahitienne traditionnelle, F. et M. GRÉPIN, Éditions du Pacifique 84.
Medicinal plants of South Africa, VANWYK, VAN OUDTSHOORN, GERICKE Éditions Briza.
Plantes médicinales de Maurice, Ameenah GURIB-FAKIM, 3 tomes, Éditions de l'Océan Indien.

INTRODUCTION À LA PENSÉE CHINOISE

Daniel MARTINEZ
Docteur en médecin, médecine chinoise

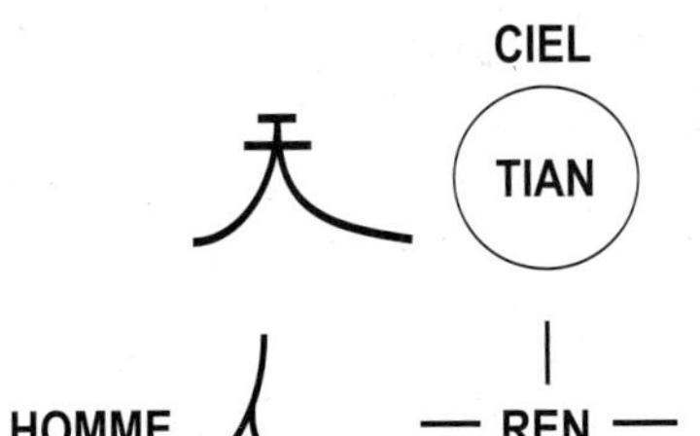

"L'homme, fleur exquise du Ciel-Terre"
Il est aussi le centre réalisé de la croix

La Chine ancienne, plutôt qu'une doctrine a possédé une sagesse.
L'ordonnancement de la pensée se fait par des symboles.
Le symbole est toujours le langage du Sacré, il est toujours l'expression de la Tradition. Ne pas confondre symbole avec emblème, analogie, allégorie.
Tout commence par l'observation d'un environnement :

- dans lequel l'homme doit s'intégrer,
- avec lequel il doit s'harmoniser,
- avec lequel il lui faut vivre.

La vie et la santé sont adaptation permanente.

Cette adaptation conditionne la survie. Les êtres ne peuvent agir sur leur environnement que dans la mesure où ils reçoivent et interprètent les informations extérieures, et dans la mesure où ils le respectent.

L'homme est né de la fusion des souffles du CIEL et de la TERRE. Tout en lui reflète son appartenance à ce couple. Les hommes ont les pieds carrés à l'image de la TERRE et en reçoivent l'humus, la tête ronde à l'image du CIEL qui les couvre et les protège.

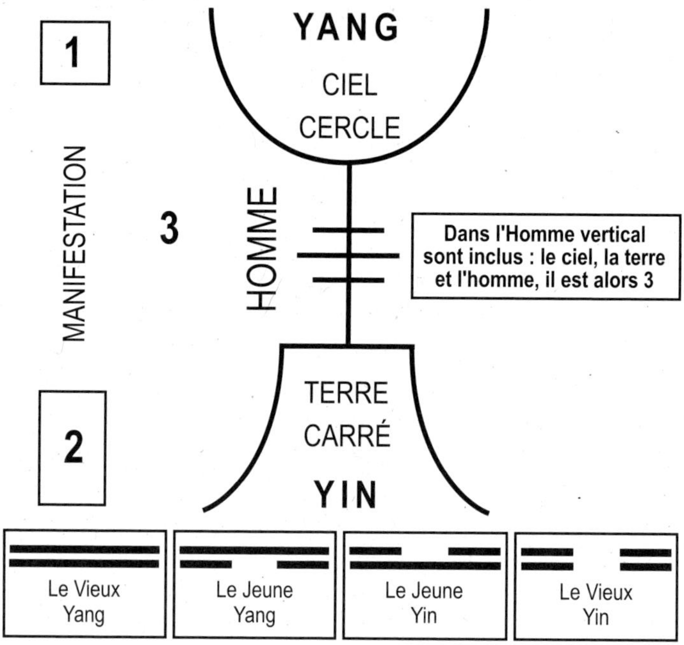

Le Yin et le Yang ne donnent la vie que dans la mesure où ils sont en relation l'un l'autre par interpénétration et soutien mutuel

Toutes les traditions nous enseignent que les souverains se doivent de respecter et de réaliser la relation du **Ciel/Terre** s'il veulent exercer leur pouvoir. C'est à cette condition seule qu'ils sont nommés « Fils du Ciel ». Le roi est le reflet du Soleil, la reine est celui de la Lune. Le palais est comme une cathédrale dont l'architecture sacrée est fondée sur la loi des nombres. Tout temple est la représentation de la demeure du Créateur et construit à sa gloire. Il est la synthèse du monde visible et invisible.

C'est par sa condition de verticalité que l'Homme peut être en relation avec le **Ciel** et la **Terre**. Ces deux éléments déterminants qu'il doit intégrer et par lesquels il est créé vont être manifestés par ces deux mots :

• LeYin et le Yang : Yin est la Terre, Yang est le Ciel.

Yin et Yang sont les deux premières manifestations du principe unique, de l'unité primordiale, de l'origine, du nombre Un.

La passivité de la **Terre** se donne au **Ciel**, l'activité du **Ciel** s'exerce sur la **Terre**, des deux naquirent les dix mille êtres.

Force invisible, l'action et la réaction du binôme engendre l'évolution, commencement et cessation, plénitude et vide, révolutions astronomiques, phases du Soleil et de la Lune. Tout cela est produit par cette cause unique, que personne ne voit et qui fonctionne toujours.

Les genèses se succèdent sans cesse, sans qu'on en sache l'origine, sans qu'on en voie le terme. Yin et Yang sont l'unique moteur de ce mouvement, la joie suprême. S'ébattre dans ce ravissement est le lot du surhomme.

Tout ce qui est créé sur Terre se nomme « manifestation », régie par le concept Espace-Temps. Isoler l'Homme, c'est isoler le microcosme du macrocosme.

LE DAO EST LE RYTHME DE L'ESPACE-TEMPS

Le monde est comparé à un char à caisse carrée, surmonté d'un dais circulaire : le **Ciel.**

L'équerre est le symbole de tous les arts religieux et magiques, insignes de Fou Hi, mari de Niu Koua dont le compas est l'insigne. Le fils du Ciel parcourt la Terre sur son char comme au Ciel le Soleil parcourt sa carrière monté sur son char : la Grande Ourse.

L'espace ne se conçoit pas sans le temps. L'empereur de Chine fait le tour de son empire en marquant les orients et en respectant les couleurs des saisons. À chaque avènement, les carrés emboîtés qui constituent l'Empire, refluent à la capitale qui occupe le centre, où doit se créer pour un temps l'espace entier. Se reconstruire par le centre, il est toujours le référentiel.

Huangdi, l'empereur jaune, empereur de la Médecine, a compris que la conception que l'on a de l'Homme va déterminer celle que l'on doit avoir pour le soigner.

Tout le concept médical chinois est basé sur la théorie du Yin/Yang, au principe du rythme des saisons, de l'alternance spaciale et temporelle. L'Homme se situe entre Ciel et Terre.

Le Dao - La Voie - La Vertu

Principe souverain agissant, principe unique du multiple et de la création, de toute efficience, pivot central autour duquel l'ombre tourne ainsi que la lumière. Le Dao est le battement de cœur de l'espace-temps. Le Dao, qui régit la pensée et l'action, est fait de contrastes mais exclut la possibilité de contraire.

La matière et l'esprit ne sont pas deux mondes qui s'opposent.

Principe – Jing = idée du principe, des souffles, de la forme, de la matière.

Eau + Terre + grande agitation = Boue = Hun Dun = chaos primordial.

Création = Tsao Hua. Tsao = fonder. Hua = transformer.

Univers = Système évolutif incréé qui procède du Un ou « Souffle Primordial ».

Mère, matrice grosse de toutes les existences et de tous les germes, promesse, principe de la Multiplicité.

L'Ordre commence avec séparation, le nombre Deux.

Univers = Image du principe Corps = Image de l'Univers.

Le Sud est manifestation de la Vie, le Nord est la source où l'on doit Revenir, car là se tiennent les ferments du renouveau. La Vie apparaît par mutations successives.

Montées et descentes, fondements de tous les rythmes
La naissance des êtres se nomme "métamorphose"
L'alternance Yin-Yang des saisons
est le fondement de la création

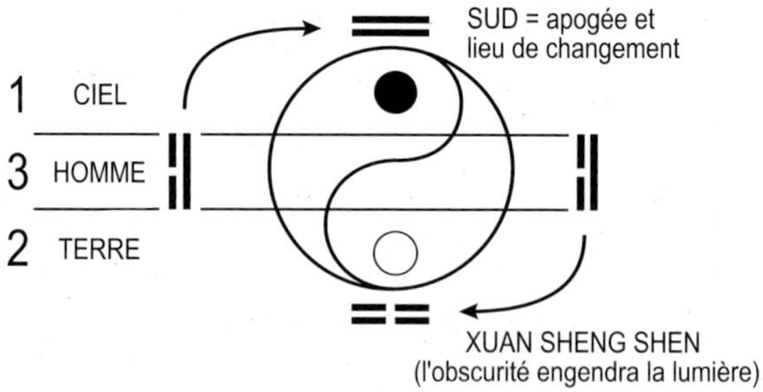

Dans les mutations, il y a l'unité,
c'est elle qui crée les deux modalités
Les deux modalités créent les quatre figures

La Création est l'œuvre de Pan Kou, il tient dans ses mains un marteau et un ciseau, ou le Soleil et la Lune. Il travaille 18 000 années à façonner.

Fuyi et Niukoa détiennent l'Équerre et le Compas.

L'équerre est symbole des arts religieux et magiques. Bonnes mœurs se dit en chinois kouei kiu : équerre-compas. L'équerre évoque une œuvre royale.

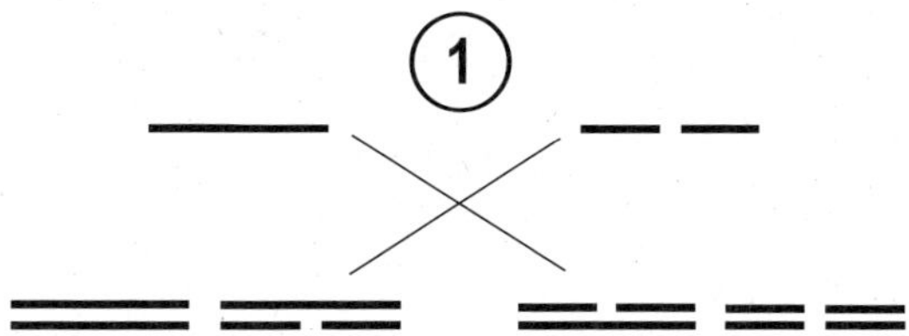

Les quatre saisons

L'alternance des saisons est l'alpha et l'oméga des choses
Axe de la vie et de la mort
Saison = mesure déterminée par le cycle solaire

Quand les êtres ont atteint leur développement,
cela s'appelle "le changement"

Les Fondateurs : Les trois augustes et les cinq empereurs.

Les Moyens de retrouver l'Homme Ciel/Terre, c'est le respect du Dao, qui est la Loi, l'Ordre, l'Efficace, Principe Unique de toute Réussite (arbre-enfant-livre).

Yu ouvrit les neuf provinces, fit communiquer les neuf chemins, indiqua les neuf marais, nivela les neuf montagnes. Pour habiter le monde, il lui fallut le définir.

La Pratique

1) Hygiène de vie par l'alimentation, la sexualité, la respiration, alimentation = Terre, sexualité = Homme, respiration = Ciel.

2) Alchimie opératoire, technique de longue vie (3e siècle av. J.-C.) dans le but d'obtenir l'élixir ou « or liquide ».

3) Alchimie intérieure, conscience du chaudron humain, le corps alchimique intérieur commence avec le chaos originel qui contient tous les germes.

Le corps physique est le matériau de base, l'outil pour aller vers un nouveau corps spirituel : le corps yang. Devenir centre, de même structure que l'univers, puis redevenir l'Unité.

Le concept chinois incluant l'Homme dans l'univers, au travers des lois du Ciel et de la Terre, nous permet de comprendre la réalité des diathèses définies par Samuel Hahnemann. La loi reste la loi en devenant universelle. En effet, la diathèse homéopatique inclut la notion d'organe de viscère, de terrain, de constitution, de tempérament, de saison, de climat. Le semblable reconnaît, donc peut traiter le semblable : « Ce qui est en haut est comme ce qui est en bas »

LES 5 ÉLÉMENTS OU 5 MOUVEMENTS : WU XING

Le mot « élément » a été discuté par certains auteurs français et remplacé par le mot « mouvement », qui est la traduction plus précise de l'idéogramme Xing. En fait un élément est le support, le mouvement est la finalité. Les penseurs grecs ont défini les quatre éléments : air-eau-feu-terre, pour Aristote ils correspondent aux quatre qualités fondamentales qui sont le chaud, le froid, le sec et l'humide, et qui peuvent se transformer et s'engendrer l'un l'autre.

Cette théorie est le fondement même de la Médecine Traditionnelle Chinoise, elle reprend le concept Ciel-Terre-Homme, qui seul nous fait comprendre la notion de santé, la notion de maladie et la notion d'adaptation.

La grande triade c'est l'union de l'Homme avec le Ciel et la Terre (Sancai).

Il existe quatre orients et la région centrale, ce sont les cinq secteurs, issus de la Vertu céleste efficace sur la Terre. Un axe nord-sud, où l'aspect yang de la vertu, né de l'aspect yin, s'élance ardemment. Un axe est-ouest, où la lumière monte en soleil et se couche en oiseau. Au croisement, la région harmonieuse : le centre.

Les cinq agents du ciel opèrent sur la Terre, ils sont **le vent, le chaud, l'humidité, le sec et le froid.**

L'action du **Ciel** est perceptible grâce aux souffles de la **Terre** qui réalisent le projet initial. Les cinq éléments sont entre Ciel et Terre, le rattachement de tous les êtres.

Les cinq saveurs servent à constituer et stabiliser les êtres. Dans les aliments elles sont l'ultime fondement des nutriments.

Les transformations s'activent par la terre et structurent tous les êtres, leur alchimie y concocte les saveurs. Les saveurs primitives spécifient chaque organe, elles sont requises pour les échanges nécessaires aux transformations du vivant.

Les cinq éléments sont représentés comme la référence terrestre dans l'Homme.

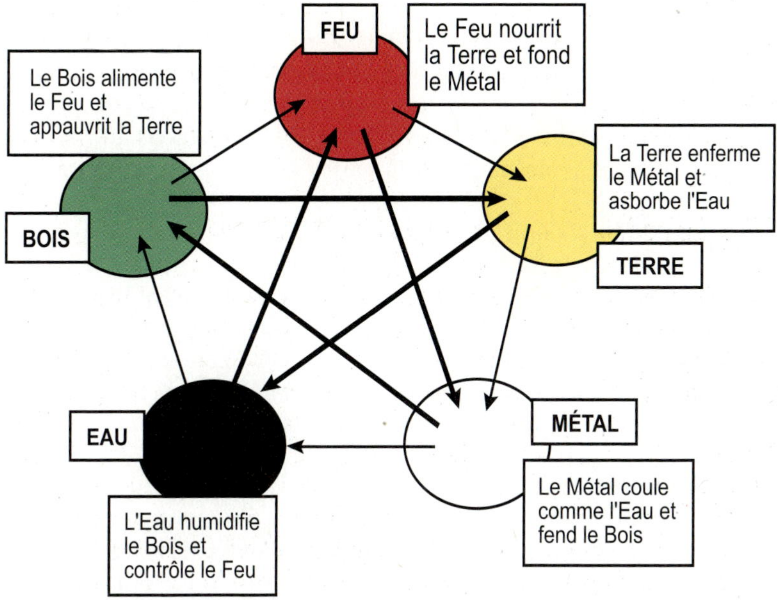

Les 5 éléments chinois sont l'explication du mariage du CIEL et de de la TERRE selon la loi des saisons et des climats.

Chaque élément, donc chaque organe ne peut fonctionner et exister qu'avec les 4 autres.

Il y a pour ce faire 2 cycles : SHENG et KE, le premier spécifie la loi d'engendrement, le second spécifie le nécessaire contrôle. C'est ainsi que l'Eau humidifie le Bois (cycle SHENG) et qu'elle contrôle le Feu (cycle KE)

- L'élément Eau est associé à l'organe REIN
- L'élément Feu est associé à l'organe CŒUR
- L'élément Terre est associé à l'organe RATE
- L'élément Métal est associé à l'organe POUMON
- L'élément Bois est associé à l'organe FOIE

L'Univers est formé par le mouvement et la transformation des cinq Principes célestes représentés sur la Terre par : le Bois (Est) - Le Feu (Sud) - La Terre (Centre) - Le Métal (Ouest) - L'Eau (Nord).

Par engendrement et contrôle, naissance, équilibre, complémentarité sont réalisés.

LE CIEL

Les Chinois ont divisé le temps et l'espace, tout en insistant sur l'indissociabilité de ces deux réalités. Nous connaissons la division terrestre, celle des cinq éléments, mais la division céleste est bien plus importante, elle nous permet d'établir la relation du Ciel et de la Terre. En effet si nous affirmons sans cesse le mariage et la complémentarité de ces deux éléments, comment cela fonctionne-t-il ?

Tout a été établi à partir de l'observation. Les Chinois ont divisé le Ciel, comme ils ont divisé la Terre, et, ce qui est fantastique, ils l'ont fait selon la même notion de **4 + un centre.** Au Ciel cette division se fait en Palais. Il existe donc quatre palais et un palais central qui occupe une position privilégiée et porte le nom de pivot **central.** Ce dernier est occupé par **l'Étoile Polaire,** point de repère, fixe, autour duquel tournent les étoiles (l'immobilité créatrice du mouvement comme l'Unité crée la multitude). Elle règle la marche de toute la voûte céleste.

La Polaire : Centre organique du Ciel, principe d'où tout émane, moteur qui meut tout, chef autour duquel gravitent les astres, comme une cour autour de son Roi. En Chine, le Kiun Tseu est comme une étoile polaire fixe vers laquelle toutes les autres étoiles se tournent, dans le geste d'une salutation cosmique. On dit que la Polaire est par excellence le trône de Dieu.

L'axe des solstices permet la relation entre le monde des origines et la Création. L'axe des équinoxes permet la rénovation du monde créé.

LA TERRE

Eau - Teu - Terre - Métal - Bois sont associés aux cinq palais du ciel. **Neuf** est le nombre du Ciel, **Dix** est le nombre de la Terre. Chacun des caractères liés à la division par Dix correspond à une saison. Chaque saison est imagée par deux caractères qui vont symboliser le Yin et le Yang de la saison.

L'empire est tout d'abord divisé en quatre orients, quatre provinces et une centrale, puis en huit (rose des vents) plus le centre, représentation terrestre de la Polaire, palais du Wang. Le Centre, cinq est le siège du Dao manifesté. L'Empereur est le Fils du Ciel, image du cosmos.

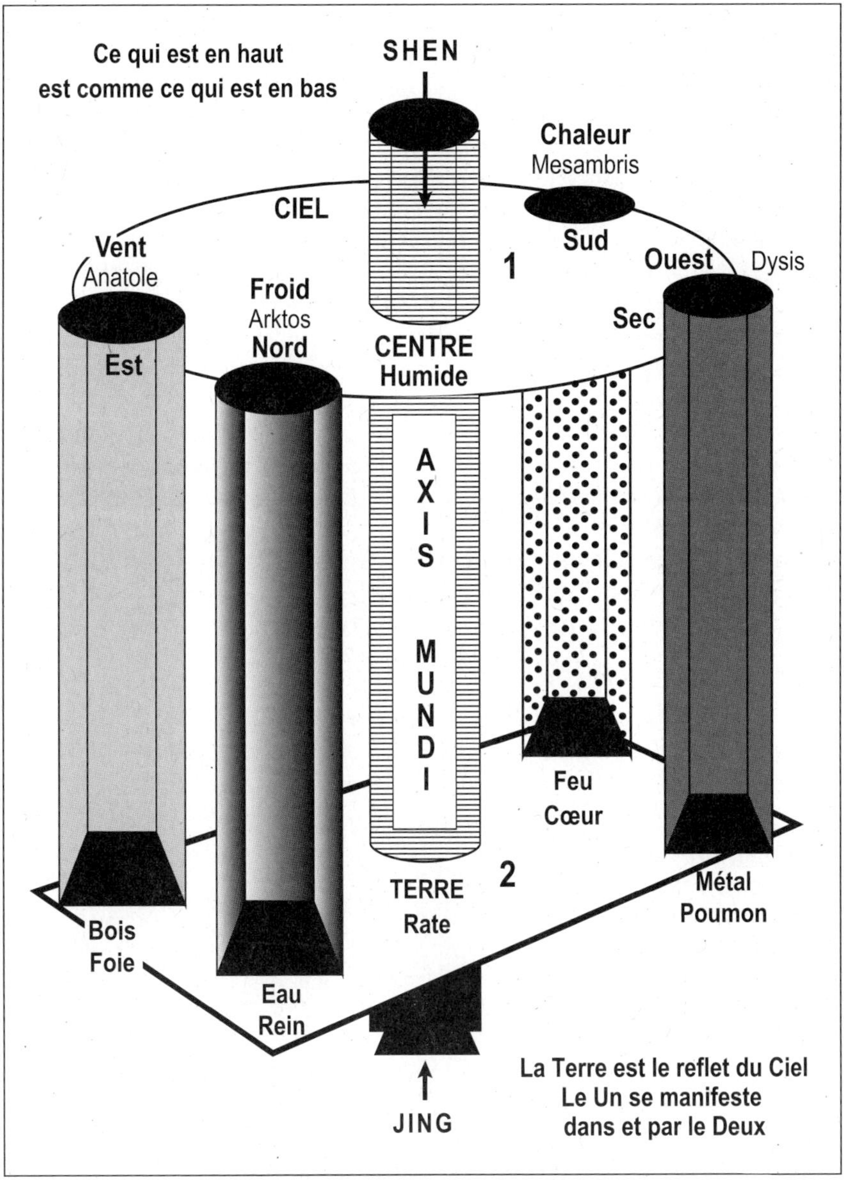
Ce qui est en haut
est comme ce qui est en bas
SHEN
Chaleur
Mesambris
CIEL
Sud
Vent
Anatole
1
Ouest
Dysis
Froid
Arktos
Nord
Sec
Est
CENTRE
Humide
AXIS
MUNDI
Feu
Cœur
2
TERRE
Rate
Métal
Poumon
Bois
Foie
Eau
Rein
JING
La Terre est le reflet du Ciel
Le Un se manifeste
dans et par le Deux

CONCLUSION

Ciel-Terre, espace-temps sont indissociables. L'espace ne se conçoit pas indépendamment du temps.

Le temps est divisé en périodes, l'espace en régions, chaque période est solidaire d'un climat. Chaque orient est lié à une saison.

Yin se tient à l'interne, mais c'est Yang qui l'y maintient. Yang se tient à l'externe, mais c'est Yin qui lui permet d'agir.

Le Ciel/Terre est le Haut et le Bas pour les dix milles Êtres. Le Yin/Yang est le Mâle et la Femelle pour le sang et les souffles. La gauche et le droite sont voies et chemins pour le Yin/Yang.

Eau et Feu sont l'expression de la révélation du Yin/Yang.

Yin/Yang est puissance d'Être et le Commencement des dix milles Êtres.

De toutes les traditions, la Chine est celle qui intègre dans sa totalité : art de vivre, santé, écologie, religion, art militaire, cuisine, architecture ; l'Homme et son Univers. L'Homme est le but de la création, il est à ce titre **Microcosmos** et **Microthéos**. Alors le nombre **Trois** peut créer les dix mille êtres. Mais sans l'Homme, le Ciel/Terre ne peut exister, le Créateur ne pouvant se manifester que dans le créé.

L'EAU ET LE VIVANT

Roger DURAND
Professeur honoraire de biochimie
(Université Clermont IV)

Tous les êtres vivants ont besoin de l'eau et la vie n'a pu se développer sur notre planète que parce que l'eau était là, chose rare dans notre système solaire.

Même si beaucoup d'êtres vivants peuvent supporter l'eau salée, l'essentiel du monde biologique vit d'eau douce. Cette eau douce universellement polluée requiert une régénération de plus en plus coûteuse. L'eau va-t-elle devenir une marchandise ?

Que l'eau soit le solvant idéal pour la vie biologique est une certitude scientifique. A-t-elle révélé pour autant toutes ses capacités ? C'est moins sûr. Des travaux, encore marginaux, attestent de sa faculté de capter de l'information, de la redistribuer. Serait-elle le véhicule idéal de certaines radiations électromagnétiques émises par les molécules organiques ? C'est ce que nous tenterons de cerner.

L'EAU VA-T-ELLE DEVENIR UNE MARCHANDISE ?

L'eau de notre Terre est en péril

La Terre est recouverte au 2/3 par de l'eau. 97 % de cette eau est salé, 2 % se trouve emprisonnée dans les glaces. Il reste 1 % sous forme d'eau douce. C'est ce petit 1 % (115 000 km^2 dont le lac Baïkal représente 20 %) qui pose tant de problèmes.

De plus en plus polluée par les nitrates, les phosphates et surtout les pesticides (la France en a utilisé 100 000 tonnes en 1985), la régénération de cette eau coûte de plus en plus cher.

Aujourd'hui 12 % de la population mondiale (États-Unis, Canada, Europe, Japon) consomment 86 % de l'eau douce disponible. Chez les pays riches, les différences sont importantes. Les États-Unis utilisent 5 300 litres d'eau par jour et par habitant, quand on additionne les eaux ménagères, industrielles, agricoles et la production d'électricité. L'Angleterre n'en consomme que 650 litres. L'écart est à mettre surtout sur le compte de l'agriculture qui se taille la part du lion : environ 70 % de la consommation totale.

L'eau est devenue l'un des facteurs de la puissance économique.

Pour donner une idée à l'échelle planétaire de cette puissance, signalons qu'en 1999 les télécommunications représentaient 700 milliards de dollars, l'eau 300 milliards de dollars. Ce chiffre n'a fait qu'augmenter depuis.

Qui sont les acteurs de cette puissance économique ? Essentiellement des entreprises françaises qui sont des « leaders » à l'échelle planétaire : Vivendi-Compagnie Générale des Eaux, Suez-Lyonnaise des Eaux, Saur-Bouygues, St Gobain-Pont à Mousson, pour tout ce qui concerne l'assainissement des eaux usées, la distribution, la construction des canalisations ou des barrages. À cela doivent s'ajouter les industriels des eaux minérales ou de source, quand elles ne sont pas reconnues par l'académie de Médecine, citons Nestlé, Danone, Castel (Vichy-St-Yorre).

La déclaration de Dublin (1992)

C'est dans le cadre de la préparation de la Conférence de Rio de Janeiro en 1992, que s'est tenue à Dublin la première grande conférence sur l'eau. Quatre grands principes en sont ressortis.

• L'eau est une ressource limitée, vulnérable et essentielle à la vie, au développement et à l'environnement.

• Le développement et la gestion de l'eau devraient être basés sur une approche participative, impliquant les utilisateurs, les planificateurs et les décideurs politiques à tous les niveaux.

• Les femmes jouent un rôle central dans la fourniture, la gestion et la sauvegarde de l'eau.

• L'eau a une valeur économique dans tous ses usages courants et devrait être reconnue comme un bien économique.

Le Manifeste de l'Eau (1998)

La conférence de Dublin, tout en insistant sur l'importance de l'eau dans la vie des hommes, n'a pas fait de choix décisif quant au partage de l'eau. Le manifeste de l'eau proposé par Riccardo Petrella[1] va le faire. Aujourd'hui deux thèses sont en présence.

Celle de l'institutionnel politique et des grandes compagnies mondiales pour qui l'eau est un bien économique, une marchandise et pour qui ce besoin vital doit être géré par la privatisation du financement. Celle du *Manifeste de l'eau* qui se résume en trois points :

- l'eau est un bien commun de l'humanité qui appartient à tous les organismes vivants ;
- l'accès à l'eau est un droit humain et social, individuel et collectif ;
- le financement du coût nécessaire pour garantir à tout être humain l'accès à l'eau dans la quantité et la qualité suffisante à la vie, est de la responsabilité de la collectivité.

La campagne de *L'Eau pour tous* a commencé en juin 2000 à Bruxelles, où s'est tenu le P7 (le 4e Sommet des sept pays les plus pauvres). Le thème de la conférence était *L'eau, droit de vie pour tous au XXIe siècle*. Les propositions du Manifeste de l'Eau ont été reconnues au 3e Sommet de la Terre à Johannesburg en 2002 (Rio + 10), reprise par la Déclaration de Rome en 2003 (Déclaration des Droits Humains à l'Eau). Le manifeste du Forum Alternatif Mondial de l'Eau a proposé en 2003 un « droit à l'eau pour tous en 2020 », proposition soutenu par le Comité des Droits Humains Sociaux des Nations Unies : *« L'accès à l'eau doit être considéré comme un droit humain »*.

L'EAU DANS LA NATURE

La petite molécule d'eau

Dans un centimètre cube d'eau il y a environ 3.10^{22} (3 que multiplie 1 suivi de 22 zéros) molécules d'eau. Chacun sait qu'une molécule d'eau c'est deux atomes d'hydrogène et un atome d'oxygène (H_2O).

Ce qui est moins connu, c'est la nature de dipôle électrique de chacune de ces molécules (+ / –), les atomes d'hydrogène apportant deux charges positives, l'atome d'oxygène une charge négative.

Cette bipolarité confère aux molécules d'eau une grande capacité à former des liaisons entre elles : une charge + s'associant à une charge - d'une autre molécule, etc. Ces liaisons se font, se défont à très grande vitesse et peuvent rendre compte de l'extrême fluidité de l'eau liquide. Elles n'en sont pas moins présentes dans la glace où l'on retrouve par le biais de ces liaisons dites « hydrogènes », des structures hexagonales entre autres.

La vie de l'eau est dans l'intimité profonde de ces petites molécules. Ce sont elles qui sont impliquées dans le caractère de liquide « anormal » de l'eau : dilatation à la congélation, maximum de densité à 4 °C, extrême fluidité, phénomène de capillarité, pouvoir dissolvant, capacité de rétention d'information, etc. Toutes ces propriétés sont indispensables au développement de la vie.

Le monde biologique lui doit tout

La vie vient de l'eau. Les premières bactéries se sont formées sur notre planète il y a environ quatre milliards d'années. L'évolution biologique s'est accélérée dès que les processus de photosynthèse-respiration se sont mis en place d'abord au niveau des micro-organismes, puis des cellules à noyau dont nous sommes faits. La capture de l'énergie solaire s'effectue par le biais de l'eau dans les plantes, la respiration universellement répandue rejette cette eau au cours du processus de respiration.

Notre physiologie, qu'elle soit celle des organes ou celle des cellules est centrée autour de l'eau. Un organisme humain est constitué de 70 % d'eau et nous avons environ 40 litres d'eau dans nos matrices cellulaires (pour tous ces éléments voir l'ouvrage *L'eau et la vie*[2]).

Dans un ouvrage récent[3], l'hypothèse d'un biophysicien américain est séduisante. L'eau serait organisée en cubes (« cluster ») de 1 300 à 1 400 molécules développant dans toutes les directions des vibrations. Ces vibrations seraient en mesure de jouer un rôle important dans l'organisation des matrices cellulaires et notamment dans le positionnement des protéines. C'est la première fois qu'une fonction aussi dynamique est proposée pour l'eau. Dans le même ouvrage l'auteur propose de considérer l'eau comme un vecteur d'énergie en terme de radiations électromagnétiques. Il est difficile en effet d'expliquer la biologie cellulaire et extracellulaire uniquement sous forme de rapport de molécules entre elles (une hormone sur son récepteur, un cation métallique sur une protéine, etc.). La transmission d'informations d'une molécule à une autre ne pourrait-elle s'effectuer par des ondes de type électromagnétique ? Nous reviendrons sur cette hypothèse au travers des expériences effectuées par Jacques Benveniste.

L'eau un « chaos sensible »

Le courant romantique allemand (Goethe, Novalis) voyait dans l'eau un « universel non encore fixé », mais capable de se laisser modeler du dehors. Novalis disait que l'eau est *« indéterminée pourtant déterminable, un chaos sensible »*.

Pour ces auteurs, l'eau est l'interface entre des forces formatrices et le milieu physique solide. Au XXe siècle, cette notion de forces organisatrices, de présence d'énergie disponible dans l'espace qui nous entoure va être reprise par des chercheurs marginaux aussi différents que Nikola Tesla, Wilhem Reich, Louis Boutard, Viktor Schauberger, Jeanne Rousseau. Qu'en est-t-il scientifiquement parlant ?

Les paramètres auxquels s'intéresse Jeanne Rousseau sont ceux de la bioélectronique de Louis Claude Vincent : pH, potentiel redox et résistivité. En 1957 elle a montré que des conditions astronomiques, comme la pleine lune ou le solstice d'été, entraînaient des variations importantes de ces paramètres électromagnétiques, mesurés sur l'eau de la source Al Ginebre, située à 1 850 m dans les Pyrénées.

Les changements gravitationnels autour de notre planète impriment donc des modifications physico-chimiques dans l'eau et *a fortiori* dans l'eau de notre organisme dont le métabolisme va ainsi se trouver modulé. L'eau capte donc des informations qu'elle transmet à notre corps. Jeanne Rousseau a ensuite essayé de déterminer ce qu'était une eau bonne pour la santé, une eau vitalisée. C'est une eau qui circule, dans l'air au moment de l'évaporation et de la retombée en pluie, sur le sol ou dans la terre et tout particulièrement dans des terres acides riches en silicates. L'eau en mouvement s'enrichit en oxygène au contact de l'air, l'eau stagnante le perd. L'eau bonne pour la santé est une eau légèrement acide et dont le potentiel redox est proche de la moyenne (mi-oxydant, mi-réducteur). Une telle eau a une résistivité élevée et est donc peu minéralisée (100 à 150 mg/litre). Les eaux du Mont Roucous et de Volvic répondent parfaitement à ces critères. Que l'eau soit un vecteur d'information est encore accrédité par les expériences qu'a conduit Jacques Benvéniste[4,5]. Je n'évoque pas ici les expériences sur les hautes dilutions. Cet auteur part de l'hypothèse que toute molécule organique et donc toute molécule présente dans le vivant (adrénaline, histamine, acetylcholine, etc.) est dotée d'un champ électromagnétique résultant de l'ensemble de ses électrons gravitant autour des noyaux des atomes. Ce champ vibre dans une zone de basses fréquences comprise entre 3 000 Hertz et 20 000 Hertz.

Le principe des expériences est le suivant. Au départ solution très simple d'une molécule, l'adrénaline par exemple, dans de l'eau. Le champ électromagnétique de cette solution est amplifié, mesuré et numérisé comme cela se fait aujourd'hui pour des images, des sons. La numérisation est transmise à des milliers de kilomètres par téléphone ou tout autre procédé puis la retransformation en champ électromagnétique est effectuée dans l'eau : l'eau ainsi obtenue a les mêmes propriétés que la solution d'adrénaline de départ.

Ces résultats étonnants permettent d'avancer deux idées

Une molécule est essentiellement un champ électromagnétique qui vibre à des fréquences basses. Ce qui signifie que nous sommes en fait constitués de champs électromagnétiques qui vibrent et interfèrent entre eux.

L'eau est le relais de ces champs électromagnétiques et le transfert d'énergie de molécule à molécule se fait par l'intermédiaire de l'eau. Enfin toujours dans ce registre de l'eau récepteur d'information il faut mentionner le travail du japonais Masaru Emoto[6]. Cet auteur s'intéresse à la cristallisation de l'eau. Il observe de magnifiques cristaux dont la beauté hexagonale dépend de la « qualité » de l'eau (les eaux distribuées dans les villes japonaises par exemple donnent des cristaux informes) ou encore de l'information qui a été imprimée dans l'eau (musiques, mots, états psychiques...). Certaines de ces expériences montrent l'étroite relation entre l'émotionnel humain et le comportement de l'eau.

BIBLIOGRAPHIE

1. Riccardo PETRELLA, *Le Manifeste de l'eau, pour un contrat mondial*, Éditions Labor, 1998.

2. Roger DURAND, *L'eau et la vie*, Éditions Opéra, 2001.
3. Pascale MENTRÉ, *L'eau dans la cellule, Une interface hétérogène et dynamique des macromolécules*, Éditions Masson, 1995.
4. Jacques BENVENISTE, site internet : http://www.digibio.com
5. Y. THOMAS et al., *Activation of Humain Neutrophils by Electronically Transmitted Phorbol-myristate Acetate*, Medical hypotheses, 2000,54 (1), 33-39.
6. Masaru EMOTO, *Messages from water*, Alternature, 33 rue Acklin, 68440 Landser.

BIOÉLECTRONIQUE ET QUALITÉ DE L'EAU, DES SOLS ET DES ALIMENTS

Bruno SABATIER
Vétérinaire

PRINCIPES GÉNÉRAUX DE LA BIOÉLECTRONIQUE

La bioélectronique est une technique élaborée autour des années 1950 par Louis-Claude Vincent, ingénieur hydrologue. Ce dernier avait observé d'importantes disparités dans l'état sanitaire de populations d'une même région. Par une caractérisation précise des eaux d'adduction il a été en mesure d'apporter une vision nouvelle rendant parfaitement compte de ces observations sanitaires. Donc initialement science de l'eau, la bioélectronique (notée B.E.) a vu son champ d'action s'étendre très largement : la médecine en a largement bénéficié plus particulièrement la physiologie, la pathologie, la pharmacologie. L'agronomie, l'alimentation, en sont enrichies. La pédologie, la microbiologie, la géophysique trouvent là un éclairage nouveau.

Ainsi donc, à travers des mesures précises, cette science permet d'apprécier avec finesse l'état d'un liquide, d'une solution et plus généralement de toute substance soluble. C'est une approche qui permet de parfaitement quantifier la notion de « terrain ».

La bioélectronique s'attache à trois paramètres d'une solution : le pH, le rH2 et la résistivité.

Le pH ou potentiel hydrogène

Il mesure la concentration de la solution en protons : H+.

Ses valeurs habituelles vont de 0 à 14.

Pour des valeurs comprises entre 0 et 7 on a des solutions acides, cette acidité étant d'autant plus forte que la valeur pH est faible.

Pour des valeurs comprises entre 7 et 14 on a des solutions alcalines ou basiques. Le caractère alcalin est d'autant plus marqué que la valeur pH est élevée, donc proche de 14.

Pour une valeur de 7, on parle de solution neutre.

Le rH2 est le facteur qui mesure la concentration de la solution en électrons. La valeur de ce facteur oscille entre 0 et 42.

• De 0 à 28 on parle de solution réduite, riche en électrons. Cette richesse est d'autant plus grande que la valeur du rH2 est basse : proche de 0.

• De 28 à 42 on parle de solution oxydée : c'est à dire pauvre en électrons. L'oxydation étant d'autant plus grande que l'on s'approche de 42.

La résistivité notée rô. Elle mesure la plus ou moins grande résistance que la solution oppose au passage d'un courant électrique. Une solution à forte résistivité s'opposera au passage d'un courant électrique, alors qu'une solution à faible résistivité se laissera facilement traverser par un courant électrique. La résistivité se mesure en ohms par centimètre. Les valeurs que peut prendre la résistivité sont très variables : de quelques ohms/cm à plusieurs dizaines de milliers d'ohms/cm. Cette résistivité est le reflet de la concentration de la solution en électrolytes c'est-à-dire en substances conductrices d'électricité.

Ces trois facteurs peuvent aujourd'hui se mesurer avec des appareils techniques assez courants. Les mesures nécessitent, pour être fiables, une rigoureuse méthodologie de la part de l'opérateur.

Ces mesures ayant été réalisées, il est courant de les représenter sur une feuille en une figure appelée bioélectronigramme de Louis-Claude Vincent. Cette représentation permet de visualiser quatre états très différents :

1. Acide réduit
2. Acide oxydé
3. Alcalin oxydé
4. Alcalin réduit

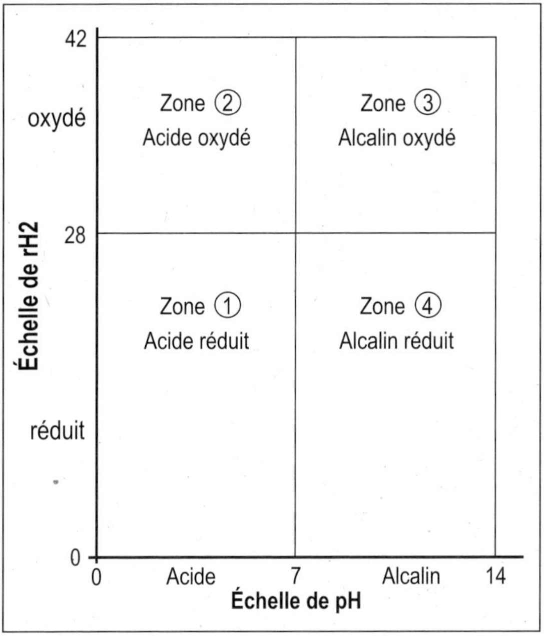

L'observation, assise sur de très nombreuses mesures, montre que sur ces bioélectronigrammes les conditions de vie favorables à un être particulier : algue, virus, champignon... seront très précisément localisées. Ainsi par exemple les virus ont-ils besoin pour se développer d'un milieu alcalin oxydé. Par contre les champignons, eux, ne se développent qu'en milieu acide oxydé.

De la même façon une cartographie des maladies a pu être mise à jour sur le bioélectronigramme tracé à partir du sang. Par exemple la typhoïde, le choléra ou la peste nécessitent un milieu intérieur alcalin réduit.

Ainsi pour l'homme a-t-on pu déterminer l'aire du bioélectronigramme correspondant au sang des personnes en bonne santé. Il est ensuite aisé d'en prévoir les modifications sous l'action d'une substance ou d'un phénomène dont les caractéristiques bioélectroniques sont connues.

Ainsi comprend-on aisément l'action pathologique ou au contraire l'effet curatif, par le fait que le premier éloignera et que le second rapprochera le sang de sa zone de bonne santé. Cette approche permet dès lors d'étudier l'impact sur la santé des différentes eaux, des aliments, des remèdes.

De la même façon a-t-on pu définir les caractéristiques d'un sol fertile, et analyser sur lui l'impact d'une pratique culturale, d'un amendement. C'est ce que nous allons évoquer dans ce qui suit.

CLASSIFICATION DES EAUX PAR LA BIOÉLECTRONIQUE

La bioélectronique permet de connaître quatre grands groupes d'eau :

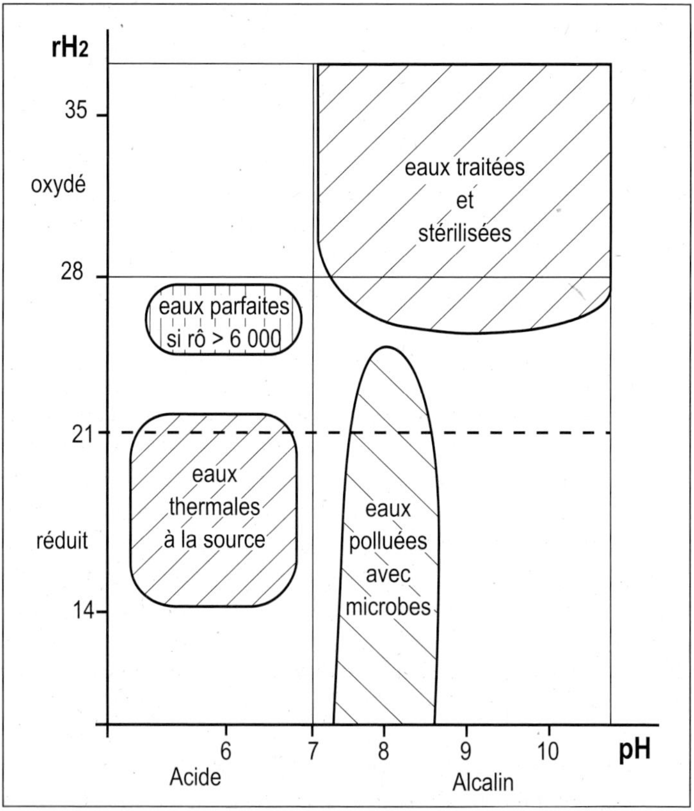

Les eaux thermales : acides, réductrices et fortement minéralisées. Leurs spécificités minérales et bioélectroniques vont leur conférer de réels pouvoirs thérapeutiques.

Les eaux alcalines réduites : elles correspondent aux eaux polluées, favorables à la prolifération des maladies microbiennes, bactériennes essentiellement.

Les eaux traitées : alcalines oxydées. Ce sont des eaux de surface, lacs, rivières, nappes phréatiques ou de forage qui ont subi une série de traitements visant à les amener en conformité avec la législation. Un des buts de ces traitements est d'éliminer, ou tout au moins de réduire la flore bactérienne présente ou à venir dans l'eau d'adduction. Cette désinfection fait appel à des techniques utilisant des substances oxydantes puissantes : chlore, fluor, ozone... Ainsi l'objectif de stérilisation bactérienne est atteint mais avec une très forte modification de rH2, signant de ce fait une oxydation sévère de l'eau distribuée. Cette zone du bioélectronigramme correspond aux maladies de dégénérescence et à la prolifération virale.

Les eaux acides, légèrement réductrices et peu minéralisées. Elles correspondent à des sources émergeant en terrains peu solubles : granitiques le plus souvent.

Au-delà de ces quatre grandes catégories, la bioélectronique montre que l'eau est un élément très plastique dont les caractéristiques sont susceptibles de se modifier rapidement. Parmi les principaux facteurs de variation mis en évidence nous en détaillerons trois : le mouvement, le rayonnement cosmique et la température.

Le mouvement

L'eau sur terre est en perpétuel mouvement : que ce soit dans l'atmosphère ou dans le sol. Ces déplacements vont générer des mouvements tourbillonnaires qui ont pour effet de structurer l'agencement moléculaire de l'eau. Apparaît alors une organisation laminaire de l'eau qui a pour conséquence d'augmenter la résistivité de celle ci. Pratiquement cela indique que dès qu'une eau devient stagnante (mise en bouteille, château d'eau...) sa résistivité va décroître rapidement, indiquant ainsi une modification de son organisation interne.

Notons que cette chute de résistivité s'opère alors que la minéralisation de l'eau reste constante.

Le rayonnement cosmique

Ce sont les travaux du Dr Jeanne Rousseau qui ont révélé ce facteur. D'importantes variations du rH2 d'eaux de source ont pu être corrélées avec des variations d'intensité du flux solaire ou des variations de phases lunaires. L'ensemble de ces observations montre que l'eau est un véritable résonateur cosmique réalisant ainsi un couplage entre la biosphère et les étoiles !

La température

Elle est un facteur qui interfère avec les trois paramètres de la bioélectronique. De façon simplifiée, retenons que la chaleur est un facteur d'oxydation alors que le froid est un facteur réducteur.

QUALITÉ D'UNE EAU BONNE À BOIRE

De très nombreuses observations de terrain montrent que les deux principales qualités d'une eau de boisson sont la pureté et la vitalité.

La pureté

Une eau pure est une eau contenant très peu de substances en solution. Elle va donc posséder une faible charge minérale : inférieure à 100 mg de substance dissoute par litre. La résistivité d'une telle eau sera supérieure à 6 000 ohms/cm.

Cette notion de pureté heurte la croyance commune qui nous laisse penser que l'eau pourrait être une bonne source de minéraux et d'oligoéléments. Retenons que les minéraux dissous dans une eau sont de la roche dissoute donc quasiment inassimilable. Leur ingestion va surminéraliser les liquides intérieurs et surcharger les émonctoires. Une eau est donc intéressante non par ce qu'elle apporte, mais par ce qu'elle emporte. C'est la faculté de drainage des toxines qui importe. Ainsi pour notre pays, les eaux les plus pures proviennent des massifs granitiques : Vosges, Massif central et Pyrénées.

La vitalité

La vitalité est la seconde qualité d'une eau biocompatible. C'est un paramètre plus délicat à apprécier. En effet pour l'instant notre connaissance de ce type de phénomène est encore très rudimentaire. Il n'existe pas, pour l'instant, d'appareil capable de la mesurer. Différentes techniques permettent de l'approcher : ce sont la photo Kirlian, le comptage biophotonique, la technique de la goutte sensible ou la cristallisation.

En pratique il semble que le mouvement spiralé : type vortex soit une des voies pour vitaliser l'eau. En fait il existe un grand nombre de procédés qui prétendent aboutir à une dynamisation de l'eau : magnétisme, onde de forme, flashs photoniques, procédés électromagnétiques, réinformation par contact, procédés dont la validité n'est le plus souvent que partiellement connue.

En complément de ces deux qualités principales : pureté et vitalité, retenons qu'une bonne eau de boisson sera légèrement acide et légèrement réductrice.

D'une façon générale nous pouvons conclure en notant que les eaux de distribution en France s'écartent, le plus souvent, très largement de ces critères de qualité. La charge en minéraux dissous y est beaucoup trop forte et la vitalité y est quasiment absente.

Les animaux, tant familiers que ceux de la ferme, sont très sensible à la qualité de leur eau de boisson. La fréquente mauvaise qualité de celle-ci fait qu'ils restreignent très nettement leur abreuvement : facteur néfaste tant à leur santé qu'à leur production.

EAU DE PLUIE ET IRRIGATION

L'eau de pluie est naturellement l'eau qui de façon majoritaire entretient l'hydratation des sols. Aussi la physiologie de l'humus doit-elle s'organiser autour des caractéristiques de cette eau.

Caractéristiques de l'eau de pluie

L'eau de pluie est une eau peu minéralisée, provenant d'une évaporation, elle se charge ensuite sur son parcours de divers éléments. L'ordre de grandeur de sa minéralisation est de 50 à 100 mg/l. Sa résistivité étant comprise entre 50 000 ohm/cm et 30 000 ohm/cm environ.

Son pH est variable : le plus souvent légèrement acide, autour de 6. Son rH2 est voisin de 28-29, donc proche de la neutralité mais d'importantes variations peuvent affecter ce paramètre.

L'eau d'irrigation est dans la plupart des cas une eau de surface, ou provenant d'un captage ou d'un forage. Ses caractéristiques bioélectroniques sont donc très variables.

Dans les pays dont les roches formant le sous-sol sont des roches solubles : calcaire, marne, gypse, schistes... Ces eaux seront chargées en minéraux dissous, l'on observe alors couramment des résistivités de 1 000 à 3 000 ohm/cm.

Si les roches mères sont peu solubles, granit par exemple, on observe alors des eaux peu minéralisées dont la résistivité varie de 10 000 ohm/cm à 30 000 ohm/cm environ.

La simple considération de la valeur de la résistivité montre combien une eau de pluie peut différer d'une eau d'irrigation. Cette différence mesure l'importante charge minérale véhiculée par certaines eaux de surface. Or cet apport minéral, sous forme ionique pour une grande part, va interférer avec la physiologie du sol. Le fonctionnement de l'humus peut s'en trouver nettement perturbé. Nous en comprendrons mieux le mécanisme après avoir étudié le sol. Plus encore, par-delà ce que peut nous révéler la bioélectronique, le simple bon sens nous fait supposer que les effets sur une plante d'une eau chargée d'empreintes cosmiques doivent être bien différents de l'action générée par une eau tellurique.

SOLS ET BIOÉLECTRONIQUE

Le sol constitue une biocénose extraordinairement complexe. Bactéries, algues, champignons, vers, insectes établissent un équilibre dynamique dont une bonne part de la physiologie nous échappe encore.

Notre science, habituellement si performante dans ses processus analytiques est ici largement impuissante pour dresser une vue synthétique de ce qu'est un sol. La bioélectronique nous apporte néanmoins quelques indications précieuses sur la valeur des méthodes agricoles ainsi que sur la pertinence des amendements pratiqués.

L'humus : partie vivante du sol, et sur laquelle repose toute production végétale présente deux caractéristiques remarquables. La première est qu'il présente une faible concentration électrolytique. Il ne possède aucune individualité ionique mais présente un léger caractère ampholytique, c'est-à-dire qu'il va naturellement compenser les variations de pH ou de rH2 de l'eau de pluie. De plus sa faible concentration ionique lui confère un pouvoir diélectrique élevé, favorisant la transmission des variations électroniques, donc de rH2. Ainsi, comme pour l'eau pure, le sol a la faculté d'entrer en résonance avec les cycles cosmiques. Il peut être aidé en cela par des traces de silice organique qui agissent comme antenne à énergie cosmique.

La seconde caractéristique remarquable de l'humus est qu'il est un colloïde. Un colloïde est une suspension stable de très fines particules chargées électriquement. Cet état très particulier confère une très grande surface d'échange aux particules en suspension. Par contre la stabilité de ce système repose sur les charges électriques des particules. Ces charges étant toutes de même signe font se repousser les particules les unes les autres. Si une diminution de ces charges électriques survient, l'architecture de tout l'édifice peut s'altérer, aboutissant à la floculation, à la coagulation ou à la sédimentation.

Le système colloïdal bien que souvent méconnu est un système omniprésent en biologie : par exemple le sang, la lymphe, le liquide interstitiel, le contenu intracellulaire sont des colloïdes. Le sol et plus particulièrement l'humus également.

De ces considérations il devient aisé de comprendre comment les pratiques agricoles vont agir sur cet état colloïdal à faible concentration électrolytique :

• Le labour avec charrue à versoir soumet l'humus à une brusque dessiccation. L'état colloïdal est alors détruit par action physique.

• L'amendement chimique NPK réalise un apport brutal et massif de substances ionisées solubles et conductrices. Il se réalise un effondrement du champ électrique préexistant et donc une altération sévère de l'état colloïdal ; cette fois par action chimique.

Ainsi la bioélectronique permet d'écarter les pratiques agricoles néfastes à la santé du sol. Elle nous aide à choisir des approches respectueuses de la vie de l'humus : drainage, sous-solage et compostage.

LES PLANTES ET LA BIOÉLECTRONIQUE

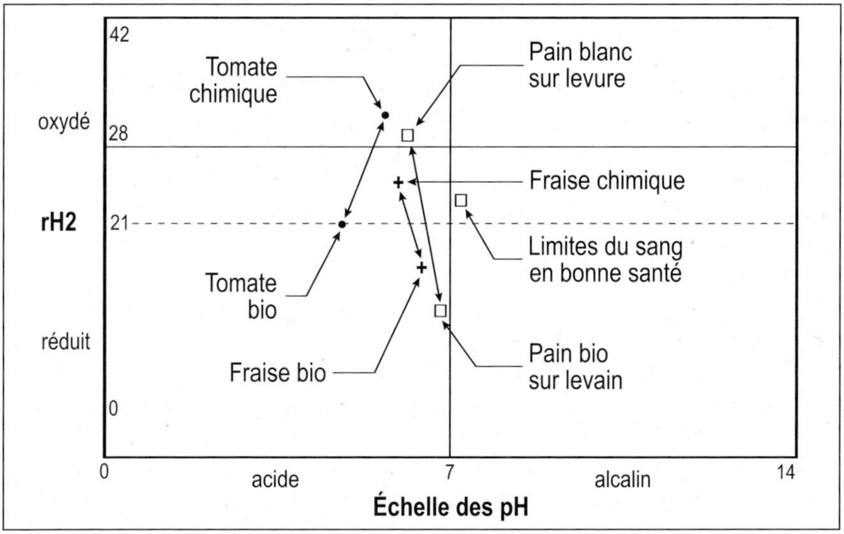

La bioélectronique se révèle être ici encore une méthode riche d'enseignements. Elle recèle une particulière efficacité pour analyser la qualité de diverses productions végétales. À travers cette approche une discrimination très nette s'opère en fonction du type de production.

D'une façon générale les légumes crus biologiques sont nettement plus réducteurs (riches en électrons) que leurs homologues élevés chimiquement.

N'oublions pas que la vie se nourrit d'électrons ! Ce faisant la bioélectronique valide sans conteste possible la production biologique par rapport à la production chimique.

Au sein des nombreux aliments analysés par la bioélectronique nous allons étudier l'un des plus emblématiques : **le pain**.

Des différences sensibles s'observent dans les mesures bioélectroniques. Ces variations sont liées à plusieurs facteurs. Voici les plus importants :

- la variété culturale du blé ;
- le type de culture : chimique ou biologique ;
- le procédé de mouture : par écrasement ou cisaillement ;
- le taux de blutage : de la farine intégrale à la farine 60 % ;
- le procédé de panification : au levain ou sur levure ;
- la méthode de cuisson : à la flamme rouge (bois) ou à la flamme bleue (mazout ou gaz).

De l'ensemble de ces mesures, il ressort qu'un pain intégral sur levain issu de blé biologique et cuit au bois va présenter pour la santé du consommateur un effet diamétralement opposé à un pain blanc sur levure cultivée par chimie. Le premier sera un aliment de haute qualité alors que le second sera un aliment carencé et déséquilibrant.

CONCLUSION

Cette rapide présentation de la bioélectronique nous démontre la richesse de cette science. Particulièrement adaptée à l'exploration des phénomènes du vivant, elle apporte un éclairage nouveau et instructif qu'il convient d'adjoindre à ce que l'approche chimique nous a déjà apporté. Un de ces grands mérites est de mettre en lumière les influences cosmiques au sein de la biologie.

Ainsi nous ne pouvons plus oublier qu'en marchant pieds nus sur la Terre sacrée, nous avons la tête dans les étoiles !

APPROCHE GLOBALE DE LA QUALITÉ DE NOS ALIMENTS ET SES CONSÉQUENCES SUR LA SANTÉ DE LA TERRE, DE LA SOCIÉTÉ ET DE L'HOMME

Bernard PRIEUR
Économie sociale

LE RISQUE ALIMENTAIRE

Fait sans précédent dans l'histoire de l'humanité, des agences de « sécurité alimentaire » apparaissent. Si l'on parle de sécurité, c'est qu'il y a un risque à s'alimenter.

Depuis quelques dizaines d'années, la nourriture mise à la disposition des consommateurs, nourrit de moins en moins, mais remplit de plus en plus, car, son manque de vitalité, (c'est la vie qui nourrit) est remplacé par sa matière qui elle, ne nourrit pas. **La qualité est remplacée par la quantité.**
Cette baisse de vitalité entraîne, pour tous les maillons de la chaîne du Vivant, une baisse généralisée des défenses immunitaires.

Regardons les revues professionnelles. Il n'existe plus aucune variété végétale, plus aucune espèce animale, qui ne soit atteinte d'une quelconque maladie, la plupart du temps très grave (sauf les espèces peu productives, car elles ne sont pas rentables pour l'industrie).

Comment en sommes-nous arrivés là ?

ORIGINE DE NOTRE NOURRITURE

Notre nourriture provient de tous les règnes de la Création, avec une prépondérance pour les règnes végétal et animal. Du règne minéral nous prenons le sel et, du règne humain nous buvons le lait de notre mère.

Règnes	MINÉRAL	VÉGÉTAL	ANIMAL	HOMME
Nourriture	Sel	Légumes	Viandes	Lait
Composition	Matière	Matière Vie	Matière Vie	Matière Vie
Domaine d'application	Science moderne	Méthodes sensibles		
États	INANIMÉ	ANIMÉ		
	statique	dynamique		
	équilibre	recherche d'équilibre		
	industrie	art		
	spécialisation	global		
	binaire	ternaire		
	quantité	qualité		
	peser	....		
	mesurer	....		
	compter	....		
	analyser	tester		
	etc.			

Tableau 1 – Origine de notre nourriture.

La constante entre ces quatre règnes est la présence de la Matière dans les règnes végétal, animal, humain, en plus de cette matière, il y a présence de Vie. La matière est inanimée mais, dès qu'elle est habitée par la vie, elle s'anime. Dans le tableau 1 nous avons donc deux colonnes : une colonne « INANIMÉ » une colonne « ANIMÉ ».

ORIGINE DE LA CONFUSION

Toutes les connaissances de la science moderne s'arrêtent à l'observation de l'inanimé, de la matière (base binaire). Cette science n'a donc aucune compétence dans le domaine de la vie. L'économie actuelle, basée sur l'exploitation de la matière, reçoit les informations et les directives de cette science. Elle est qualifiée pour produire des **quantités** de matière. Le **sous-sol** est son domaine.

L'agriculteur, lui, travaille le Sol : les règles, les lois, ne sont pas les mêmes. On passe de l'inanimé à l'animé. La différence, c'est la vie (base ternaire), domaine dans lequel la science actuelle ne lui est d'aucune utilité.

Et pourtant, l'économie moderne, écrase, lamine l'agriculture en sortant de son champ d'action qui est **l'industrie**.

La qualité est remplacée par la quantité.

Actuellement, les scientifiques ne peuvent nous donner des renseignements que sur une partie seulement de notre nourriture : la matière et, malheureusement celle-ci ne nous nourrit pas, elle nous remplit.

Il nous reste à appréhender la **Vie** de ces aliments.

RECHERCHE DE LA QUALITÉ DE NOTRE NOURRITURE

Depuis 80 ans environ, différentes méthodes permettant d'observer la vie ou tout au moins les manifestations dues à la présence de cette vie, ont vu le jour. Elles portent le nom de méthodes sensibles ou méthodes globales. Elles ne sont pas reconnues officiellement.

Nous avons choisi, pour nos propres besoins, la méthode dite des « cristallisations » sensibles au chlorure de cuivre.

Origine : à partir d'indications données par Rudolf Steiner, un chimiste allemand, E. Pfeiffer, met au point, aux États-Unis, au début du siècle, la méthode des tests par cristallisation sensible, qui sera ensuite utilisée dans les domaines médicaux et agroalimentaires.

But : cette méthode permet de visualiser la vitalité des prélèvements testés
- de l'homme et des animaux par leur sang ;
- des produits animaux et végétaux ;
- de tout produit agroalimentaire en général.

Méthode : on prélève une faible quantité de la substance à tester. On la dilue, et on met en solution avec du chlorure de cuivre sur une coupelle de verre. On place cette coupelle dans une cabine de cristallisation dans laquelle on maintient une température et une hygrométrie constantes, à l'abri de toute perturbation. La solution cristallise en 12/14 heures environ et le chlorure de cuivre dessine une image caractéristique de la substance à tester dans le fond de la coupelle. L'interprétation de cette image permet de donner des informations sur la vitalité de la substance, sur sa santé.

L'utilisation des méthodes sensibles à travers le monde a permis de faire des découvertes essentielles concernant les qualités vitales :

- hiérarchisation de la qualité vitale d'une plante sauvage par rapport à ses différentes parties ;
- influence des modes de culture des plantes domestiques sur cette hiérarchisation.

ÉVOLUTION DE LA QUALITÉ

Les résultats, après des milliers de tests, montrent, pour les productions agricoles, un éloignement de la qualité quand la recherche de quantité est le but principal et, d'autre part une qualité maximale pour les productions issues de domaines en recherche d'équilibre entre production animale et production végétale (voir les tableaux 2 à 4).

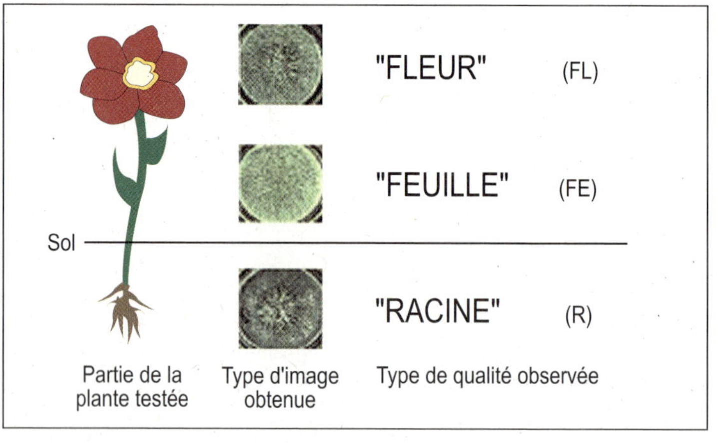

Tableau 2 – Végétaux sauvages. Les test effectués par le LAPATS sur les plantes sauvages permettent d'observer une hiérarchisation des différentes parties d'une même plante (en ordonnée)

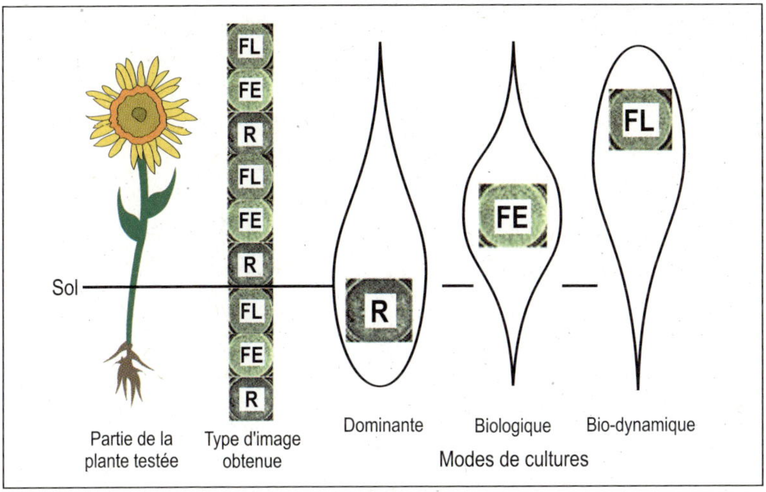

Tableau 3 – Végétaux domestiqués. Les tests du LAPATS pratiqués sur des produits cultivés de toutes origines permettent d'observer une dispersion des différentes qualités remarquées sur les plantes sauvages. Ce qui est réparti dans la plante sauvage entre la racine et la fleur, se concentre, dans la plante cultivée dans la partie développée pour la consommation (par exemple dans la racine pour le radis). Quand on place sur le graphique les résultats obtenus dans le même ordre que pour les végétaux sauvages, on obtient des formes oblongues, pointues. Il y a donc prépondérance du mode de culture sur la nature même de la plante. Les modes de cultures sont en abscisse.

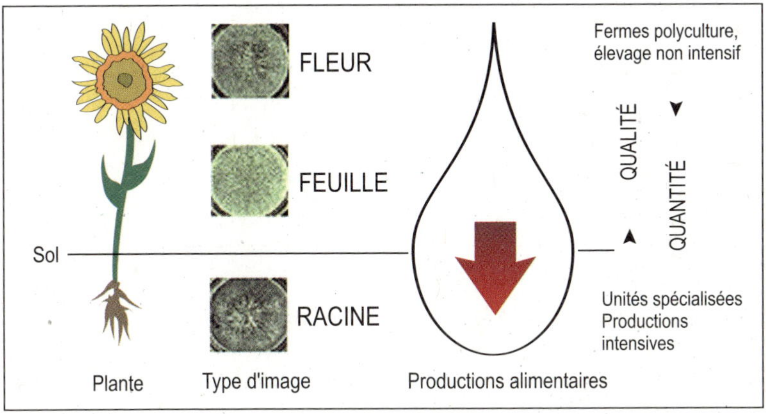

Tableau 4 – La plupart des tests permettent d'observer une baisse généralisée de la qualité vitale des productions alimentaires, baisse directement liée à la recherche de quantités sur ces domaines. L'importance, dans le monde occidental, du mode de culture « dominant » nous oblige à ne considérer que cette seule courbe.

CONSOMMER : UN ACTE POLITIQUE MAJEUR

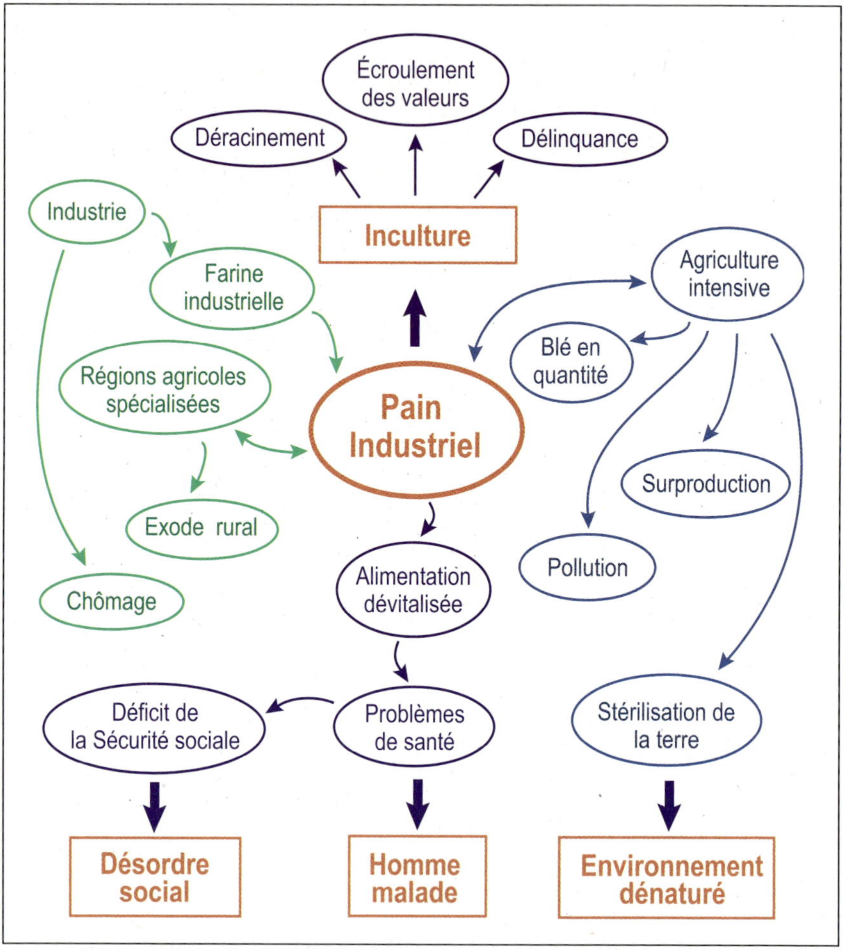

Tableau 5

Nous sommes tous des consommateurs de nourriture.

Par nos actes d'achats quotidiens nous agissons, malheureusement souvent inconsciemment, sur notre environnement et sur notre société.

En effet, nous encourageons, par ces actes, une production ou une autre.

C'EST NOTRE CHOIX

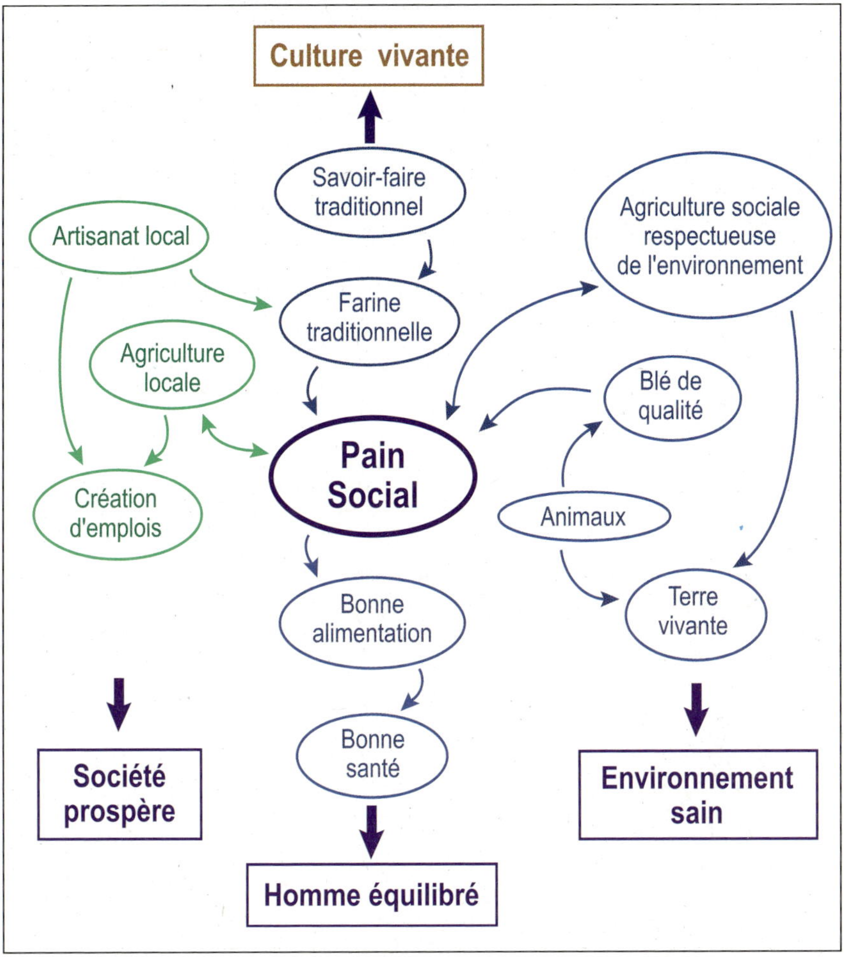

Tableau 6

C'est nous, et uniquement nous, par nos choix conscients, qui pouvons agir sur notre organisation sociale, économique ; sur la santé de la Terre, des Êtres qui la peuplent, de notre société. Exercer ce choix est même la possibilité la plus efficace pour obtenir un résultat immédiat. Ce n'est que par une participation active, dès le début du processus économique, que le consommateur deviendra partenaire de l'économie, au lieu d'être la victime des intérêts économiques.

Une nouvelle économie, basée sur la production d'aliments de qualité, sur une agriculture sociale, est à mettre en place. Elle s'appelle l'économie sociale et sa base est **la Vie** comme le montrent les tableaux 5 et 6.

LA DISTRIBUTION BIO EN FRANCE

Dominique GUIRAUD
Distribution de produits issus de l'agriculture biologique

Préambule (« prolégomènes » dirait Victor Michon).

Parler de distribution de produits alimentaires Bio implique qu'il y ait une production agricole spécifique et que les produits bruts ou transformés issus de cette agriculture soient identifiables par le consommateur.

LA RECONNAISSANCE

Cette agriculture aujourd'hui serait inexistante si depuis le début du XXe siècle il n'y avait eu des hommes pour constater une baisse de la fertilité des sols, une baisse de la vitalité des semences, des problèmes sanitaires dans le cheptel et des carences alimentaires chez les humains.

Que ce soit l'agriculture de « grand-papa » avec l'usage du fumier brut qui engendre le parasitisme ou bien l'agriculture dite « moderne » avec sa trilogie NPK qui entraîne à long terme la désertification, des hommes de par leurs travaux ont contribué à la mise en place d'une nouvelle agriculture : l'agriculture biologique. Pendant 30 ans, la Bio française traverse une période de schisme et ce n'est qu'en 1980 qu'elle s'organise autour d'un texte fédérateur dit « Charte de Blois » lequel rassemble producteurs, transformateurs, distributeurs, consommateurs, charte à laquelle Suzanne et Victor Michon participèrent activement.

C'est seulement en 1988 que l'agriculture biologique est reconnue officiellement par les pouvoirs publics. Le 24 juin 1991, c'est la création du label de qualité AB. Ce logo appartient au Ministère de l'Agriculture et de la Pêche. Le consommateur perçoit le logo AB comme un signe de reconnaissance très fort et lui fait confiance :

- parce que sa procédure d'attribution et de retrait a été mise en place par l'État ;
- parce que le producteur, le transformateur se soumettent à des contrôles et ont obtenu une certification d'un organisme certificateur (OC) indépendant agréé par les pouvoirs publics ;
- parce que ces OC eux-mêmes se soumettent à des contrôles et doivent répondre à des normes très sévères d'indépendance, d'impartialité enfin de compétence et d'efficacité selon la norme 45011.

C'est la filière alimentaire française la plus contrôlée et à tous les stades, puisqu'aujourd'hui les négociants, les grossistes et *Biocoop* pour la distribution sont soumis eux aussi à des contrôles : 75 % des produits Bio portent le logo AB.

L'Agence Bio est née le 15 octobre 2001, elle est le 1er groupement d'intérêt public (GIP) concernant le secteur de l'agriculture et a pour vocation de dynamiser l'agriculture biologique.

Objectif quantitatif : + 5 % de SAU (surface agricole utile).

Objectif qualitatif : conversion vers le Bio et développement des filières, des marchés, de la formation, de la recherche et de la consommation.

LA PRODUCTION

De par la politique agricole française, l'AB, longtemps leader de l'Union européenne, se retrouve en 5e position.

	1998	**2000**	**2001**
Nb d'exploitations	6 140	9 260	10 400
S.A.U.	142 300 ha	370 000 ha	420 000 ha

La croissance de ces trois dernières années s'est faite surtout dans les filières viandes (de 75 à 106 %) alors que la plus ancienne filière celle des fruits et légumes n'a progressé que de 45 %.

L'année 2001/2002 est une année de transition avec une pause de la croissance. Les chiffres précis ne sont pas encore publiés (l'Observatoire National de l'AB dissout, c'est l'Agence Bio qui reprend ces études). Seulement 1 800 contrats territoriaux d'exploitation (CTE) de conversion vers le Bio ont été signés en 2001 sur un total de 20 290.

Serait-on en manque de candidats à la conversion vers le Bio ?

Il est dommage qu'en France, il n'y ait aucune aide au maintien ou au développement de la Bio existante contrairement aux pays voisins.

En 2000, il y eut encore 40 % d'importation pour satisfaire la demande des transformateurs avec tous les risques que cela comporte.

Pour progresser, les producteurs doivent se mettre en adéquation avec les attentes des consommateurs. C'est mettre en place des filières fiables, viables, durables et contractualiser l'amont/l'aval.

Le juste prix

Aucun travail de recherche d'optimisation ou de coût réel des produits issus de l'AB n'a été entrepris.

En 1998, un partenariat Biocoop/FNAB porte sur le projet *Vers un juste prix des fruits et légumes*, projet financé par feu le ministère de l'Économie solidaire. Cette étude vise à mettre en évidence la part des pratiques sociales et environnementales dans le coût du produit Bio. Ces critères sociaux et environnementaux devront-ils faire partie des règles d'usage de la marque AB ou bien va-t-on vers un logo supplémentaire de type social ? Dernièrement une nouvelle grille de lecture apparaît : « l'empreinte écologique ».

La transformation

En 2001, 5 500 entreprises ont été certifiées Bio dont 30 % de terminaux de cuisson et 25 % d'artisans boulangers. Les produits transformés Bio font de plus en plus appel aux techniques du conventionnel et sont en plein essor (surgelés, plats cuisinés, emballage sous vide, portion individuelle). Ces process industriels de fabrication ne sont pas pour l'instant remis en question. Il y aurait pourtant un travail urgent à rechercher des process spécifiques au Bio, plus satisfaisants sur le plan nutritionnel et écologique (barattage des viandes, additifs divers, coût énergétique, recyclage, etc.).

LA DISTRIBUTION BIO

Historiquement, la Bio s'est construite dans une relation étroite producteur/consommateur en circuit court, vente à la ferme, marchés, foires.

En 2001, l'alimentation bio représente 1,3 % de l'alimentation totale et représente un C.A de 1,07 milliard. Les produits bio n'ont fait l'objet d'aucune étude spécifique de mise en marché et de marketing. La distribution Bio a copié le schéma de la distribution conventionnelle. Du premier point de vente crée en 1931 par Raoul Lemaire pour distribuer le pain, les biscottes et farines éponymes, en passant par la création des magasins *Vie Claire* par Charles Geoffroy prônant une alimentation naturelle dans les années 50 et la création dans la décennie 70 d'un certain nombre de magasins distribuant toute une gamme de produits alimentaires correspondant à diverses chapelles diététiques et philosophiques, plus les 600 boulangeries Lemaire, le paysage de la distribution Bio a bien changé.

Grandes et moyennes surfaces (GMS) : 51 % dont *Carrefour* : 50 %
Marchés : 16 %
Magasins spécialisés : 33 % dont Biocoop : 50 %
À la vue de ces chiffres, le libre-service devient incontournable.

La GMS

La Bio représente 4,5 % de son chiffre d'affaires (CA) alimentaire total avec une progression de +19 %. En 2000/2001, la GMS touche 12 millions de foyers, avec un panier moyen annuel de 62 euros. Forte de cette croissance, la GMS s'est lancée dans ses propres gammes Bio à marque de distributeur (MDD). La grande distribution est très optimiste sur la progression des années à venir, bien que le prix du Bio soit vécu comme un frein. Encore faut-il que la production augmente au même rythme que celui des points de vente. Avec ses 300 références Bio, la GMS crée des tensions sur le marché d'où des importations massives des pays de l'Est et d'Amérique latine avec des risques (notamment) de fraudes.

La GMS a la volonté d'occuper le créneau Bio non pas pour participer au développement d'une agriculture respectueuse, mais pour occuper une niche afin de répondre à une demande croissante. La bataille des parts de marché est commencée, *Carrefour* s'octroyant déjà 50 % des parts de marché de la grande distribution. *Auchan,* pionnier de la distribution de viande Bio, entame un dérapage en mettant en avant la dite « agriculture raisonnée », pas Bio du tout et que le consommateur interprète comme telle. La GMS a bien compris que le Bio est porteur de valeurs, qu'il donne une bonne image à ses enseignes au point de communiquer sur l'éthique et le commerce solidaire. La grande distribution devance les attentes de ses clients.

Monoprix

Bien que *Monoprix* ne s'estime pas faire partie de la GMS, mais se considère comme un réseau de magasins de proximité, ses techniques de référencement et de commercialisation sont fort proches. Ce réseau à succursales multiples fut pionnier, avec la mise en marché des fruits et légumes bio dès 1990. En 2001, à travers les 160 magasins (région parisienne) sur les 300 de son réseau national, *Monoprix* distribue 600 références Bio, produits très marketés, à beau packaging. Son leitmotiv : le *« Bio doit être Bon »*

Marchés, foires, et vente à la ferme

Ce marché traditionnel a peu évolué dans ses techniques commerciales. Deux marchés parisiens uniquement dédiés au Bio : le marché Raspail créé en 1989 et le marché des Batignolles créé en 1999 voient leur CA diminuer par l'arrivée massive des points de vente bio de la GMS et de *Monoprix*. La fameuse foire annuelle *Marjolaine* attire encore plusieurs centaines de milliers de visiteurs avec toutefois un fléchissement en 2001.

Les détaillants

Sur 800 points de vente au total répartis sur la France on trouve :

• **les indépendants syndiqués :** 200 magasins adhérents au syndicat *Synadis*. Ils devront bientôt se soumettre à un cahier des charges interne. Ils se fournissent chez des grossistes de leur choix, le plus connu étant Bonneterre.

• **les franchisés :**

- *La Vie Claire,* en restructuration, environ 50 magasins ;
- *Rayon Vert,* en liquidation, un certain nombre de ces magasins rejoignent *La Vie Claire ;*
- *Naturalia,* 30 magasins environ dans Paris intra-muros ;
- *Satoriz,* 20 magasins environ en région Sud-Est ;
- *Vie saine,* 20 magasins et quelques toutes petites franchises régionales.

Ces franchises fonctionnent avec un référencement imposé et sont approvisionnées par une centrale d'achat, sans cahier des charges instauré.

• **le réseau coopératif Biocoop :** 200 points de vente dont beaucoup sont des supérettes en libre service pour un CA de 1,11 million d'euros soit 10 % du marché bio. Dans les années 70, face à la pénurie et à la difficulté de s'approvisionner en produits bio, des consommateurs militent pour une autre façon de produire, de distribuer, de consommer. Ils organisent localement la distribution bio à travers de petites structures associatives ou coopératives civiles.

En 1987 naît l'association *Biocoop* qui fédère ces structures pionnières autour d'une charte fondée sur l'équité et la transparence du producteur au consommateur. C'est aussi le moyen de mettre en place des outils performants comme les trois plates-formes de distribution et la création de diverses commissions dont une des plus importante, est la commission Produit. *Biocoop* est le seul réseau de distribution à être contrôlé par Ecocert. *Biocoop* poursuit une construction de filières bio durables en partenariat avec la Fédération Nationale de l'Agriculture Biologique (FNAB). *Biocoop* participe à toutes les instances de l'édification de la filière Bio. *Biocoop* est l'inventeur du néologisme « Consom'Acteur ». En 2002, les structures coopératives sont fortement minoritaires au sein du réseau.

Que *Biocoop* ne perde pas son éthique originelle !

Étude de marché en Midi-Pyrénées FRCA du 13/11/2001 au 3/12/2001

* Panier moyen bio composés de produits de grande consommation :

- Hyper : 36 euros ;
- Super : 38,4 euros ;
- Magasin de détail : 116,6 euros.

Peut-on parler de transparence des prix en grande distribution alors que celle-ci empoche des marges arrières allant de 10 à 40 % ?

Les consommateurs trouvent en GMS une gamme restreinte (300 références) à des prix généralement inférieurs. En revanche les magasins spécialisés type supérette proposent plus de 3 000 références, ce qui justifie des prix légèrement plus élevés.

Les magasins spécialisés entretiennent la bio-diversité. Ils sont et doivent rester des lieux de convivialité et de conseil.

LE CONSOMMATEUR

Cela fait trois générations que le consommateur moyen français n'a plus de lien avec la terre et n'a plus de parentèle paysanne. Comment peut-il reconnaître la qualité de ce qu'il met dans son assiette ? À travers les différentes crises sanitaires, 64 % des Français ont perdu confiance dans leur alimentation et sont prêts à payer +10 % pour avoir des garanties de salubrité ; 57 % des Français pensent que l'AB est une réponse satisfaisante aux préoccupations actuelles. Dans ce contexte on assiste à une montée en puissance des consommateurs bio (occasionnels et velléitaires lors du scandale de la dioxine, constat personnel).

• Profil :
70 % de 50/64 ans.
74 % de cadres moyen et supérieur.
71 % sont issus de grandes métropoles et de la région Ouest.
48 % des 18/24 ans ne consomment pas bio.
1/3 des ventes bio se réalisent en Île-de-France.

• Budget/mois :
48 % dépensent 0 euro.
17 % dépensent 57 euros.
18 % dépensent entre 17/57 euros.
17 % dépensent 17 euros.

• Lieux :
Les consommateurs bio déclarent acheter en GMS pour la facilité d'accès et les prix ; sur les marchés et vente directe pour le contact et l'ambiance ; dans les magasins spécialisés pour le conseil.

• Perception du Bio :
47 % trouvent le goût meilleur.
61 % pensent que c'est meilleur pour la santé.
70 % estiment que la Bio préserve la nature (cette notion écologique apparaît depuis 2 ans).
51 % sont convaincus que la Bio est crédible car officiellement contrôlée.
41 % connaissent le logo AB et trouvent que c'est un bon signe d'identification.
62 % estiment facile de trouver du bio.

• Attentes
Plus d'informations, moins de ruptures de stock, des prix plus étudiés, plus de traçabilité. La Bio est rentré dans l'univers de référence des consommateurs et traduit une quête de qualité.

La restauration hors domicile (RHD)

Un nouveau phénomène de société induit un nouveau secteur économique. Avec les 35 heures, les horaires décalés, la journée continue, on assiste à un nouveau comportement alimentaire. On ne mange plus en famille assis autour d'une table à heures fixes. Les enfants vont à la cantine, les parents au restaurant d'entreprise et pendant les loisirs, on mange du *fast food* dans la rue. C'est le nomadisme alimentaire. La RHD représente 18 % des dépenses alimentaires, 34 % dans les grandes villes. Un million de repas bio ont été servis en restauration scolaire. C'est un secteur en plein développement avec une demande spécifique de calibrage, de conditionnement, de logistique. Aux producteurs, conditionneurs, transporteurs de s'adapter.

ÉCO-BIO : UNE ENTREPRISE ORIGINALE

Dans le Val-d'Oise, grande banlieue parisienne, où les forêts de béton ont remplacé au fil des ans les cultures qui alimentaient Paris et ses couronnes, 72 consommateurs de produits bio créent le 1er janvier 1992 la société civile coopérative de consommateurs *Éco-Bio*. Son but : assurer l'accès aux produits bio de qualité à travers un outil où l'argent n'est qu'un instrument de circulation. La marchandise est échangée sur la base d'un juste prix payé au producteur et d'un prix transparent payé par le consommateur. Ce prix devant assurer la pérennité de chacune de ces entreprises.

Les producteurs et fournisseurs ne doivent pas servir de banquier, les achats sont payés au comptant à la réception. Pas d'emprunt bancaire, pas de subventions (mendicité d'entreprise non viable économiquement) ce qui donnent l'assurance d'une entière et parfaite indépendance. Concernant le social, l'échelle des salaires est de 1 (emploi non qualifié) à 2 pour le poste le plus élevé, celui du gérant salarié.

L'assemblée générale étant souveraine, elle décide de l'affectation des excédents de gestion une fois les impôts payés.

Sauf projet exceptionnel comme l'ouverture du 2e magasin entièrement autofinancé, les excédents de gestion sont répartis comme suit :

- 1/3 pour l'aide au développement de la Bio ;
- 1/3 redistribué aux membres au *prorata* de leurs achats ;
- 1/3 reversé aux salariés sous forme de primes.

Les salariés sont présents dans les instances de décisions et ont le droit de vote s'ils sont sociétaires. La part sociale est toujours de 8 euros pour que ce ne soit pas un frein pour les foyers modestes.

Pourquoi ce choix de statuts ? **Civile** parce que le consommateur est obligatoirement sociétaire, il est responsable et solidaire, il prend part à toutes les décisions et orientation, c'est la gestion du bien commun. **Coopérative** parce que basée sur le principe « un homme = une voix », que l'on détienne une ou plusieurs parts sociales.

Non capitaliste, ces parts sociales ne sont pas négociables, elles ne génèrent pas d'intérêts. C'est une société à but non lucratif. Le choix de SCC correspond bien au but d'Éco-Bio.

Données pour 1992 et **(2001)**

- 72 familles sociétaires **(2945).**
- Capital 600 euros **(49000 euros).**
- Locaux 80 m^2 **(370 m^2).**
- CA 213 000 euros **(3,01 millions d'euros).**
- Bénévolat **(22 salariés à plein temps).**
- Prêt de 50 000 FRF de la part des sociétaires fondateurs remboursé en 1996.
- Panier moyen mensuel : 42 euros **(56 euros).**

Éco-bio est adhérent *Biocoop*. La clientèle type d'*Éco-Bio* est la famille avec 2 enfants, cadre, travailleur indépendant. À la suite d'une enquête interne pratiquée en 1996, nous avons constaté que ce n'est pas tant le pouvoir d'achat, mais le niveau d'étude qui détermine l'intérêt pour le bio.

Cette croissance n'a pas été sans difficultés :

• la **première** est celle de recruter du personnel sinon qualifié du moins intéressé par le secteur bio ou le secteur de l'économie sociale. Il n'y a aucune formation valorisante en France pour la vente des fruits et légumes et produits d'épicerie même dans le conventionnel. Cette lacune devrait être comblée par la création d'un certificat de qualification professionnel spécialisé en produits bio. La première session s'ouvre en Janvier 2003.

• la **deuxième** est la mise en minorité des structures coopératives particulièrement des structures civiles au sein de *Biocoop*. C'est pourtant la seule formule juridique qui donne du pouvoir au consommateur.

• la **troisième :** la taille de l'entreprise augmente la difficulté de garder le lien entre tous les acteurs d'*Éco-Bio*.

Tous les chiffres sont issus de diverses études statistiques souvent mal gérées et parfois contradictoires.

CONCLUSION

Le consommateur a un rôle très important dans son choix de société. Son pouvoir, s'il ne le sait pas toujours, est important. Par son acte d'achat, il vote au quotidien, son arme absolue c'est le boycott. À chacun des ses repas, il contribue à un choix de modèle agricole. L'agriculture biologique est la seule réponse actuelle à ses attentes. La biodiversité est un des principes de base de l'agriculture biologique. La GMS avec ses 300 références bio a permis un fort développement ces trois dernières années, mais elle ne contribue pas à la biodiversité. Quid de la Bio ?

Seul un maillage important du territoire par des petites supérettes de 120 à 200 m^2 distribuant quelques 3 000 références et soutenant un développement local pérennisera une agriculture biologique de qualité. Quant à la formule juridique idéale de ces lieux de distribution, elle est à inventer. À étudier la notion de « Assoziation », terme qu'utilise R. Steiner dans sa conférence *Impulsions sociales du temps présent* à Oxford, le 28 août 1922.

L'agriculture biologique, bien plus qu'un mode de production, doit être un mode de développement.

ADRESSES UTILES

Tous les adhérents et amis du CEREA n'ont pas participé à l'écriture de cet ouvrage. Pour avoir des renseignements complémentaires, vous pouvez vous adresser à :

Association des Amis de l'École d'Agrobiologie de Beaujeu
Sandrine GOUBLE
31, rue des Monts • 08400 MONT-SAINT-MARTIN
http://www.beaujeu.fr.st

Pierre RABHI
Monchamp • 07230 LA-BLACHÈRE
pierrerabhi@yahoo.fr
http://www.pierrerabhi.org

Roger DURAND
28 bis, Rue E. Chabrier • 63170 AUBIÈRE

Bernard BERTHET
686, route de Bonneville • 74970 MARINIER
laboratoire.berthet@wanadoo.fr

Xavier FLORIN
« Le Bourg » • 24800 SAINT-PAUL-LA-ROCHE

Dominique GUIRAUD
16, rue Henri Wallon • 93800 EPINAY-SUR-SEINE

Jean-Claude POËNCET
82160 CAYLUS
agroecologie.poencet.consult@wanadoo.fr

Yves PERRET
8, rue d'Urfe • 43000 SAINT-ÉTIENNE

LES ÉDITIONS DU FRAYSSE

Le Guide des Alternatives (4ème édition)

Le Guide des Alternatives est devenu une référence par la somme des informations utiles et denses réunies dans ce livre de plus de 1 300 pages sur les « Alternatives ». Par « Alternatives », nous avons considéré tout ce qui permet à l'homme de progresser vers une société plus humaine et respectueuse de la planète. Ce guide nous ouvre des pistes pour « vivre et travailler autrement ». Très utile pour ceux qui recherchent de nouvelles solutions face aux impasses de notre société actuelle.
Au sommaire : la naissance sans violence, l'éducation différente, la santé au naturel, le développement personnel, les produits bio, l'habitat sain, les énergies douces, les médias alternatifs, les associations qui agissent, le calendrier des manifestations écologiques, les vacances vertes. **1 344 pages • 20 euros**

Le guide des Vacances Écologiques

Ce guide est le seul ouvrage en France regroupant les différentes formules d'hébergement dans des fermes bio ou offrant une restauration biologique. Il regroupe ainsi plus de 4 200 adresses pour passer des vacances écologiques en France : les différentes formules d'hébergement (gîtes, chambres, camping·), les centres naturistes, les séjours en écovillage, les lieux pour trouver les produits bio, les activités sous forme de stages ou de lieux à visiter, les séjours santé et remise en forme, les moyens de découvrir la nature, stages et manifestations artistiques, les foires biologiques, les vacances sportives et de randonnées pédestres ou avec des ânes, sans oublier les séjours enfants.
864 pages • 16 euros • Nouvelle édition de janvier 2007

Le Guide de l'Habitat Écologique

Pour sa troisième réédition ce guide est entièrement restructuré en deux volumes illustrés de dessins explicatifs.
Le premier volume traite de l'étude du projet avec les nouvelles réglementations thermiques et constructives, les différents matériaux qui sont comparés et évalués en termes de bilan écologique, de qualité biologique et de budget. Adresses pour s'informer, visiter et apprendre à utiliser des matériaux naturels.
Le second volume aborde la mise en œuvre de nombreux conseils pratiques, les architectes et les maîtres d'œuvres pour vous aider à concrétiser vos rêves, la liste de nombreux artisans utilisant les matériaux sains, les fabriquants et les revendeurs de produits écologiques·
Parution en octobre 2006 • 18 euros chaque volume (format 15x21)

LES ÉDITIONS DU FRAYSSE

La Culture des Plantes Aromatiques et Médicinales en Bio

Ce livre décrit l'ensemble des règles de base de l'analyse d'un sol à la mise en sac des plantes, en passant par la biofertilisation, les soins, les maladies, la récolte, le séchage. Un carnet d'adresses de fournisseurs et d'adresses utiles complète ce livre pratique. Par Wicki Gerbranda cultivatrice depuis 30 ans de ces plantes. **288 pages • 12 euros**

Psychophysiologie, Bioélectronique et Iridologie

Une synthèse claire, originale et pluridisciplinaire, établissant un lien étroit entre trois méthodes d'investigation relatives à l'équilibre de l'être humain. Le lecteur découvre un nombre important de notions peu ou mal connues telles que le terrain biologique, les diathèses, l'arthritisme, etc. Cet ouvrage s'adresse aux différents praticiens médicaux et paramédicaux, ainsi qu'à tous ceux qui s'intéressent au domaine général de la santé. L'auteur vous donne les bases pour maintenir ou retrouver la santé. **224 pages avec photos • 11 euros**

Cent mille mensonges et un espoir

La geste moderne d'une poignée d'irréductible paysans refusant d'appliquer une prescription réglementaire, obligatoire, mais qui viole le principe de précaution. Condamnés, ils font appel ! La question qu'ils posent, sur fond de vache folle, jette une lumière crue sur le fonctionnement suicidaire de notre société. En même temps, leur objection de conscience nous montre où réside notre seul espoir ! **64 pages • 3 euros**

Carnet de route d'un jeune iconoclaste

L'ultralibéralisme, aboutissement de trois siècles de capitalisme, ne peut perdurer éternellement. Ce livre nous ouvre l'esprit sur toutes sortes de perspectives pour un après « Grand Krach ». Une analyse lucide et sans concession de notre civilisation décadente. Profondément optimiste. **192 pages • 6 euros**

Cristaux Sensibles

Au moment où la notion de qualité envahit notre vie quotidienne, les déficiences de l'approche officielle apparaissent de plus en plus nettement à la lumière des « affaires » récentes concernant l'alimentation. La vigilance citoyenne qui s'impose permettra sans doute l'émergence de méthodes nouvelles

d'évaluation de la qualité, peu connues, mais à haut potentiel de contenu, comme la cristallisation sensible ou morphocristallisation.
C'est le premier ouvrage complet sur cette méthode rédigé en français.
Les auteurs : Marie-Françoise Tesson a consacré près de 15 ans à plein temps (depuis 1985) à la cristallisation sensible. Avec Miguel Angel Fernandez Bravo et d'autres opérateurs; elle a créé (1994) l'Atelier de cristallisation sensible Présences en vue de poursuivre les études. **384 pages • 11 euros**

Achevé d'imprimer sur les presses de
l'Imprimerie France Quercy, 46090 Mercuès
sur papier recyclé

N° d'impression : 62068
Dépôt légal : août 2006

Imprimé en France